基金教育学重大招标项目『高校培育和践行社会主义核心价值观研究』（VEA150005）

"高校培育和践行社会主义核心价值观"丛书

铸魂育人

高校培育和践行社会主义核心价值观长效机制的实现路径

周保平◎著

科学出版社

北　京

内 容 简 介

本书阐述了社会主义核心价值观对国家、社会、个人的深远影响，强调其教育引导的重要性。针对大学生群体，结合国内外复杂形势，探讨高校如何科学培育与践行社会主义核心价值观，以及构建长效机制。从马克思主义理论出发，分析社会主义核心价值观的确立、内涵及意义，结合大学生现状，提出实施策略与路径，为高校教育提供理论与实践指导，助力青年成长与国家发展。

本书可供高等教育工作者、思想政治教育研究者、学生工作者、政策制定者与教育管理者，以及对社会主义核心价值观感兴趣的广大读者参阅。

图书在版编目（CIP）数据

铸魂育人: 高校培育和践行社会主义核心价值观长效机制的实现路径 / 周保平著. -- 北京 : 科学出版社, 2024.12. -- （"高校培育和践行社会主义核心价值观"丛书). -- ISBN 978-7-03-080614-7

Ⅰ. G641

中国国家版本馆 CIP 数据核字第 2024R1J628 号

责任编辑：崔文燕　高丽丽 / 责任校对：王晓茜
责任印制：徐晓晨 / 封面设计：润一文化

科学出版社 出版
北京东黄城根北街 16 号
邮政编码：100717
http://www.sciencep.com
北京建宏印刷有限公司印刷
科学出版社发行　各地新华书店经销
*
2024 年 12 月第 一 版　开本：720×1000　1/16
2024 年 12 月第一次印刷　印张：16 1/4
字数：300 000
定价：118.00 元

（如有印装质量问题，我社负责调换）

◀ 前　言

一个国家的强盛，离不开精神的支撑；一个社会的发展，有赖于文明的推动；一个人的进步，需要文化的哺育。

物质贫乏不是社会主义，精神空虚也不是社会主义。实现中华民族伟大复兴，不仅要在经济发展上创造奇迹，也要在精神文化上书写辉煌。新中国成立后，中国共产党团结带领全国人民在社会主义建设和改革开放的伟大实践中，从国家、社会和公民三个层面凝练提出了以"三个倡导"为内容的社会主义核心价值观，清晰地构建了国家的价值内核、社会的共同理想、亿万公民的精神家园，明确地回答了我国要"建设什么样的国家、建设什么样的社会、培育什么样的公民"等重大问题。

人民有信仰，国家有力量，民族有希望。培育和弘扬社会主义核心价值观是凝魂聚气、强基固本的基础工程。教育引导是培育和践行社会主义核心价值观的基本途径。

青年兴则国家兴，青年强则国家强。大学生作为当代青年的主体，是国家的未来和希望。他们富有朝气和青春活力，是未来国家建设的中坚力量。这就决定了大学生的价值观在很大程度上将影响未来整个社会的主流价值观。

高校是意识形态传播、研究、交锋的重要领域和前沿阵地。当今世界正经历百年未有之大变局，我国正处于实现中华民族伟大复兴的关键时期，世界百年变局与我国社会深刻变革交织叠加，对大学生社会主义核心价值观教育提出更高要求。因此，如何立足于新环境，采取科学的方法来加强大学生社会主义核心价值观教育，是我国社会主义事业发展过程中必须正确认识并妥善解决的一个重大课题。

本书首先从马克思主义的基本理论出发，考察分析了社会主义核心价值观的确立过程及基本结构和特征，全面透视了培育和践行社会主义核心价值观的重大意义，深刻解读了社会主义核心价值观的科学内涵，深入探讨了培育和弘扬社会主义核心价值观的内在要求和基本方式。其次，从以人为本理念和高等教育规律出发，在梳理、分析当前大学生价值观现状的基础上，结合时代境遇与大学生的特点和需求，充分论证了大学生构建社会主义核心价值观的必要性和重要性，重点提出了高校培育和践行社会主义核心价值观的基本要求与实施策略，探索构建了高校培育和践行社会主义核心价值观的长效机制与实现路径，为高校开展大学生社会主义核心价值观教育提供了可资借鉴的理论与实践依据。

本书在撰写过程中参阅并引用了一些专家学者的研究成果和政府文件，在此一并致谢。由于作者水平有限，书中难免有不足之处，敬请各位专家和读者批评指正。

目 录

第一章
社会主义核心价值观的
理论基础与意义

　　本章首先概述社会主义核心价值观的内涵、提出背景及要素，揭示其理论根基；其次强调培育与践行社会主义核心价值观对国家发展、社会稳定、国民素质提升和文化繁荣的不可替代作用，以及其在构建和谐社会、实现中国梦中的关键地位，以帮助读者全面理解其理论与实践价值。

第一节　社会主义核心价值观概述

　　社会主义核心价值观是中华优秀传统文化的代代传承与社会时代发展融合的产物。从文化根源上讲，它首先根植于中华优秀传统文化的丰土沃壤和厚重根基，并随着中国革命与社会主义建设事业的理论和实践创新发展而升华出鲜明的中国特色、中国风格、中国气派。这是对中华优秀传统文化中最具代表性的"礼、义、仁、智、信"五维，"和为贵""和而不同"等和谐理念，以及爱国主义等优秀传统精神价值和道德规范的创造性承继与提升。从更宽广的视野来看，社会主义核心价值观又最大化地吸收借鉴了世界文明中各国各民族人民创造的优秀文化成果，并有选择地借鉴了国外具有合理内核的文化道德价值理念的内容，因而是最具有鲜明包容性和时代创新性的开放价值体系。从实践层面看，它是对马克思主义群众观的继承与发扬，是在中国共产党领导下对中国革命和社会主义建设事业的人民群众伟大实践进行的经验总结和理论提升，是对中华民族传统美德的继承和发展，是社会主义发展和建设实践在理论价值观念形态上的客观呈现，因此是符合时代需要、社会发展规律和人民客观需求的。

一、社会主义核心价值观的确立过程

（一）社会主义精神文明建设的提出与发展

精神文明是指人们在改造客观世界的有目的劳动过程中，相伴而生的在主观精神世界方面取得的发展和进步，在社会中主要表现为科学、文化、教育、知识水平的进步和人类社会道德思想、政治文明等的发展与提高。马克思曾明确指出，文明是实践的事情，是社会的素质。①由此可见，精神文明作为社会发展的最重要指标，其实代表了时代的特点和社会整体发展水平。因此，在中国社会主义发展过程中，要重视社会主义精神文明建设，因为精神文明建设是社会发展的基础，体现了人类文明发展的历史，是社会进步的重要体现。

中国共产党自成立以来，就高度重视精神文明建设。在庆祝中华人民共和国成立 30 周年大会上，叶剑英同志在讲话中明确提出"建设高度的社会主义精神文明"②。在中央工作会上，为了更好地实现社会主义精神文明建设，中央对社会主义精神文明建设展开了集中的讨论研究。1982 年 4 月 13 日，中共中央、国务院公布《关于打击经济领域中严重犯罪活动的决定》。此前，邓小平在中央政治局讨论这一决定的会议上指出"坚决打击经济犯罪活动"③，充分肯定了社会主义精神文明建设的重要性，指出在今后的工作中要采取一定的措施加强社会主义精神文明建设，这是加强精神文明建设的重要政策指导意见。

1986 年 9 月，党内首个加强精神文明建设的正式文件出台，党的十二届六中全会审议通过了《中共中央关于社会主义精神文明建设指导方针的决

---

① 中共中央马克思恩格斯列宁斯大林著作编译局编译. 马克思恩格斯文集(第一卷)[M]. 北京：人民出版社，2009：97.
② 在庆祝中华人民共和国成立三十周年大会上的讲话[EB/OL]. http://www.ce.cn/xwzx/gnsz/szyw/200706/07/t20070607_11631318.shtml.(2007-06-07).
③ 1982：中共中央、国务院公布《关于打击经济领域中严重犯罪活动的决定》[EB/OL]. https://www.thepaper.cn/newsDetail_forward_12184710.(2021-04-13).

议》。这一文件的出台，为中国进行社会主义精神文明建设指明了方向，中国的精神文明建设要和中国的国情相结合，体现了社会主义发展的基本特征，从多个方面对精神文明建设进行了说明，充分体现了社会主义精神文明建设的特色。社会主义精神文明是对党多年思想政治工作的经验总结，是符合社会主义发展规律的建设，是社会发展与进步的重要衡量指标，是社会发展进步中不可或缺的重要组成部分。

20 世纪 90 年代，中共中央对精神文明建设的重视程度不断加强。社会主义精神文明建设不仅仅在城市大范围展开，也逐渐在农村得到推广。1996 年 10 月，党的十四届六中全会审议并通过了《中共中央关于加强社会主义精神文明建设若干重要问题的决议》。之后，为了促进社会主义精神文明建设的发展，一些地区选出了当地的精神文明示范单位，对这些单位精神文明建设的具体做法进行宣传，以此来鼓励和带动其他单位积极地开展精神文明建设，为各地区开展精神文明建设提供了一定的参考。1997年，创建文明城市、文明村镇活动示范点工作正式启动。同年，中共中央还开展了"讲文明、树新风"系列活动，鼓励广大人民群众积极参与到这一活动中来，在思想上强化人民的精神塑造，使得社会主义精神文明建设的范围进一步扩大。

（二）社会主义核心价值体系的孕育与提出

党的十六大以后，中国逐步迈进全面建设小康社会的发展新阶段，社会的全面发展对精神文明建设提出了更高的要求。2003 年 10 月，《中共中央关于完善社会主义市场经济体制若干问题的决定》发布，提出"坚持社会主义物质文明、政治文明和精神文明协调发展"。同年 12 月，胡锦涛同志在全国宣传思想工作会议上强调，"从党和国家事业发展的战略高度，进一步认识做好宣传思想工作的极端重要性；切实做好新形势下的宣传思想工作，是坚持和巩固马克思主义在意识形态领域指导地位的需要，是全面建设小康社会，促进社会主义物质文明、政治文明和精神文明协调发展的需要"①。这充分体现了思想文化宣传的重要性，因为思想观念决定着人们的行动，所以在实际工作开展的过程中，加强对广大人民思想文化的教育是党的首要工作任务。加强思想文化建设，要坚持中国共产党的领导，坚持马克思主义在意识形态领域的指导地位的根本制度，只有这样才可以有效地促进社会主义的发展与进步，实现社会主义建设的目标，达到促进社会主义的物质文明、政治文明和精神文明协调发展的客观要求。

2006 年，胡锦涛同志看望全国政协十届四次会议委员时再次提出，"要引导广大干部群众特别是青少年树立社会主义荣辱观"②。青少年是民族发展的希望，要重视对青少年的教育。同年 10 月，党的十六届六中全会通过《中共中央关于构建社会主义和谐社会若干重大问题的决定》，指出"社会要和谐，首先要发展"，社会公平正义是社会和谐的基本条件，制度是社会公平正义的根本保证，必须加紧建设对保障社会公平正义具有重大作用的制度，保障人民在政治、经济、文化、社会等方面的权利和利益，引导公民依法行使权利、履行义务。建设和谐文化是构建社会主义和谐社会的重要任务，社会主义核心价值体系是建设和谐文化的根本。"社会主义核心价值体系"的概念被提出后，其在社会发展中的重要地位也得到了肯定。它可以提高全体人民的凝聚力，培养全体人民爱国、敬业、诚信、友善的美德，坚定中国特色社会主义共同理想。之后，中共中央全面加强对社会主义核心价值体系的宣传教育工作。

2008 年，胡锦涛同志在纪念中国科协成立 50 周年大会上的讲话中指出，社会主义核心价值体系是我国指导思想、共同理想、民族精神、道德观念的集中体现，是社会主义精神文明建设的基本内容。建设社会主义核心价值体系，形成全民族奋发向上的精神力量、团结和睦的精神纽带，是增强民

---

① 社会主义核心价值观提出的过程[EB/OL]. https://www.thepaper.cn/newsDetail_forward_8700919. (2020-08-11).

② 胡锦涛等领导同志看望政协委员并参加分组讨论 [EB/OL]. https://www.gov.cn/ldhd/2006-03/05/content_218480.htm. (2006-03-05).

族凝聚力和国家软实力的客观需要。①

2009 年，全国范围内开展了社会主义核心价值体系的学习教育，领导干部和党员发挥先锋模范作用，带领广大人民参与学习活动。这次大规模的学习，强化了党和人民群众的思想认识，进一步促进了党同人民群众的联系。

2011 年，党的十七届六中全会通过《中共中央关于深化文化体制改革推动社会主义文化大发展大繁荣若干重大问题的决定》。这一文件进一步强调了社会主义核心价值体系的重要性，指出"社会主义核心价值体系是兴国之魂，是社会主义先进文化的精髓，决定着中国特色社会主义发展方向。必须强化教育引导，增进社会共识，创新方式方法，健全制度保障，把社会主义核心价值体系融入国民教育、精神文明建设和党的建设全过程，贯穿改革开放和社会主义现代化建设各领域"。它关系到国家的繁荣和民族的复兴，关系到中国是否能够顺利实现全面建成小康社会的目标。

（三）社会主义核心价值观的凝练、提出与确立

在党和人民的共同努力下，广大人民群众对社会主义核心价值体系有了基本的理解，认识到了社会主义核心价值体系建立的重要性，社会主义核心价值体系在社会主义事业发展中的作用日益凸显。中共中央及理论界、学术界等都敏锐地认识到，对社会主义核心价值体系进行凝练和系统的论述势在必行。2012 年 11 月，党的十八大报告正式提出了社会主义核心价值观，"倡导富强、民主、文明、和谐，倡导自由、平等、公正、法治，倡导爱国、敬业、诚信、友善"，发展社会主义核心价值体系，要实现国家、社会和个人发展的统一，不断增强全体人民的政治思想觉悟，倡导其为社会主义精神文明建设做出巨大的贡献，实现社会的全面发展与进步。2013 年 12 月，中共中央办公厅印发了《关于培育和践行社会主义核心价值观的意见》，就培育和践行社会主义核心价值观的指导思想、基本原则、基本要求等提出了具体意见。

---

① 胡锦涛在纪念中国科协成立 50 周年大会上的讲话[EB/OL]. https://www.gov.cn/ldhd/2008-12/16/content_1179001.htm.（2008-12-16）.

中国在全国范围内展开了社会主义核心价值观的学习，加大了宣传和学习践行力度，在开展学习的过程中，对社会主义核心价值体系进行了完善，并提出了具体的优化措施。2014 年 2 月，中共中央政治局就培育和弘扬社会主义核心价值观、弘扬中华传统美德进行第十三次集体学习，习近平总书记在主持学习时强调，"构建具有强大感召力的核心价值观，关系社会和谐稳定，关系国家长治久安"，"把培育和弘扬社会主义核心价值观作为凝魂聚气、强基固本的基础工程，继承和发扬中华优秀传统文化和传统美德，广泛开展社会主义核心价值观宣传教育，积极引导人们讲道德、尊道德、守道德，追求高尚的道德理想，不断夯实中国特色社会主义的思想道德基础"。[①]这次集体学习会议不仅明确了社会主义核心价值观在国家和社会发展中的重要地位，还提出了加强思想道德建设、提升国民素质的具体措施，为推动中国特色社会主义事业的发展奠定了坚实的思想基础。

二、社会主义核心价值观的基本结构

党的十八大提出了"倡导富强、民主、文明、和谐，倡导自由、平等、公正、法治，倡导爱国、敬业、诚信、友善"的社会主义核心价值观。在对社会主义核心价值观进行分析时，我们将其结构分为三个层面，分别是国家层面、社会层面、个人层面。在国家层面，倡导建立和谐发展的社会，实现社会主义可持续发展与进步；在社会层面，提倡要形成和建立一个公平法治的文明社会；在个人层面，即在公民个体素质培育维度，确立爱国、敬业、诚信、友善的价值准则。这三个层面共同发力，为我国精神文明建设和中国特色社会主义事业发展奠定了坚实的思想基础。

---

① 习近平：把培育和弘扬社会主义核心价值观作为凝魂聚气强基固本的基础工程[EB/OL]. https://jhsjk.people.cn/article/24464564.(2014-02-26).

（一）国家层面

"富强、民主、文明、和谐"是社会主义核心价值观在国家治理层面的主要目标，也是全面建设社会主义现代化国家的重要标准，在社会主义核心价值观中居于最高的核心层级，对其他层级的价值理念具有指导价值和统领作用。社会主义核心价值观的建立，在国家层面要求实现社会的和谐发展与进步，实现社会主义的可持续发展，这是建立社会主义核心价值体系的重要标准。在三个层面中，国家层面是最重要的，其他两个层面都从属于国家层面。在国家层面，要建立富强的社会主义社会，这是社会主义社会的发展目标，是国家繁荣和民族复兴的美好愿望，也是确保广大人民群众生活达到小康的基础。社会主义以人民为中心，坚持人民民主专政，这是中国特色社会主义发展的基本特征，也是中国和其他国家的根本区别。社会主义社会的根本目标是提高全体人民生活水平，在社会的发展中，以广大人民的利益为发展的基础。在社会主义现代化发展的进程中，我们要重视文明的发展，建立一个道德水平比较高的社会主义社会，传承中华优秀传统文化，体现当前社会主义现代化国家的科学社会价值诉求，实现社会发展的和谐局面，实现自身的价值、民族的团结、国家的繁荣发展，促进社会的全面发展与进步。

（二）社会层面

"自由、平等、公正、法治"是人类对理想美好社会的形象描述，是社会主义核心价值观在社会治理层面的基本理念表述。它集中反映了中国特色社会主义社会的优越性和基本属性，是中国共产党长期继承发扬的核心价值理念。在社会主义社会，我们要保证公正平等，公民拥有平等的权利和义务，能够和谐相处和发展，这也是社会主义社会的优越性之一。在社会主义社会，人拥有充分的自由，这是整个人类发展过程中的共同价值追求，也是马克思主义倡导的共产主义社会的价值目标。在社会主义社会，人与人之间的关系是平等的，公民享有法定的权利和义务，这是公民在社会主义社会生存和发展的基础。法治，即我国在中国特色社会主义制度下是一个完善的法治社会，公民的一切行为都要遵守法律的规定，一切违反法律的行为必将受到法律制裁，只有这样才能保证社会的安定团结。

（三）个人层面

"爱国、敬业、诚信、友善"是公民的基本道德规范，是社会主义核心价值观在个人行为维度上的凝练表述。这是全体公民必须恪守的基本道德准则，全面覆盖了经济、社会、文明、道德、生活等各方面，是公民基本道德行为选择的价值评价标准。社会是由不同公民组成的，公民的行为会直接影响社会的发展与进步，应在公民个体素质培育维度确立爱国、敬业、诚信、友善的价值准则。2014 年 5 月 4 日，习近平总书记在北京大学师生座谈会上强调，"青年要从现在做起、从自己做起，使社会主义核心价值观成为自己的基本遵循，并身体力行大力将其推广到全社会去"[①]。基本道德准则对公民的行为起到了规范作用，公民首先要热爱自己的祖国，这是公民对国家的认同感和自豪感，是确保个人与国家建立和谐共生关系的行为准则。在社会主义发展中，中国公民要以国家的利益为重，实现各民族的团结统一。在日常的工作中，公民要做到敬业，在工作岗位上能够兢兢业业，实现自身的价值，为社会和国家的发展贡献力量。同时，还要求公民具有诚信的意识，强调诚实劳动、信守承诺、诚恳待人，这是作为一个公民应该遵守的最起码的行为准则，是社会主义精神文明建设的关键要点。友善则强调公民之间和谐友好关系的建立与维护，倡导互相尊重、互相关心、互相帮助、和睦友好，努力培育一种社会主义社会的新型和谐人际关系。

---

① 习近平. 青年要自觉践行社会主义核心价值观——在北京大学师生座谈会上的讲话[EB/OL]. https://www.gov.cn/xinwen/2014-05/05/content_2671258.htm. (2014-05-04).

三、社会主义核心价值观的基本特征

社会主义核心价值观的提出，是推动马克思主义中国化、时代化和大众化的一次重大实践，是推动社会主义文化大发展大繁荣的重大举措，也是推动社会主义核心价值体系建设的伟大实践，具有塑造中华民族思想精神内核的关键价值。学界就如何实现和开展社会主义核心价值观教育进行了分析，认为其应具有以下几个方面的特征。

（一）全局性特征：反映全体中国人民的共同心声

有学者认为，社会主义应培育和践行什么样的价值观，是马克思主义经典作家尚未解答的难题。对这一主题的探索，很多学者有自己的观点，每一个行业和每一个地区对社会主义核心价值观的理解都有一定的差异。为了促进经济的发展与社会的进步，每个地区都提出了自己的核心价值理念，以此来实现对人民群众的指导。

对于核心价值观的思考，各社会阶层和社会群体也分别提出了自己的观点。党的十九大报告明确指出，要"把社会主义核心价值观融入社会发展各方面，转化为人们的情感认同和行为习惯"。党的二十大报告进一步强调"广泛践行社会主义核心价值观"。举例来说，作为国防安全的卫士，人民解放军的价值观是热爱祖国和人民，具有时刻准备献身的精神；公安战线人民警察的核心价值观是"忠诚、为民、公正、廉洁、奉献"；司法机构作为维护法律公正的机构，在工作过程中更加强调的是公正性。

这些丰富的具有鲜明特色的价值观的提出，为社会主义核心价值观特征的确定提供了坚实的依据。不同的社会阶层和社会群体有着不同的核心价值观念，所以每一个阶层和社会群体提出的核心价值理念仅仅适用于一部分人，带有局部性的特征。然而，社会主义核心价值观适用于全体人民，应具有整体性、全局性特征，要成为凝聚人心、汇集民智、团结全国人民共同奋斗的一面旗帜，它的适用范围是比较广泛的。

（二）时代性特征：体现社会主义社会时代精神的精华

核心价值观是在特定的历史时期，在特定地域、特定人群中形成的共同的价值目标和价值追求，具有时代性的特征。在不同的历史条件下，社会形成了不同的核心价值观，尽管封建社会和资本主义社会处于人类社会不同的发展阶段，但它们的核心价值观并没有发生本质的改变，原因在于无论是封建社会还是资本主义社会，其核心价值观都体现了各自社会的时代精神的"精华"，而不仅仅是体现时代精神的"一部分"。因此，对社会主义核心价值观的凝练，也要紧扣社会主义社会的时代特征，体现社会主义社会时代精神的"精华"。

（三）概括性特征：凝练整个社会主义社会的价值理想

此前，众多学者对社会主义核心价值观的概括明显带有社会主义初级阶段的特征，甚至直接针对当前社会的特点而提出。这些价值观表面上颇具时代感、令人耳目一新，然而过强的针对性也意味着它们可能较易过时。因为社会主义社会包含多个发展阶段，尽管我们目前正处于并将长期处于社会主义初级阶段，但未来我们必将迈入社会主义的中级或高级阶段。即便是当前的社会主义初级阶段，我们亦能划分出若干更细致的阶段。如果对社会主义核心价值观的概括仅限于社会主义初级阶段或其某一小段，那么很难符合社会发展趋势。因此，社会主义核心价值观的提出，应考虑前瞻性和概括性，应着眼于整个社会主义社会，并能代表整个社会主义各阶段的人民价值理想。

（四）稳定性特征：一旦确立就应当相对稳定

从人类发展的历史看，稳定性是所有社会形态中主导价值观的必备特征。

所以，社会主义核心价值观一旦确立，就应当具有相对稳定的特征。马克思指出，人们创造自己的历史，但并不是随心所欲地创造，也不是在自己选定的条件下创造，而是在直接碰到的、既定的、从过去承继下来的条件下创造。①当然，这种稳定性并非绝对的，也应当随着社会主义社会的发展变化在表述上进行适当的微调或完善，但是不会改变社会主义核心价值观的精髓。社会主义核心价值观的基本精神一旦确立就不宜随意进行变动，应在整个社会主义社会中保持相对稳定，且常提常新。因而，对社会主义核心价值观的凝练，要做到慎之又慎。

（五）导向性特征：有利于生产力发展和社会全面进步

任何社会的主流价值观都具有导向性作用。党的十九大报告提出，"永远与人民同呼吸、共命运、心连心，永远把人民对美好生活的向往作为奋斗目标"。党的二十大报告进一步提出，"巩固全党全国各族人民团结奋斗的共同思想基础……坚持把实现人民对美好生活的向往作为现代化建设的出发点和落脚点"。这种导向性作用，一方面表现为它犹如一面旗帜、一个标杆，规范和引导着人们的言行；另一方面表现为它能够把握社会发展的趋势。社会主义核心价值观符合社会发展的要求，它的发展与进步既要具有"旗帜"和"标杆"的作用，也要有利于社会发展，可以将一切积极因素团结并调动起来，以投身于中国特色社会主义事业的伟大实践中，增强社会主义国家的文化软实力和民族凝聚力。

（六）大众化特征：简洁明快、通俗易懂，便于普及、易于践行

社会主义核心价值观是面向全体民众的，旨在被各个文化层次和知识水平的人接受，所以在语言表述上必须力求简洁明快。比如，"五四精神"以

① 中共中央马克思恩格斯列宁斯大林著作编译局编译. 马克思恩格斯选集(第一卷)[M]. 北京：人民出版社，2012：669.

"民主与科学"概括，或称"德先生""赛先生"，这样的表述通俗易懂，人人知晓，便于广泛传播。如果社会主义核心价值观的表述过于冗长且深奥难懂，那么它将难以被记忆，只能停留在学术层面，仅被少数人掌握，难以被全体人民群众掌握和记忆，从而无法达到大众化的效果。只有将社会主义核心价值观以老百姓喜闻乐见的形式普及开来，并渗透到他们的行动中，才能达到预期效果。所以，社会主义核心价值观推广的最终目的是普及并渗透到广大人民的心中，这是一项十分复杂的工作和任务，需要党和各级政府及广大人民群众合作才能实现。

一些全球性大都市的城市精神都是以高度浓缩的语言进行概括的。纽约的城市精神为"梦想和创造"，东京的城市精神是"干练、优雅、合作"等，这些经久不衰的城市精神，使这些城市可以屹立于全球性大都市之列。因此，对社会主义核心价值观的概括不宜过于烦琐、冗长、生涩、复杂，最好能浓缩成一个短语或几个字，通俗易懂、朗朗上口、简洁明快，让所有人都能够理解和记忆，只有这样才能够有效地将其应用到实践中。

第二节 培育和践行社会主义核心价值观的重大意义

一、培育和践行社会主义核心价值观的政治意义

在中国，要想实现社会的发展进步，必须大力培育和践行社会主义核心价值观。社会主义核心价值观是社会主义核心价值体系的精神内核、高度凝练和集中表达。这是与时代发展要求相统一的，同时也体现了社会主义的本质。这是社会主义发展的思想基础，是社会发展和进步的旗帜与方向，能够全面提升全体人民的思想文化水平，同时能够更好地涵

育全民的社会主义意识形态，有利于我国坚定不移地走中国特色社会主义道路。

（一）是中国特色社会主义的目标导向

中国特色社会主义制度是我国的根本制度，其最大优势就是既坚持了科学社会主义的科学内核，又适应时代发展培育了独特的中国特色。从理论创新和实践上来说，中国特色社会主义制度符合社会发展的一般规律，是结合中国国情提出的。"核心价值观，承载着一个民族、一个国家的精神追求，体现着一个社会评判是非曲直的价值标准。"①实践证明，坚持走中国特色社会主义道路是历史的选择、人民的选择，它改变了中国过去一穷二白的不利局面，实现了中国经济、政治、文化的全面发展与进步。目前，中国的经济处于领先地位，与其他国家的来往也越来越密切，成了世界大国之一，实现了繁荣昌盛。因此，在今后的发展中，我们要继续坚持中国特色社会主义道路，坚持人民的主体地位，在此基础上构建社会主义核心价值体系，这是社会发展的价值之魂。

1. 中国特色社会主义道路是中国人民的必然选择

伟大的中国共产党是在马克思主义思想指导下建立起来的无产阶级政党。在漫长而曲折的奋斗过程中，中国取得了新民主义革命、社会主义革命和社会主义建设的胜利，实现了民族的团结和国家的繁荣，这些都是在中国共产党的领导下实现的。所以，在今后的发展中，要继续坚持中国共产党的领导，发挥共产党的模范作用。随着社会主义精神文明建设的发展，我国提出了社会主义核心价值观的概念，这是党和广大人民群众共同信奉的价值观，是党员干部和广大人民群众的思想根基。在中国革命的进程中，中国共产党将马克思主义基本原理与中国具体实际相结合，创立了毛泽东思想，这是马

---

① 习近平. 习近平谈治国理政[M]. 北京：外文出版社，2014：168.

克思主义中国化的第一次飞跃，在毛泽东思想的指导下，取得了革命的成功，并建立了一个崭新的中国。

新中国成立后，广大人民群众在党的领导下开始了中国特色社会主义制度的探索和建设，对过去的传统思想和制度进行了改革，实现了社会主义的发展和进步。以马克思主义和毛泽东思想为指导，坚持中国共产党的领导，坚持走中国特色社会主义道路，以人民群众的利益为首要的发展目标，在根本上实现了人民当家做主。1956年社会主义改造基本完成后，为了实现经济的发展，我国结合实际发展情况，在各个领域掀起了社会主义建设高潮，经过一定时间的积累，经济社会有了一定发展，实现了国家的繁荣昌盛。在这一过程中，中国共产党发挥了决定性的作用，引导广大人民群众积极参与社会主义发展建设，并在经济社会发展过程中形成了思想高度一致的核心价值体系和价值观。1978年，党的十一届三中全会胜利召开，党中央坚决完成了对思想观念的重要变革，顺应时代发展的潮流，实行了改革开放。改革开放之后，中国的经济实现了跨越式发展，中国特色社会主义建设道路逐步走上正轨，并取得了一定的成就，实现了国家繁荣昌盛的目标，人民的生活水平得到了大幅度提升。在中国特色社会主义发展进程中，中国的经济实现了快速发展，中国在国际上的地位越来越高。这些进步的重要原因在于，中国的社会主义核心价值观确立，改变了广大人民群众的思想观念，推动了社会的发展与进步。在社会发展的过程中，社会主义事业在党的领导下方兴未艾，改革也步入攻坚区和深水区。我们要继续坚持中国共产党的领导，借鉴国外的先进工作经验，结合中国的实际情况，不断进行改革和发展，使中国的发展进入现代化建设的新阶段。

2. 中国特色社会主义道路是中华民族的兴国之魂

从新中国成立到党的十一届三中全会召开，再到党的二十大，我国经过了艰难的探索过程，不断完善各项制度，找到了符合中国发展的中国特色社会主义道路。社会主义道路是适合中国发展的道路。随着社会的发展与进步，对社会主义进行改革是社会发展的必然趋势。那么，社会主义道路是否也适合别的国家？是否具有独特的时代价值？中国特色社会主义与西方倡导的价值观念是否相契合？以上问题已成为学者讨论的热点，并引发了对这些问题是否会阻碍中国发展与进步的深入探讨。但是，经过40余年的实践探索，事实做出了最有力的回答。中国特色社会主义道路造就了中国，实现了中国的**繁荣富强**。实践表明，社会主义道路是完全适合中国发展的正确道路，可以促进中国的发展与进步，也是到今天为止人类社会发展历程中最具价值的发展道路。

同时，中国特色社会主义的高速发展也遭到了部分西方资本主义国家的敌视和抵制。它们难以摒弃传统的意识形态对抗思维，认为中国的发展和进步对其形成了一定的威胁，对其既有的世界霸权形成了一定的挑战。中国面临着一些国家的抵制和攻击，它们试图以此来削弱中国的力量，宣扬自己的思想观念。在这样的时代背景下，中国提出了社会主义核心价值观理论，坚定了广大人民群众的理想信念，坚信中国特色社会主义道路是最适合中国发展的正确道路，要坚持中国共产党的领导，坚持人民民主专政，促进中国的发展与进步，坚持改革开放，加强与世界各国的合作与交流。中国要保持世界大国的风范，并不断地展现出中国道路的力量。在与其他国家的交流和合作中，注意借鉴其他国家的先进经验，对不良的思想坚决予以抵制，利用先进的经验发展中国经济，以之涵养中国特色社会主义的理论创新和经验总结提升。在发展过程中，中国强调诚实劳动、信守承诺、诚恳待人，公民之间要建立和谐友好的关系，倡导互相尊重、互相关心、互相帮助、和睦友好，努力培育一种社会主义社会的新型和谐人际关系；提出社会主义社会的核心价值观，不断培育广大人民群众的思想观念，增强人民群众的思想意识，在国家、社会和个人层面加深对社会主义核心价值观的理解，使之成为强基固本的兴国之宝。

3. 全民践行社会主义核心价值观，建设中国特色社会主义

在社会主义发展过程中，我们一直坚持中国共产党的领导。党的最高理想和最终目标是实现共产主义。中国共产党的价值观念对社会主义道路的发

展起着决定性作用，建立了科学的社会主义核心价值观体系，对党和人民群众的思想起到了重要指导作用。合理的社会主义核心价值观的建立，可以促进党和国家的发展，实现社会的进步。社会主义核心价值观的建立在社会发展中的作用是很明显的，中国在国际上既要抓住时代发展的机遇，也要勇于迎接各种挑战，在发展经济的同时，要更加重视广大人民群众的核心价值观的培育，这是中国经济、文化、政治发展的思想基础。只有牢固建立社会主义核心价值观，中国才能够在中国共产党的领导下实现长远发展。

在国际上，各国之间的关系比较复杂，存在着很多利益关系。在这种复杂的背景下，我们要注意观察政治多元化可能带来的影响，以积极的态度面对国际合作与交流，实现共赢，以此来实现中国经济的增长，提高中国在国际上的地位。中国提出社会主义核心价值体系的观念，就是要提高处理复杂问题、解决矛盾的基本能力，坚持人民当家做主，不断提高人民群众的物质生活和文化水平，保证中国能够在复杂的国际环境中实现顺利发展，在维持社会稳定的基础上，实现政治、经济、文化等方面的全方位发展，这是中国在国际上取得领先地位的重要原因。"理想信念就是共产党人精神上的'钙'，没有理想信念，理想信念不坚定，精神上就会'缺钙'，就会得'软骨病'。"[①]建设中国特色社会主义，需要全体公民积极培育和践行社会主义核心价值观，实现物质和精神的富足。

（二）是社会变迁的价值指南

在中国，确立社会主义核心价值观，是中国人民在近现代社会变迁中的一大壮举。从历史和实践的角度看，中国共产党和中国人民之所以选择马克思主义、社会主义，是因为它们符合中国人民翻身得解放的价值追求。近代以来，中国社会的发展是比较坎坷的，从半殖民地半封建社会到建立新中国和社会主义制度，再到改革开放开辟中国特色社会主义道路，社会的急剧变

---

① 习近平. 习近平谈治国理政[M]. 北京：外文出版社，2014：15.

动决定了社会价值观也将经历一个变更、融合和演进的过程。每一个发展阶段都有着不同的社会价值观，从封建社会、资本主义社会价值观，到中国共产党人革命的价值观，再到社会主义的价值观，我国社会的价值观就是在这样的演进中不断实现再生再造的，价值观也成为社会变迁的风向标。

1. 社会主义价值取向的历史演进

1840 年，中国受到了帝国主义的侵略，人民生活在水深火热之中，中国的经济、政治落后。如何挽救民族危亡，实现国家富强？一批仁人志士怀着救国救民的真诚愿望，向西方国家寻求济世良方。从魏源"师夷长技以制夷"的主张到洋务派"中学为体，西学为用"的认识；从维新派"要救国，只有维新；要维新，只有学外国"的主张到孙中山的三民主义，都展现了这些探索者的思想发展轨迹。

什么样的科学思想能够救中国？这是中国当时面临的重要问题，在这样的情况下，马克思列宁主义给中国的发展带来了希望。中国的先进分子从俄国十月革命的胜利中看到，中国的出路不是资本主义而是社会主义。以十月革命为契机，马克思主义在中国犹如春风化雨，迅速而广泛地传播开来，被人们接受和认同，进而成为中国共产党的理论基础和指导思想，成为引领亿万中国人理想、情操和人生价值的思想文化规范，并融入中国人民的精神生活之中。

2. 社会主义价值取向的现实指引

实践证明，只有社会主义才能救中国。中国共产党带领人民进行了艰苦卓绝的斗争，取得了新民主主义革命的胜利，建立了新中国，确立了社会主义及其价值观的主导地位。

新中国的成立，是世界历史上的一件大事。中国人民从此站起来了，中国的历史也进入了一个新纪元，标志着中国实现了发展和进步，成了一个独立的国家。中国成为世界上又一个社会主义大国，壮大了世界和平与社会主义阵营的力量，也鼓舞了世界上被压迫民族和被压迫人民争取解放斗争胜利和建设社会主义国家的信心。中国人民之所以选择社会主义道路，是因为社会主义坚持没有阶级剥削、没有压迫、人人平等、人人都能得到自由全面发展的价值理想，是因为中国共产党致力于探索建立人民当家做主、公平正义的社会制度的现实途径。中国共产党坚持把马克思主义基本原理同中国具体实际相结合，建立了中国特色社会主义发展道路，中国穷困潦倒的局面得到了彻底改善，尤其是在改革开放以后，中国的经济和文化实现了跨越式进步，实现了国家的繁荣昌盛。改革开放是 20 世纪后期中国社会发生和经历的伟大变革，无疑会对人们原有的价值观念产生影响和冲击。新的生活方式需要新的价值观念来引导，社会主义核心价值观是新时期中国人民的价值信仰和行动指南。坚持社会主义核心价值观是中国人民在改革开放伟大实践中的一大创举。

3. 社会主义价值取向的引领作用

改革开放是时代发展的潮流，是社会主义社会发展的动力，使人们的物质生活水平得到了显著改善和提高，也促进了经济社会的全面发展。20 世纪 80 年代，中国改革开放的大幕拉开，呈现在人们面前的是一个全新的世界。人们在对比中看到了中国的贫穷和落后，把好奇的目光投向了外部世界，纷纷踏上了出国之路，形成了一股"出国潮"。20 世纪 90 年代，我国提出了建立社会主义市场经济的目标和"发展才是硬道理"的口号。在这一背景下，许多人纷纷下海经商，掀起了一股"下海潮"。随着改革开放的深入，国外的一些思想文化和价值观念不断输入国内。这些思想文化和价值观念有积极的一面，如讲究公平竞争、注重效率和法治建设等，但也有消极的一面，如金钱的作用被无限放大，一部分人形成了"金钱万能"的价值观念，为了金钱，不顾礼义廉耻。享乐主义、拜金主义和消费主义等价值观不断滋生，一些人为了金钱不顾良心、责任，不惜贪赃枉法，腐化堕落；也有人为了享乐，放弃自己的家庭责任和社会责任，沦为只知寻找刺激和快感的麻木不仁的人。这些人虽然只是少数，但其危害性不可低估。它在一定程度上造成了人们的道德迷失和价值迷惑，甚至形成了价值危机。防范并抵制这些消极价值观的影响和侵蚀，就需要发挥社会主义核心价值观的指引作用，用社会主义核心价值观的强大凝聚力来帮助人们走出价值误区。经过 40 多年的发展，我国综合国力大幅增强，国际地位稳步提升，人们的物质生活水平得到了显著改善和提高。社会主义核心价值观的建立在社会主义建设过程中发挥着重要的作用，在今后的建设中，要更加重视社会主义核心价值观的引领作用，促进其发挥价值主导作用，使之成为新时期社会价值认同的基础和社会变迁的价值指南。

（三）是加强道德建设的有力依据

习近平总书记指出，"把培育和践行社会主义核心价值观作为凝魂聚气、强基固本的基础工程……积极引导人们讲道德、尊道德、守道德，追求高尚的道德理想"[①]。这说明国家十分重视社会主义核心价值观，它是社会主义发展的坚实群众理论基础。我国是发展中大国，处在前所未有的大变革、大发展时期，必须用强大的精神支柱和基本的道德规范来统一思想、凝聚力量。在中国确立科学的社会主义核心价值观，引领全国人民有力地抵抗住了腐朽价值观的侵蚀，提高了全体人民的凝聚力，是一个成熟、文明的国家（社会）的重要标志，也能为经济社会的繁荣发展提供必要的思想基础。同时，稳定成熟的社会文明文化及其发展也需要科学的社会主义核心价值观来指导，两者既相辅相成，又相互促进。

1. 市场经济的冲击

改革开放以来，我国的综合国力显著增强，国际地位稳步提升，人民物质生活水平得到了显著改善和提高。与此同时，社会主义精神文明建设也是硕果累累，主要表现为全社会范围内科学进步发展观念的深入人心及公平公正法治环境的逐步形成。然而，不容忽视的是，部分人受到了资本主义观念的影响，享乐主义、拜金主义和消费主义等思潮悄然抬头。他们为了金钱和

---

① 习近平. 习近平谈治国理政[M]. 北京：外文出版社，2014：163.

实现自身的利益不惜铤而走险，出现了违法违纪行为，阻碍了社会的健康发展。这些行为不仅自私自利，损害了他人乃至国家的权益，更违背了社会公平公正，成为扰乱社会和谐的不稳定因素。其根源在于资本主义不良思想的侵蚀，可谓社会发展的绊脚石。

目前，中国还处于社会主义初级阶段的关键时期，政治、经济、文化的发展仍面临诸多挑战。享乐主义和金钱至上的价值观在一定程度上削弱了一些人的社会责任感，导致他们精神懈怠、意志消沉，甚至为了个人利益违背社会公德，严重阻碍了社会的全面进步与发展。因此，加强社会主义核心价值观的培育与弘扬，引导人们树立正确的世界观、人生观、价值观，成为当前亟待解决的重要课题。

2. 道德秩序的规范

中华民族自古以来就重道德、讲诚信，这是我们民族的立足之本。周人较早地提出了"明德慎罚""为政以德"的理念。一代圣人孔子曾说："自古皆有死，民无信不立。"[①]唐代统治者提出了用"德"来治理朝政，要重视道德的重要作用。重道德、讲诚信，忠诚、为民、公正、廉洁、奉献，是中华民族得以强大的优秀品质和传统社会推崇的优秀美德。改革开放以来，随着市场经济的建立，国际交流与合作的加强，一些人受到了不良思想的侵蚀。他们为了实现自身的利益不讲道德、不讲诚信，思想观念发生了改变，严重地腐蚀了社会风气，人与人之间出现了信任危机，社会的发展秩序遭到了一定程度的破坏。在这样的情况下，急需建立正确的社会主义核心价值观对他们的行为予以一定的指导，纠正这一不良现象，实现社会的稳定与和谐发展。

3. 科学价值观的指引

改革开放不仅是一场经济体制革命，社会交流的增强也在不断地改变着人们的思想观念。随着市场经济的发展与进步，一些人开始毫无原则地追求

---

① 杨伯峻译注. 论语译注[M]. 北京：中华书局，2009：124.

金钱，爱国主义、诚实守信、艰苦奋斗等中华民族的传统美德在这些人的心中逐渐弱化。随着市场经济价值观的变化，市场竞争更加激烈，导致了经济发展的不均衡性，尤其是各地区的经济发展不平衡，同一地区、同一行业在经济和文化水平等方面的差距也十分明显。

广大人民群众的思想道德观念是社会文明进步和发展的标志，加强对人民群众的思想道德教育，是社会进步的思想基础。正如鲁迅所说："中国欲存争于天下，其首在立人，人立而后凡事举。"[①]人的思想行为，需要建立专门的规范和价值观来进行正确的指导，这样才能不断提高人民群众的思想道德水平，有效地减少社会发展中的矛盾，实现社会的和谐稳定发展，促进经济、政治、文化的发展。

二、培育和践行社会主义核心价值观的现实意义

（一）社会主义核心价值观是全面深化改革的强大正能量

社会主义核心价值观是全面深化改革的推进器。全面深化改革这场伟大实践产生的思想观念变革是极其广泛而深刻的。面对各种思想相互激荡、各种文化相互交融、各种观念相互碰撞的现实状况，我们应当充分利用社会主义核心价值观引领社会思潮的正面导向作用，最大限度地引导广大党员干部和人民群众把个人价值追求转化为国家和社会的共同价值取向，更好地凝聚共识、汇集合力，从而形成全面深化改革的强大正能量。

1. 社会主义核心价值观是深化改革的精神纽带

随着社会主义市场经济的发展，中国的经济和政治发生了巨大变革，人们的思想观念和价值观也发生了不同程度的变化。不同个体对社会发展的认

---

① 《鲁迅全集》编委会. 鲁迅全集(第3卷) [M]. 北京：光明日报出版社，2012：779.

识不同，对经济发展的理解和观念也是不一样的，主要原因在于他们在社会主义市场经济发展中的利益追求是不同的。他们对经济的渴望、社会发展的认识大相径庭，从而产生了社会离心力。在社会发展的过程中，中国特色社会主义制度体现出了优越性，对中国社会的发展具有重要的促进作用。但是，也有一些人认为中国特色社会主义发展得还不是很成熟，没有建立完善的社会主义市场机制，限制了改革的发展与进步，这种思想观念也代表了一种社会发展的观点。改革开放以来，新思想和新观念的涌入对广大人民群众传统的思想观念造成了一定的冲击，一些人改变了传统的观念，开始吸收国外的思想理念。他们的思想变得更加开放，眼界的放宽使得他们不再简单地满足于目前社会的发展状况，而是产生了更多的需求。在社会主义发展的初级阶段，很多制度和理念还处于探索中，所以在发展中会存在一些问题。一些人没有意识到初级阶段的基本国情，片面地认为这条道路不适合中国的发展，没有从长远角度看待中国特色社会主义的优势，这样的想法往往是错误的。在社会发展中，根据市场环境的变化，要不断对市场经济制度进行调整，以此来满足社会发展的需要，这是社会发展的必然结果。只有不断调整和完善，才能突出社会主义市场经济的优势，这是改革开放过程中必须要解决的问题。如何通过发展市场经济实现国民经济水平的提升，并消除市场经济的消极影响，是我们未来要解决的重要问题。在推进改革的过程中，需要对社会主义市场经济的内容、结构、形式等进行全面而深入的了解，以便找到适合中国经济发展的路径，进而通过改革促进中国经济的持续增长。这是社会发展过程中必须要经历的发展阶段，广大人民群众要合理看待改革的过程，坚信中国特色社会主义能够在中国取得胜利，促进中国实现全面进步和发展。

针对一些人对社会主义制度与社会主义道路的怀疑和批判，中国提出了社会主义核心价值观，可以对他们的思想进行正确的引导，帮助他们树立正确的思想观念，包括热爱祖国、诚实守信、艰苦奋斗、廉洁自律、坚定理想信念及坚持中国共产党的领导。通过宣传这些价值观，可以引导人们走正确的社会主义发展道路，规范他们的言行，从而实现社会的和谐稳定发展。在面对改革时，这些价值观还能使人们以科学的眼光来看待和解决问题，消除对社会的不利影响，从而在广大人民群众和改革之间建立起牢固的思想纽带。

2. 社会主义核心价值观引领社会前行

中国的改革一直朝着探索"社会主义""市场经济"融合的目标前进，目的在于建设中国特色社会主义，建立具有中国特色的社会主义市场经济，构建以市场经济为基础的社会、政治、经济、文化制度体系，并以有效的实践行动开辟一条新的中国式发展道路。

中国特色社会主义是人类历史上具有开创意义的独特社会形态，虽然西方很多人对此表现出了敌对，但在实践方面经过了历史的检验并取得了巨大的成就。改革开放40多年，中国包括政治、经济、文化等领域都建立起一整套相对科学和成熟的制度体制，与之相对应的就是需要一种更为科学、先进和具有广大群众基础的核心价值观体系。社会主义核心价值观是推动全面深化改革的引擎，是社会发展和进步的思想基石，能有效凝聚民心，引领全国人民抵御腐朽的价值观，确保社会和谐稳定发展。核心价值观的概念起源于西方，最初所宣扬的自由、平等观念是在当时先进的价值观念的激发下形成的，这些观念进而孕育了至今仍具有影响力的先进思想理念，推动了资本主义社会的发展，并为后续的改革奠定了良好的基础。近年来，中国的崛起已成为人类历史上的一道亮丽风景。这不仅是一种经济力量的崛起，更是社会制度、社会形态的崛起，以及文明、文化、思想观念和价值观的全面发展。在漫长的发展历程中，中国通过不断探索和进步，树立了正确的核心价值观，坚持了中国共产党的领导，实行了人民民主专政，紧密切合社会主义社会的时代特征，展现了社会主义社会的"精华"。在政治、经济、文化等多个领域，中国都建立了适合自身发展的制度，实现了全面进步。在改革发展的过程中，中国将马克思主义基本原理同中国的具体实际相结合，取得了令人瞩目的成就。

中国历来重视提升广大人民群众的政治思想觉悟，以正确的核心价值观为理论指导，有效推进实施改革开放。如果没有树立正确的社会主义核心价值观，国家实现繁荣富强就难以获得群众基础，无法实现社会的发展，更难以在国际的激烈竞争中占据一席之地。在现实中，我们在党的领导下正积极践行先进的核心价值观，构建了科学、先进且拥有广泛群众基础的核心价值体系，该体系为社会主义建设指出了明确方向，指引我们走上正确的社会主义发展道路。广大人民群众能够主动学习社会主义核心价值观，理解其内涵，并在生活中不断践行，使其彰显鲜明的中国特色和中国精神。

3. 社会主义核心价值观获得广泛认同

改革开放是见证中国在党的领导下实现巨大发展的历史过程。中国在发展中坚持人民民主专政，将广大人民群众的利益放在首位，将社会主义核心价值观渗透到广大人民群众的心中，使其不断深入理解核心价值观的内涵，是一种"不忘初心"，为全体人民服务的无产阶级核心价值观。建设富强、民主、文明、和谐、美丽的社会主义现代化国家，是对群众基本愿望和核心利益的表达。同时，人民群众高度认同社会主义建设和发展的目标，有利于中国共产党、政府、广大人民群众齐心协力，共同努力实现社会主义现代化建设的目标，这是中国发展和进步的重要思想理论基础，能不断增强国家的凝聚力和战斗力。在社会主义社会，全面深化改革、转变思想观念是实现社会进步的重要力量。在改革开放过程中，要重视自由平等和公正法治的重要作用，这是建立社会主义核心价值观必不可少的内容，在此基础上才可以实现社会主义的富强、民主、和谐发展。要建立社会主义现代化强国，实现社会的公平，建立法治社会是根本和内在要求。社会主义民主与社会主义法治是相辅相成的，公平正义与社会主义和谐是相互促进的。社会主义核心价值观分为三个层面，分别是国家层面、社会层面、个人层面，这三个层面的核心价值共同促进了社会的发展与进步。其中，国家层面是社会层面和个人层面发展的基础。从个人层面来说，公民要确立爱国、敬业、诚信、友善的价值准则，以此作为自己的核心道德价值观。这三个层面的核心价值观在发展过程中共同发力，为我国精神文明建设和中国特色社会主义事业的发展奠定了坚实的群众思想基础。这三方面的有效结合可以为社会主义核心价值观的培育贡献力量，全面提高广大人民群众的思想认识水平，实现社会主义的发展。

（二）社会主义核心价值观是实现中华民族伟大复兴的价值导向

习近平总书记指出，"实现中华民族伟大复兴，就是中华民族近代以来最伟大的梦想"①。这一具有历史进程意义的重要战略理念，是当今中国特色社会主义发展进步的时代主题、思想引领和精神指引。实现中国特色社会主义的全面发展和进步，提高人民的生活水平，实现社会和谐稳定发展，凝聚力量实现中华民族伟大复兴，这是对当前中国人民持续奋斗的共同理想进行的高度概括和凝练。实现中华民族伟大复兴，主要就在于要有根本的价值共识和共同的理想追求。因此，只有全面加强社会主义核心价值观培育，才能真正有效凝聚起实现中华民族伟大复兴的巨大力量。

1. 社会主义核心价值观是实现中华民族伟大复兴的思想保证

要想实现中华民族伟大复兴，实现社会的发展与进步，必须建立正确的核心价值观。一个国家的发展，需要全体人民形成统一的力量，为实现目标而不懈奋斗，这就需要国家构建统一的核心价值观。这一核心价值观不是一成不变的，会随着社会的发展而不断进行调整，但是基本的思想精髓是不会发生重大变化的。不同的社会发展阶段，有不同的核心价值观。在社会发展过程中，特别是改革开放以来，中国共产党历尽艰辛，不断探索，最终找到了一条适合自身发展的中国特色社会主义道路，树立了正确的社会主义核心价值体系。这一体系的建立，传承了中华优秀传统文化，吸收了国内外先进的发展经验，是中国实现发展和进步的精神基础。在发展的过程中，我们要将社会主义核心价值观与社会主义建设事业融合，以凝聚成为团结奋进的巨大力量，继续为亿万中国人民筑梦、追梦和圆梦提供强大的思想支持。实现

---

① 习近平. 习近平谈治国理政[M]. 北京：外文出版社，2014：36.

中华民族伟大复兴，需要广大人民群众付出更大的努力，既是一个比较艰难的发展过程，又是一个充满艰难险阻的奋斗过程，必须团结全民族力量为之不断努力。这就需要有一种能凝聚全民族各种力量投入社会主义建设事业的核心思想力量和价值引导力量，以动员和激励全体人民群众为实现中华民族伟大复兴而持续团结奋斗。社会主义核心价值观代表了我国社会最具主导性的价值准则和价值理想，能够在最大程度上统合各阶层、各领域的力量，形成强大的凝聚力，实现中华民族伟大复兴。社会主义核心价值观是社会发展的群众思想基础，在实现中华民族的伟大复兴方面，与广大人民群众的目标是一致的，个体利益、国家利益和集体利益的目标是一致的。培育社会主义核心价值体系，对广大人民群众的思想和行为进行了规范和指引，能够不断激发广大人民群众的爱国奉献精神，维护社会的安定团结。我们应坚持中国共产党的领导，积极响应国家的号召，不断完善和充实自己，坚定理想信念，提高自己的政治思想觉悟，对自己的言行能够进行主动的规范和约束，为实现中华民族伟大复兴而团结奋斗，进而实现社会主义现代化建设目标。

2. 社会主义核心价值观是实现中华民族伟大复兴的价值追求

全球化时代，世界各国在不断进行各种思想文化价值观念的交流、交融与交锋。在此形势下，我国在改革开放和社会主义市场经济融合中出现了思想观念的多元化现象。因此，应有效培育和践行社会主义核心价值观，同时继承和发扬马克思主义群众观。这要求我们对社会主义建设过程中出现的问题进行深入剖析，对积累的宝贵经验进行全面总结，以此为社会主义事业的持续发展提供坚实的价值支撑。此举不仅有利于促进整个社会的全面发展，并带动社会各领域的全面发展，而且有利于整合各方面力量促进社会发展，实现中华民族伟大复兴，这是社会主义核心价值观的重要作用。习近平总书记一再强调："中国梦意味着中国人民和中华民族的价值体认和价值追求，意味着全面建成小康社会、实现中华民族伟大复兴，意味着每一个人都能在为中国梦的奋斗中实现自己的梦想，意味着中华民族团结奋斗的最大公约数，意味着中华民族为人类和平与发展作出更大贡献的真诚意愿。"①

实现中华民族伟大复兴，需要全体人民凝心聚力，带动社会各方面的发展和进步。其中，社会主义核心价值观是当代中国迅速发展条件下国家治理的稳定器，能形成强大的凝聚力、感召力，能确保国家长治久安和社会繁荣稳定。实现"两个一百年"奋斗目标，需要社会主义核心价值观进行指导，为广大人民群众的思想发展指明方向。只有培育社会主义核心价值观，才能真正实现党和全民族各种力量的团结奋斗，全面凝聚实现民族复兴的宏大力量。社会主义核心价值观的确立，不断凝聚全民族各种力量投入社会主义建设事业，在广大人民群众中形成了根本的价值共识和共同的理想追求，激励全体人民群众为实现中华民族伟大复兴而持续团结奋斗，引导人民形成正确的思想观念，拒绝不良思想观念的侵蚀。改革开放40多年的经验告诉我们，社会主义核心价值观的培育，使得我国综合国力大幅增强，国际地位稳步提升，人们的物质生活水平得到了显著提高。在国际社会中，中国的发展和进步成了一种奇迹，一些国家为了实现自己的发展，都在借鉴中国的发展模式，不断培育和践行核心价值观。中国还处于发展中，要使社会主义核心价值观的发展理念深入人民群众，应促使人民群众将思想观念转化为行动，应该积极响应国家的号召，认真落实各项方针政策，使社会主义核心价值观的践行真正落到实处。

3. 社会主义核心价值观是实现中华民族伟大复兴的精神源泉

实现中华民族伟大复兴的目标，也就实现了国家利益和个人利益的统一，在思想上凝聚了数百年国人的强国富民夙愿，是民族、国家的整体利益与人民群众个体利益的统一。实现中华民族伟大复兴，必须使社会主义核心价值观逐渐深入人心，这样才能使之真正转化为人民群众奋斗的力量，推动我国经济社会的全面发展。在进行社会主义核心价值观培育和宣传的过程中，广

---

① 习近平. 习近平谈治国理政[M]. 北京：外文出版社，2014：161.

大人民群众深刻理解了社会主义核心价值观的精神内涵，具备了培育和践行社会主义核心价值观的自觉性，能够通过自己的努力追求美好的生活。在党和人民的共同努力下，实现中华民族伟大复兴的目标越来越近，这是中国共产党和中国人民共同的理想与心愿。有效培育和践行社会主义核心价值观，并不只是简单地塑造一种思想价值，重点在于为达成中国特色社会主义的新胜利提供思想保障。随着我国社会主义事业的发展，为了实现中华民族的繁荣昌盛和伟大复兴，需要我们共同努力，理解社会主义核心价值观理念的精髓，不断进行实践，以此来实现梦想。一个没有梦想的民族，注定是没有希望的；一个没有核心价值观的民族，是不能实现自己的梦想的。中华民族伟大复兴的实现，离不开社会主义核心价值观的践行，它凝聚着每一位中华儿女的希望。社会主义核心价值观从国家、社会、个人角度提出了具体的要求，促使每个人能够遵守要求，不断规范自己的思想和言行，实现中华民族的伟大梦想，这为实现中华民族伟大复兴指明了道路。认真践行社会主义核心价值观，是每一位公民义不容辞的责任，与我们的生活息息相关，只有实现了全民参与和实践，才能实现这一宏伟目标。实现"两个一百年"奋斗目标，以及社会主义现代化建设的发展目标，需要广大人民群众自觉学习和践行社会主义核心价值观，在学习中深刻理解社会主义核心价值观的精神内涵，凝聚力量和智慧，为实现中国特色社会主义的新胜利提供思想层面的保障。

（三）社会主义核心价值观是中华民族的精神标识

核心价值观是成熟社会的稳定标志和精神标识，也是一个民族向世界证明自己文明价值的标准，能够表征民族自信的精神内核。社会主义核心价值观是中国走向胜利的标志，表现出了中国公民较高的思想道德水平。社会是由人组成的，人的思想境界和思想水平在一定程度上决定了社会文明的程度，践行社会主义核心价值观使得中国在国际上的地位越来越高，这是中国特有的遗传基因和价值愿景。一个国家没有自己的核心价值观，说明这个国家是没有灵魂的，不能凝聚人们的力量，就不能在国际竞争中取得胜利，不能促进国家的发展和进步。当前，中国正在崛起成为具有世界影响力的大国，这就不能仅仅看 GDP 的发展，更应该有先进的精神思想价值和文化，有中国意义的思想价值观念。社会主义核心价值观就是这样的标识，也是中国特色社会主义道路继续走下去的关键因素。

1. 社会主义核心价值观是中华民族话语权的体现

话语权指的是人们说话的权力与资格。话语权不仅仅简单地反映在说话的权力上，它从实质上反映了一个国家或者人在经济、文化、政治、社会等方面所处的地位。话语权的创立者法国的米歇尔·福柯指出，话语是权力，人通过话语赋予自己权力。[①]话语权本来是平等的、自由的，但是在实际的交往过程中，话语权往往具有一定的阶级特点，它将国家和人根据其综合实力进行了自动的划分。在很长一段时间内，由于政治、经济、文化等方面的绝对优势，西方一些发达国家在国际上掌握了充分的话语权。在核心价值观上，他们提倡西方式的自由和人权，使中国在国际上的话语权处于不利的局面。其主要原因在于，当时中国的政治、经济、文化发展还不是特别成熟，没有建立起社会主义核心价值体系，广大人民群众没有形成很强的凝聚力。随着社会的快速发展，尤其是在改革开放以后，中国和其他各国之间的合作和交流加强，为中国经济的发展带来了良好的机遇。与此同时，国外敌对势力对中国产生了一定的威胁，开始以各种形式打压中国的发展，同时试图以自己的意识形态来影响中国人民的思想，以此来达到瓦解中国的目的。经过长时间的交锋，中国人民的思想经受住了考验，这是因为在发展中，中国一直都在培育和践行社会主义核心价值观，全体人民群众的理想信念坚定。中国人民深刻理解了社会主义核心价值观的精神内涵，中国在国际上也具有了话语权，中国的政治、经济、文化在世界处于领先地位。但是，我们切莫天真地认为"冷战"结束了，世界就大同了。幕后的真相就是东西方之间的较量并没有消失，随着国际竞争的日益激烈，西方国家对中国的打压比以往任

---

① 转引自李建华，夏建文，等. 立德树人之道：大学生社会主义核心价值观的培育与践行研究[M]. 北京：人民出版社，2015：280.

何时候都更为猛烈，它们害怕中国实力的增强会影响自身的霸权地位。因此，在未来，中国要更加重视社会主义核心价值观教育和学习，强化广大人民群众的思想文化意识，坚定理想信念，实现中国特色社会主义的长远发展。

2. 社会主义核心价值观是中华民族的外交武器

全球化时代，世界以价值观来划界，文化价值观正以更强大的力量重塑着世界秩序，具有相同或相近价值观的国家往往更亲近并形成合作的关系，相互之间的交流更多。中国和西方发达国家的核心价值观有较大的差异，中国的发展和进步对西方发达国家的发展产生了一定的影响，西方一些发达国家感受到了危机，所以不断通过各种方式限制中国的发展，企图削弱中国的核心价值观。西方一些国家联合日本等国家与中国展开了价值观的较量，对中国的经济、政治、文化进行打压，试图形成对中国的"包围圈"，以此来孤立和瓦解中国。它们表面上要维护世界的和平与公正，倡导的是自由平等，实际上是为了自己国家的发展，维护自身国际霸主的地位。在这样的时代背景下，中国必须强化社会主义核心价值观的培育，全体人民必须坚决抵制西方发达国家思想意识的侵蚀，坚定理想信念，坚持中国特色社会主义道路。全体人民应该在中国共产党的领导下，不断增强中国的综合实力，使中国以全新的面貌展现在世界舞台上。中国的核心价值观完全区别于西方发达国家的"自由、民主、人权"等所谓的"普世价值"，具有自身独特的文化魅力和价值意蕴。中国不仅要重视经济的发展、军事的强大、政治地位的增强等，同时要更加重视社会主义核心价值观的培育。强化中国共产党和广大人民群众的思想意识，可以抵制西方发达国家对我们的遏制，最终取得胜利。

3. 社会主义核心价值观是中华民族的精神坐标

随着世界一体化进程的加快，西方的思想观念传到了中国，对人们的思想意识形成了一定的挑战，一些西方国家也在有意识地渗透其思想。在这样的情况下，培育社会主义核心价值观，是抵制不良思想侵蚀的武器。在当今的中国，唯有透过社会主义核心价值观才能清晰地界定"我是谁"，才能够在趋同的世界表象下提炼出正确的核心价值观。西方国家一直宣称是维护世界和平的卫士，打着自由平等的旗号来维护自己的地位。中国以马克思主义为指导思想，结合中国的国情，提出了中国特色社会主义道路，符合社会发展的规律，这和西方国家的核心价值观念存在一定的冲突。中国在反复的实践中证明了中国特色社会主义道路是一条正确的道路，可以实现中国全面的、跨越式的发展，中国在发展中将人民当家做主的思想真正落到了实处，是适用于人类发展的价值观念。这一思想的提出具有重要的时代意义，中国将这一理论思想应用到实践中，证明了这一思想的先进性。

马克思主义的社会形态理论认为，社会主义社会是高于资本主义社会的社会形态，是人类历史上迄今为止最先进的社会制度。[①]目前，中国正处于社会主义初级阶段，但是已经展现出了巨大的力量，使得中国在很多方面处于世界领先地位。中国要继续坚持走中国特色社会主义道路，坚定理想信念，防止不良思想的侵蚀，只有这样才能获得更大的发展、更快的进步，实现中华民族伟大复兴。同时，要坚持具有中国特色的民主、自由、人权观念，对资产阶级的不良思想进行严格抵制，将自身的核心价值观应用到世界范围之内，彰显大国风范，吸收优秀的经验和思想，实现社会的和谐稳定发展。在与其他国家的合作中，要和谐相处，实现共赢，实现经济社会的持续稳定发展。中国要从国家层面、社会层面和个人层面建立社会主义核心价值体系，为实现中国特色社会主义的新胜利提供思想保障，以共同的理想信念全面凝聚起实现民族复兴的宏大力量，促进中国的发展和进步。在现代化进程中，中华民族只有有效保持自己的独特性，才能避免成为"他者"，这就必须通过中华民族独特的文化血脉和思想精神来实现中国的发展，使得中国在国际上的地位得到提升。

---

① 苏萱江. 社会主义理论与实践讲座[M]. 北京：人民出版社，1990：68.

三、培育和践行社会主义核心价值观的战略意义

（一）社会主义核心价值观是先进文化建设的方向灵魂

党的十九大报告指出，"推进国际传播能力建设，讲好中国故事，展现真实、立体、全面的中国，提高国家文化软实力"。随着世界一体化进程的加快，中国与世界各国之间的合作和交流越来越多，这就要求中国宣传自己的核心价值观念，让世界更加了解中国的先进思想，不断提高中国文化在世界上的影响力。社会主义核心价值观是中国先进文化的标志，是能够代表民族自身精神的内核，是国家精神文明发展和进步的表现，可以全面提升广大人民群众的凝聚力，形成努力奋斗的强大动力，提高国家的综合实力。国家之间的竞争，本质上是各种文化之间的竞争，其代表就是各自的核心价值观。社会主义核心价值观体现了当代中国对于提升国家文化软实力的一种文化自觉，是国家文化软实力的重要组成部分。在巩固和发展中国特色社会主义、实现中华民族伟大复兴、提高国家文化软实力、增强和壮大综合国力方面，社会主义核心价值观具有重要的战略意义。

1. 社会主义核心价值观与文化软实力是"魂"与"体"的关系

在社会发展过程中会产生精神活动，这些精神活动统称为"文化"。文化的发展与进步是一个国家综合实力的重要体现。在人类发展过程中，文化活动展现了人类的思想，决定了人类的行动。从国家角度来说，文化是一种精神的体现。文化是国家发展的精神力量，一个国家的文化体现了这个国家人民的思想水平，体现了一个国家的精神风貌。文化活动的开展，可以教育人民，引导人民的思想，因此要传播优秀的传统文化，扩大优秀传统文化的影响力，形成凝聚社会的强大力量。对于中国来说，中国文化的精髓在于社会主义核心价值观的凝聚，可以将社会主义核心价值观应用到实践中，促进社会的发展。所以，要实现文化的全面发展，就要将理论和实践有效结合起来，增强广大人民群众践行社会主义核心价值观的自觉性。

在漫长的发展过程中，中国积累了优秀的传统文化，这是中华民族实现发展的关键所在。在今后的发展中，我们要继续弘扬和传承中华民族的传统美德，因为这是中国文化发展的核心。我们应当热爱祖国，诚实守信，发扬艰苦奋斗的精神，廉洁自律，坚定理想信念，坚决拥护中国共产党的领导。同时，我们还要致力于丰富人民的精神文化生活，不断提高人民的思想道德水平。中华民族是最具有包容性的民族，中华文化也是最具有包容性的先进文化，发扬中华优秀传统文化，并不是拒绝其他文化，而是要在中华优秀传统文化的基础上，吸收国外优秀的文化，不断充实和发展中国文化。社会主义核心价值观是中国文化的重要组成部分，要想提高中国的文化软实力，就要培育和践行社会主义核心价值观，这是中国文化发展的方向。

2. 社会主义核心价值观是提升文化软实力的关键要素

虽然中国文化的传播越来越广泛和深入，但目前的国际影响力还不足，与中国的发展及大国地位不相符，与世界渴望了解中国文化的需求存在差距。当前，世界处于百年未有之大变局，中国也处在大发展、大变革、大调整时期，中国在发展中还面临着其他国家的打压和压制。世界各国的思想价值观念多样，西方一些发达国家试图在思想文化领域削弱中国的力量，这是它们压制中国发展的手段之一，即通过文化的侵蚀在国际上获得话语权。在这样的发展背景之下，中国要想实现全面发展，就要主动构建具有自身特色的核心价值观念，不能被其他国家所左右，社会主义核心价值观应该在世界范围内起到先进的引领作用。世界各国之间的竞争，不仅仅是政治、经济、文化的竞争，更重要的是思想价值观念的竞争。哪个国家的思想价值观念在国际上起到引领作用，哪个国家就具有话语权，就会成为各个国家学习和追随的对象。中国在与世界的交流中，要注意宣传和展现社会主义核心价值观，提高社会主义核心价值观在世界范围的影响力，不断增强中国文化的软实力。中国文化软实力的增强，是社会主义核心价值观在广大人民群众心中不断深化的结果。文化水平的提升，要求我们开展各种形式的文化活动，加强对广大人民群众的教育，培育社会主义核心价值观。随着社会的发展和进步，对社会主义核心价值观进行不断完善和创新，在全世界范围内宣传这种先进的核心价值观，取得世界各国的认同，对世界各国的核心价值观起到引领作用，是社会主义发展壮大的关键所在。这不仅能够实现中国综合实力的增长，还能为促进世界文化的发展贡献自己的力量。

3. 社会主义核心价值观是提高中华文化影响力的根本动力

社会主义核心价值观以马克思主义理论作为科学指导原则，并结合了中国的实际情况，是符合社会发展规律的。它提出的基础是中华优秀传统文化，在这个基础上吸收了国内外先进的思想观念，形成了自身特有的核心价值观念。社会主义核心价值观的确立，促进了文化的发展，并形成了一定的持久影响力，使我国的综合国力，尤其是文化软实力得到了很大的提升。首先，中国提出的社会主义核心价值观，得到了很多国家的认同，世界上更多的国家和地区认识到了中华民族的优秀文化，扩大了中国文化在世界范围内的影响力。同时，中国也逐渐拥有了在国际上的话语权，从而提升了国家的综合实力，中国对世界的贡献越来越大。其次，多国对社会主义核心价值观的认同，充分彰显了社会主义核心价值观的先进性。这一观念在中华优秀传统文化的基础上，融合并吸收了一些发达国家有益的思想观念，从而实现了中国文化与世界文化的和谐交融与共同发展。它展现出了强大的包容性，在世界舞台上鲜明地展示了中国特有的核心价值观，树立了中国在世界上的良好形象，并为中国与世界各国的进一步合作与交流奠定了坚实的基础。最后，社会主义核心价值观不仅融合了中华优秀传统文化与其他一些国家的先进文化，而且更加注重运用科学的方法。其最终目标在于提高中国的综合实力，为促进社会进步和文化发展提供重要参考，并广泛传播先进的文化，从而为人类社会文明的进步和发展贡献中国力量。

总而言之，社会主义核心价值观的确立，可以增强中国人民的民族自信心和自豪感，使人民更加热爱祖国，发扬中华优秀传统文化，还可以不断地使得世界各国认同中国文化，扩大中国文化在世界的影响力，展现出中国在精神文化建设方面的强大实力。与此同时，还可以不断提升中国的文化软实力，提高社会主义核心价值观在广大人民群众心目中的地位，将核心价值观念植根在人民群众的心中，抵制国外不良思想观念的侵蚀，维护国家的独立自主，建立和谐稳定的社会发展环境。

（二）社会主义核心价值观是社会和谐的价值支撑

任何健全的社会都有与社会发展同步的较为稳定和谐的政治、经济、社会秩序，同时也有着相对牢固的核心价值理念在支撑社会的发展。国家的核心价值观念可以形成强大的社会凝聚力，有效减少社会矛盾的发生，对于构建社会主义和谐社会具有重要的作用。要实现社会的有序、平稳发展，必须构建一套统一的、得到人民群众广泛认同的核心价值观。因为只有当人民群众的利益与国家的利益高度一致时，才能汇聚成强大的社会力量，共同为社会的进步和繁荣而努力奋斗。中国特有的社会主义核心价值观，正是建立在广大人民群众的根本利益之上，体现了社会主义制度的优越性。这一价值观能够更加有效地推动社会的发展，助力实现社会主义现代化建设的重要目标。同时，社会主义核心价值观深刻反映了中国特色社会主义发展的精髓，是社会进步和发展的不竭源泉与强大动力。

1. 社会主义核心价值观指引社会的前进方向

社会主义核心价值观的确立，必须紧密结合中国发展的实际情况，充分考虑中国的政治、经济、文化发展水平，在此基础上形成一套统一的、被广大人民群众广泛认同的核心价值观。唯有如此，才能凝聚广大人民群众的力量，为社会的发展和进步提供坚实的思想基础，为前行道路提供明确的指引和方向。社会主义核心价值观是高度凝练的理论表述，虽然字数不多，但内涵丰富，涵盖了社会发展的精神面貌、道德观念、理想追求等多个方面。社会主义核心价值观的形成，对经济、政治、文化的全面发展具有积极的推动作用，同时也为广大人民群众提供了重要的思想指导。它不仅是国家发展的精神基础，也是社会和谐稳定发展的前提。

每个国家在发展中都会形成其独特的核心价值观，这些价值观并非一成不变的，而是会随着社会的变迁和进步而不断调整和完善。当核心价值观被削弱或瓦解时，往往会导致国家政权的动荡和变革，新政权的建立也必然伴随着新的核心价值观念的确立。在国际竞争中，西方一些国家为了维护其霸权地位，试图通过各种手段削弱中国的社会主义核心价值观，以阻碍中国的发展。这充分说明了社会主义核心价值观在国家发展中的关键性作用。

社会主义核心价值体系的确立和发展，始终紧密围绕广大人民群众的利益展开，确保人民的平等和自由。改革开放40多年来，这一体系有力地推动了社会的和谐稳定发展，与社会主义制度紧密相连，展现了中国特色社会主义发展道路的独特优势。它作为一种先进的思想道德观念，极大地提升了我国的综合国力，提高了国际地位，人们的物质生活水平也得到了显著提高。在今后的工作中，我们应继续深入学习和实践社会主义核心价值观，发挥其引领和推动作用，促进社会的持续发展与进步。

2. 社会主义核心价值观反映社会的发展要求

随着社会的发展与进步，特别是在改革开放之后，全球一体化进程显著加快，人们的思想观念发生了巨大变化，人与人之间的观念差异也日益显著。这种价值观的多样性虽然丰富了社会思想，同时也引发了价值观的冲突，使统筹兼顾各方面利益的任务变得更为艰巨和复杂。

通常情况下，国家、社会和个人在审视社会问题、追求自身利益及价值观念上都会存在一定的差异，对世界的看法也各不相同。即便是同一个人或群体，在不同阶段和发展时期，对同一问题的看法和做法也可能大相径庭。这是社会发展过程中不可避免的社会形态，而这些价值观之间的冲突无疑对我们建立统一、和谐的核心价值观提出了严峻挑战。因此，我们需要通过深入的理解和沟通，寻求共识，以构建更加和谐、稳定的社会环境。

与此同时，西方价值观中的物质主义、相对主义和虚无主义不断渗透，导致一些人的价值观念发生动摇。他们将金钱和财物的获取视为人生的唯一目标，完全认同物化的逻辑，盲目信奉拜金主义、消费主义和享乐主义。还有一部分人缺乏正确的价值观念，无法明辨是非，缺乏坚定的理想信念，生活和工作中没有明确的目标，学习态度摇摆不定，对待生活和工作缺乏积极的心态，常常以应付的态度面对各种挑战，情绪焦虑，生活缺乏希望和动力。这种价值观的动摇不仅削弱了个人的幸福感和满足感，也对社会的整体稳定和发展产生了不良影响。我们需要对这些不良价值观进行纠正，以促进个人和社会的健康发展。

在中国的发展过程中，确实存在一些问题，如经济社会发展不均衡、医疗保障制度不完善、就业压力大、教育环境需进一步改善等，这些问题给人们的生活带来了一定的压力。同时，中国还面临着来自国际社会的诸多挑战。党和政府高度关注这些问题，并积极采取措施加以解决。对于中国共产党来说，任何对这些问题的拖延或忽视都可能危及执政地位，并带来严重的社会危害。因此，我们必须坚定不移地推进改革，加强法治建设，优化社会环境，提高人民的生活水平，确保社会的和谐稳定与持续进步。社会主义核心价值观正是在这一系列挑战与机遇中应运而生，反映了社会的发展要求，为我们指明了前进的方向。

3. 社会主义核心价值观致力于构建稳定的社会

改革进入攻坚阶段，会产生一些社会内部矛盾，这并非改革本身之错，而是改革进程中不可避免的。任何社会都会有一定的主要矛盾，这也是推动人类社会向前发展的关键动力。如今，人民群众最关注的是执政党及党员干部能否科学地分析产生这些矛盾和问题的深层次原因。在改革过程中，广大人民群众一方面得到了一定的实惠，另一方面也面临着因旧有体制性垄断而导致的腐败、不满，以及因民主、公平、公正得不到完全保障而导致的某些方面的失公。另外，一些群众还担心改革开放会偏离"共同富裕"的目标，甚至偏离社会主义方向。社会主义核心价值观的凝练和提出，是对上述问题的最正面、最科学的回应。正如中共中央办公厅印发的《关于培养和践行社会主义核心价值观的意见》指出的，"培育和践行社会主义核心价值观，是推进中国特色社会主义伟大事业、实现中华民族伟大复兴中国梦的战略任务"，"对于促进人的全面发展、引领社会全面进步，对于集聚全面建成小康社会、实现中华民族伟大复兴中国梦的强大正能量，具有重要现实意义和深远历史意义"。面对伴随着社会急剧转型而来的价值秩序变迁，社会主义核心价值观为化解其中的矛盾、构建新的价值体系开出了一剂良方。以客观的态度审视我国近几十年来，尤其是改革开放以来的发展历程，不难看出，人们的价值观念逐渐呈现出多样性，实质上这反映的是我国经济社会发展中矛盾和冲突的交织叠加。与此同时，这些冲突和矛盾的出现，也表明了人们对精神文化的追求，以及对核心价值观的现实需求。

社会主义核心价值观以人为本，将人民群众的合理需求置于核心地位。在应对多种价值冲突时，通过批判性整合，它被提炼成社会真正需要的核心价值观。这一价值观旨在以人民群众的"最大价值公约数"来引领社会生活，有效解决社会价值体系重构过程中出现的各类问题。它不断增强人们的精神力量，致力于构建全社会共享的美好精神家园，使人们在面对纷繁复杂的矛盾和冲突时，能够找到心灵的栖息之地，获得内心的安宁与满足。面对当代中国价值观良莠不齐的问题，社会主义核心价值观在差异和冲突中寻求全社会共同认可的价值追求，有效遏制了矛盾和混乱，化解了社会发展过程中的"无序""对立""迷失"，进而构建了凝聚价值共识的新的社会价值秩序。

如今，我国已经大踏步进入新时代，同样离不开社会主义核心价值观的培育和践行。"最大价值公约数"能够有效化解新旧矛盾、新老思想相互交织带来的不和谐与不稳定，处理好各种利益关系，在一定程度上能避免公共冲突，维护社会和谐稳定。对于人民群众来说，达成最广泛的价值共识，能够减少社会纠纷，维护、保障自身合情合理合法的权益。站在社会转型、经济转轨的新起点上，相关主体应该有效引导社会思潮将各族人民凝聚在一起，心往一处想、劲往一处使，形成促进社会发展的强大合力，使我国大踏步朝着社会主义现代化强国迈进。

（三）社会主义核心价值观是增强民族凝聚力和向心力的纽带

历史进程中的社会共同体，其核心在于共同的思想意识与核心价值观。这种价值观不仅为共同体的存在提供了合理性和合法性的论证，更是塑造和凝聚共同体成员间关系的纽带。通过共同的价值观，共同体成员紧密相连，产生强大的亲和力、感召力和凝聚力。

培育和践行社会主义核心价值观，对于增强中华民族的凝聚力、培养国家认同感具有重要意义。当代中国，需要借助社会主义核心价值观，为全体人民提供共同的理想信念和价值目标。这一价值观能够超越民族、血缘、语言和地域的差异，也能超越阶层、行业、职业和利益的界限，将全国各族人民紧密地凝聚在一起。这种凝聚力量将助力我们全面建设小康社会，实现中华民族伟大复兴。它不仅能够增强中华民族大家庭的向心力和凝聚力，更将成为不断巩固民族团结的精神纽带，为国家的繁荣稳定提供强大的精神动力。

1. 社会主义核心价值观有助于增强中华民族的凝聚力

社会主义核心价值观倡导一切有利于国家富强、社会和谐、人民幸福的思想和精神，一切有利于民族团结、祖国统一、人心凝聚的思想和精神，一切有利于引导人们用诚实劳动创造美好生活的思想和精神，为经济社会全面发展提供了思想保证。大力践行社会主义核心价值观，有助于人们增强对科学发展、社会和谐的认同，同心同德地推动经济社会又好又快发展；有助于激发人们的积极性、主动性、创造性，始终保持昂扬向上的精神状态；有助于培育和谐文化，树立和谐理念，发扬和谐精神，把各方面的智慧和力量凝聚到推动科学发展、促进社会和谐上来。

社会主义核心价值观通过帮助人们抵御多元价值观的侵蚀而增强民族凝聚力。社会主义核心价值观明确了社会主义的基本评价标准，使人们的价值选择不再无所适从。首先，认同、归依于符合民族和国家整体利益的价值评判标准，从而使人们在多元价值观的碰撞、诱惑与误导面前，能够认识、判断与选择符合社会倡导的健康、文明、积极向上精神的道德规范、理想信念和价值取向，并以之指导自己的行为；能够正确面对和解决改革过程中出现的各种矛盾。其次，能够顾全大局，置国家利益、集体利益于个人利益之上；能够抵制国外敌对势力的种种干扰破坏和西方社会思潮的影响，坚定地走社会主义道路，对改革开放和社会主义现代化建设充满信心，始终热情饱满地投身于社会主义现代化建设事业。

社会主义核心价值观通过培育人们的社会共识、铸就国民的灵魂而增强民族凝聚力。社会的核心价值观是一个国家、民族的根本价值导向，是一个民族思想文化和精神世界的集中反映。社会主义核心价值观反映了社会主义基本的、长期稳定的社会关系及价值追求，是在社会主义革命、建设和改革开放历程中逐步形成和发展起来并指导社会主义健康发展的价值目标和价值观念，能深层次而又持久地影响人们在建设中国特色社会主义伟大征程中的思想方法与行为方式，体现了一切为了人的自由全面发展之目的，体现了社会公正及人民的幸福之价值指向，体现了培育人们的社会共识、铸就国民的灵魂之最终目的，是民族灵魂走向卓越的精神动力。

社会主义核心价值观通过追求人的自由全面发展的价值目标而增强民族凝聚力。中华民族凝聚力作为一种精神动力，首先是建立在人民群众对物质的追求和幸福生活的向往基础之上的。以"富强、民主、文明、和谐""人的自由全面发展"为基本内容，以人为本的社会主义核心价值观，体现了社会主义的价值本质，在培养公民的责任意识及主体意识、提高民族素质、增强人们的幸福感和安全感与社会认同感，以及促使公民之间、公民与社会之间、社会与国家之间形成亲和力方面起着不可替代的作用，能够激励人们增强民主和谐、自由文明的价值理念，提高自身的素质，实现社会与人的全面发展。

2. 社会主义核心价值观有助于巩固民族团结

民族凝聚力是国家软实力的重要体现，源于全体人民对核心价值观的认同和美好向往。其功能在于极大地促进民族团结、维护社会稳定、保障国家统一。在我国，提升民族凝聚力主要着眼于巩固各民族的国家认同，以实现中华民族伟大复兴为目标。中华民族拥有悠久灿烂的文明文化，是人类历史上最璀璨的明珠之一，推动了历史进程和社会的快速发展。从文景之治、贞观之治到康乾盛世，这些历史时期都是中国历史发展的高峰，它们的共同特点是在中国大一统的局面下产生。

展望未来，作为一个幅员辽阔、人口众多的发展中大国，只有稳定且统一，才能拥有更加光明的发展前途，实现长久的繁荣昌盛。实现国家的富强，需要凝聚最广泛的社会共识，夯实思想基础，因此必须大力培育和践行社会主义核心价值观。同时，作为统一的多民族国家，我们必须引导各民族和睦相处，形成强大的民族凝聚力，为国家繁荣昌盛奠定坚实的基础。纵观世界发展史，凡是注重各民族和睦相处、向心力强的国家和地区，都能避免分裂，实现国力的强盛和跨越；反之，缺乏向心力的国家，往往社会秩序混乱，民生凋敝。因此，我们必须珍视民族团结，共同为国家的繁荣稳定贡献力量。

党的十九大报告提出，"深化民族团结进步教育，铸牢中华民族共同体意识，加强各民族交往交流交融，促进各民族像石榴籽一样紧紧抱在一起"。这一生动的比喻手法让人耳目一新，深刻论述了促进民族大团结、提升民族向心力的具体途径。要做到落实六个"相互"（相互了解、相互尊重、相互包容、相互欣赏、相互学习、相互帮助），就要弘扬社会主义核心价值观，增强各族人民群众对伟大祖国、中华民族、中华文化、中国特色社会主义道路的认同。

3. 社会主义核心价值观有助于形成中华民族合力

国家发展并非执政党凭借一己之力所能完成，它需要党引领全国各族人民齐心协力、共同奋斗。无数事实表明，中国能够实现生产力的跨越式发展和综合国力的显著提升，正是坚持走中国特色社会主义道路的必然结果。40多年前的改革开放，不仅为社会"硬件"的发展奠定了坚实基础，也深刻改变了"软件"——国家文化软实力。它使群众的思想意识日趋多元化、多样化、多变化，尤其是在市场经济环境下，许多人对利益的追求更加显著。适度的功利心可以激发活力，提高经济效益，但盲目追求"最大利益"则可能会导致人们在财富和权力面前迷失自我，忽视国家利益和集体利益，为一己私欲损害社会信任，损害大众的利益。

社会主义核心价值观倡导的"爱国、敬业、诚信、友善"，为个体层面的人际交往提供了明确的道德准则。在这一准则的指引下，有助于构建更加友善的人际关系，增强社会信任，提升公众对社会的认可和期待。因此，个体层面的价值观具有深远的意义。建设社会主义核心价值体系，培育并凝聚核心价值观，能够从根本上增强各民族的向心力，为推动更高质量的发展提供源源不断的动力。这一目标的实现，需要全社会齐心协力，践行社会主义核心价值观，共同为实现中华民族伟大复兴贡献力量。

当前，我国正处于改革攻坚的关键时期和社会政治、经济变革转型的重要阶段。在这一时期，各种思潮和思想价值观念纷繁复杂，先进的与腐朽的、积极的与消极的相互交织、斗争，导致社会上价值观的矛盾、冲突和裂变日益凸显。面对这一现状，加强我国社会主义核心价值观和核心价值体系的建设，显得尤为迫切和重要。我们应当充分发挥社会主义核心价值观在社会建设中的主导、统领和整合作用，以统一思想、凝聚共识、汇聚力量。在全球化日益加深的今天，各种观念、思潮纷至沓来，各国在价值观层面的碰撞与渗透呈现此消彼长的态势，且有加剧的趋势。面对这样的大碰撞与大融合，若故步自封，必将在时代的洪流中逐渐落后。"尺有所短，寸有所长。"我们要以开放的心态耐心倾听各种声音，虚心接纳其中符合我国发展实际的有益经验。同时，也要加强对本民族文化的认识、认同和自信，传承并发扬优秀的文化传统，凝聚最大的奋进力量，以确保作为执政党的中国共产党在引领人民群众前进的征程中，展现出"不惧风吹浪打"的坚强战斗力。

第二章
社会主义核心价值观的科学内涵

铸 魂 育 人

　　党的十八大报告在强调建设社会主义核心价值体系的基础上首次提出了"三个倡导"，即"倡导富强、民主、文明、和谐，倡导自由、平等、公正、法治，倡导爱国、敬业、诚信、友善，积极培育和践行社会主义核心价值观"。该重要表述其实代表了各阶层各群体的意见，也反映出人们热切期待一种科学核心价值理念的生成。社会主义核心价值观是对既有的价值理念特别是核心价值体系的高度凝练和思想升华，同时通过国家发展成就这一事实进行佐证，为世界贡献出关于价值观念和思想文化的中国理念、中国智慧。从内涵上说，"三个倡导"根据描述地域、行业特点的不同，把核心价值观分为三个维度和不同层次。本章分别从国家层面、社会层面、个人层面进行论述。

第一节　国家层面的价值追求

　　富强、民主、文明、和谐，是立足国家层面提出的价值目标和要求，充分体现了国家、社会和个人的美好愿望与应然诉求。

　　中华民族历史悠久、源远流长，在人类历史的长河中曾几度领先，为人类文明的发展做出了永不磨灭的重大贡献。近代以来，中华民族虽然备受屈辱，历经磨难，但又涅槃重生。党的十八大以来，习近平提出"实现中华民族伟大复兴，是近代以来中国人民最伟大的梦想，我们称之为'中国梦'，基本内涵是实现国家富强、民族振兴、人民幸福"[①]。今天的中国，比历史上任何时期都更接近中华民族伟大复兴的目标。这个目标将中华儿女"拧成一股绳"的精神内核，为中华民族持续向前发展提供了强大的内推力。正因为如此，"富强、民主、文明、和谐"作为国家层面的价值诉求被置于核心价值观的首位，对其他层次的价值理念具有统领作用。综合来说，国家层面

[①] 中共中央党史和文献研究院，中央"不忘初心、牢记使命"主题教育领导小组办公室. 习近平关于"不忘初心、牢记使命"论述摘编[A]. 北京：中央文献出版社，党建读物出版社，2019：5.

的价值目标是提倡实现经济的迅猛发展，社会财富快速积累，政治生态愈发民主，文化发展愈发文明，人民群众拥有愈发实在的和谐自由、幸福安定的生活。国家层面的四个价值目标互为表里、相互成就，成为亿万中华儿女的美好夙愿和永恒理想。"功崇惟志"，国家层面的价值观有着丰富的内涵，只有凝聚最广泛的精神上的共识，才能最大限度地激发活力，进一步形成行动上的强大合力，引领中华民族朝着实现伟大复兴的共同愿景不断前进。

一、富强是社会主义现代化建设的基本价值目标

"治国之道，必先富民。"可见，富强是实现其他价值目标的物质基础和重要保障。作为社会主义国家，我们将"富强"置于核心价值观的首位，是对马克思主义的一脉相承，也集中体现了中国共产党人的奋斗宗旨。总体上说，只有摆脱物质的极度匮乏，才能实现人民的富裕和国家的强盛，进而为社会的进一步发展提供不竭动力。自人类诞生以来，世界就始终在追求生产力的解放和国家的富强。摆脱物质匮乏，不断创造和积累物质财富，一直是各个历史时期的主导力量，也是人民群众生存和发展的必需。社会、民族、国家都需要富强的保障。在新时代的中国，全体中华儿女对国家富强的追求从未停歇。他们在共产党人的引领下，正迈着坚定的步伐，朝着实现中华民族伟大复兴的目标不断奋进。

（一）富强是中华民族的千年夙愿

富强作为一种价值追求并非现代中国独有的政治认同，而是来源于中华传统文化，堪称历久弥新。纵观中华文明发展史，我国古代典籍中有着相当多的关于"富强"的论述，从阐述"富强"的深刻内涵，到对"富强"的艰难探索；从对"富"与"强"之间关系的独到见解，到对富强国家的反思，

处处体现着古人对"国强民富"的美好憧憬和不懈追求。《管子》记载："主之所以为功者，富强也。"① "凡治国之道，必先富民；民富则易治也，民贫则难治也；奚以知其然也。"②孔子、孟子视"富民"为"富国"的基础，强调先"富民"后"富国"，"富民"为先，"藏富于民"。《二十五史》全文电子版数据库显示，"富强"二字出现 103 次，"富民"出现 242 次。

富强是中华民族孜孜不倦的追求，无数中华儿女在自强不息的道路上一往无前，取得一个又一个令人瞩目的辉煌成就，并且为促进世界文明发展做出了卓越贡献。从我国古代的"文景之治"，到"汉武盛世"，再到"开元盛世"，"忆昔开元全盛日，小邑犹藏万家室。稻米流脂粟米白，公私仓廪俱丰实"③，这些诗句生动地描绘了当时社会的繁荣景象。千百年来，人们始终没有放弃对富强的更高要求和期盼，这千年的梦想深深植根于中华大地，成为每一个中华儿女内心深处的渴望。

然而，中华民族探索国富民强的道路也曾被封建的专制制度和西方的坚船利炮所阻断，特别是自鸦片战争以来，积贫积弱的中国成为被欺压凌辱的对象，中国人民逐渐陷入苦难深渊，国力的不足同时也是民众生活的不足。面对亡国灭种的危机和贫苦生活的压迫，百年来，勤劳的中国人前赴后继，一直致力于找到一条救国、富国、强国之路。在探索的道路上，洋务派提出了"以中国之伦常名教为原本，辅以诸国富强之术"④的观点，主张从技术层面向西方学习，以此提升自身的实力。然而，"自强求富"的美好愿望终被残酷的现实毁灭，"辅以诸国富强之术"的尝试终结于甲午中日战争。而后，资产阶级维新派上书清政府，寄希望于"变法"。最终"百日维新"如昙花一现，103 天的时间无法证明其对国家富强思想的贡献。后来，资产阶级革命派高声喊出"振兴中华"的口号，认为想要救国，就必须发展"实业"，发展工商业，最终因其阶级局限性和革命的不彻底性而归于失败。这虽使人

① 黎翔凤撰，梁云华整理. 管子校注（下）[M]. 北京：中华书局，2004：1173.
② 黎翔凤撰，梁云华整理. 管子校注（中）[M]. 北京：中华书局，2004：924.
③《杜甫·忆昔二首》，全唐诗（第七册）[M]. 北京：中华书局，1960：2325.
④ 熊月之. 冯桂芬评传[M]. 南京：南京大学出版社，2011：194.

民重入苦难，但又从思想和现实上为新的科学理念的寻求积累了经验，促使有先进思想的中国人开始反思失败的原因，继续探索富民强国之路。

（二）富强是生产力标准和价值标准的统一

富强，即民富国强。从主体来讲，富强包含两个方面的价值追求：第一，是"民"要富；第二，是"国"要强。富强，首先要实现民众富裕，提高民众的物质生活水平，从而为国家的繁荣强盛提供有力的保障。可以说，"民富"是国家实力提升的基础。马克思主义认为，社会和国家物质财富的积累，最终指向的是人民，是为了造福最广大的人民群众，是为了实现人的全面发展。但是富强并不单单表现为藏富于民，更高的价值目标在于实现国家的繁荣富强。国家富强并不是简单意义上的"国家富有"，"富"并不一定等于"强"，我们追求的富强，更多指的是强大的经济竞争力、深远的国际影响力，以及在世界话语体系中所占的分量，这是富强的国家层面要求。人民富裕、国家强盛，从根本上讲是一致的，也是必须要保持同步的，否则富强就成了无稽之谈。

"富强"作为国家层面的重要观念，是社会主义本质的充分彰显。社会主义社会的富裕是人民的共同富裕，是大多数人的富裕，而不是小范围内人的富裕。"如果走资本主义道路，可以使中国百分之几的人富裕起来，但是绝对解决不了百分之九十几的人生活富裕的问题。"[1]因此，"社会主义的本质，是解放生产力，发展生产力，消灭剥削，消除两极分化，最终达到共同富裕"[2]。这一论述既蕴含生产力发展的内在要求，也凸显了要实现"国"和"民"共同富裕的外显诉求。写好生产力这篇文章，离不开解放和发展生产力，激发经济发展的韧性和最大活力；共同富裕的诉求则需要旗帜鲜明地将公平公正摆在最重要的位置，做到"心中有杆秤"，这样才能实现权益蛋糕的最优分配。

---

① 邓小平. 邓小平文选(第三卷)[M]. 北京：人民出版社，1993：64.
② 邓小平. 邓小平文选(第二卷)[M]. 北京：人民出版社，1994：167.

生产力的内在要求既要突出效率优先，也要体现公平。可以允许一部分人和部分地区先富起来，但是同时要保证先富能够主动作为，以榜样的力量拉动后富，进而实现所有人和所有地区的共同富裕。也就是说，先富追求的不是小部分群体的富裕，而是实现共同富裕这一最终目标的有效路径。

共同富裕离不开公平和公正。社会主义从根本上区别于传统的剥削阶级占统治地位的社会，追求的是以公平正义来保证最广大人民群众的富裕，而不是某一利益集团的富裕。因此，社会主义核心价值观中的"富强"，既强调生产力发展的效率准则，又遵循共同富裕标准下的公平诉求，是符合社会主义本质要求的富强观。换句话说，社会主义富强观集中体现了中华优秀传统文化推崇的公平公正的价值准则，以及西方经济思想中关于生产和物质财富的论述，同时又剔除了其中不符合时代发展和客观实际的错误观念。总之，社会主义的富强观是对中国传统的平均主义富强观和西方资本主义两极分化的富强观的融合与超越。

二、民主是社会主义始终高扬的旗帜

翻开历史，无论是中国还是西方，"民主"出现的频率都是极高的。可见，民主是人类的共同追求。但是，在不同语境和社会背景中，不同的群体对民主的理解不尽相同。在马克思的视角中，民主被视作一种核心的价值理念的实现形式。在西方，民主往往集中在少数人手中，并在多数情况下被金钱和权力的洪流所淹没。与西方的民主观念形成鲜明对比的是，中国式民主代表的是广大人民的民主，是获得最广大人民认同的价值目标，同时也是中国特色社会主义的政治实践。可以说，没有民主就没有中国特色社会主义的蓬勃发展。中国共产党深刻地认识到，社会主义民主并非静止不变的，而是一个持续发展的动态过程。因此，在推进民主建设的道路上，我们必须因时而变，随事而制，不断使其完善，以适应社会的发展和人民的需求。

（一）对民主政治的追求是中华民族的一种政治传统

在中国数千年的封建专制制度统治下，"普天之下，莫非王土"（《诗经·小雅·谷风之什·北山》），君主掌握着至高无上的权力。同时，古代典籍中也记载了民本的政治思想，如"民为邦本，本固邦宁"（《尚书·五子之歌》），告诫统治者"水能载舟，亦能覆舟"（《荀子·哀公》），提出了"民为贵，社稷次之，君为轻"（《孟子·尽心章句下》）的民本思想。这些观点和论述也是对古代政治治理过程中实践经验的提炼与总结，在一定程度上是对君权的有效制约，体现了中华民族朴素的民主理念。

中华民族的数千年灿烂辉煌文明史是长期领先于世界的，在这一过程中，传统政治理念的民本政治思想发挥了重要作用。近代以来，由于国势日衰和受压迫太深，人民群众对民主的呼声越来越高，同时受到西方民主思想的影响。20世纪初兴起的新文化运动，其中重要的一条就是倡导先进的中国人举起民主和科学两面旗帜，以反对专制和压迫。这也表明中国人民始终在追求政治上的民主和社会公平正义。

（二）社会主义民主是积极价值观的选择性继承

社会主义民主继承了人类政治文明的积极价值，体现了人类民主政治的核心要义和未来发展趋势。与封建制度下的有限民主相比，资本主义民主是一种很大的进步，往往也成为资本主义的标签之一。在一定历史时期，这是具有历史进步性和重要意义的。同时，我们也要清楚地认识到，西方式民主并不是绝对意义上的民主形态，相反，它是只适用于少数精英人群的民主，是世界民主发展进程中的阶段性模式。之所以如此，是因为资产阶级民主与资本主义私有制紧密联系。私有制决定了资本主义民主只能是基于资本力量分配下的少数人享有的民主。当代西方资本主义社会虽然在形式上有所进步，人民表面上获得越来越多的政治权利，但并没有真正突破少数人得利的基本局面，也没有改变资本主义民主的本质。

因此，只有在社会主义制度的保障下才能"建立更高水平的民主制"。在我国，民主吸取了世界文明史中积极合理的精华部分，摒弃了其中不符合时代发展和客观实际的错误观念。强调对大多数人民主的重视，也是未来民主发展的主要趋势，因而比资本主义民主更先进。首先，从所有权意义上说，社会主义民主意味着人民当家做主，即人民是国家的主人。资本主义国家虽然也标榜"主权在民"，但在生产资料私有制条件下，国家权力控制在少数人手里。社会主义民主建立在生产资料公有制的基础上，这是一种真正实现大多数人享受的民主制度，使大多数人即劳动者实际参加国家的管理。①其次，从利益角度而言，社会主义民主要求发展和维护人民的根本利益。国家服务人民，是社会主义民主的内在要求。维护绝大多数人的利益，是社会主义民主的根本职责。西方资本主义民主也宣称为全体国民利益服务，实际上却是为资产阶级的利益集团服务。最后，从效率上讲，中国特色社会主义民主有利于发挥集中力量办大事、提高效率办成事的政治优势。我国的全国人民代表大会作为国家最高权力机关统一行使国家权力，国家行政机关、审判机关都由人民代表大会产生，对其负责。这就保证了各国家机关的协调一致、高效运转。相对于西方资本主义国家的三权分立和相互掣肘而言，这是我们的一大政治优势。曾以《大趋势：改变我们生活的十个新方向》一书而闻名的美国学者奈斯比特敏锐地观察到，在全球金融危机的背景下，西方民主体制的弊端频频暴露，如低效率、犹豫不决，与此同时，中国民主体制的优势却在逐步彰显，如快速、高效率。②

三、文明是社会主义的重要特征

文明是人类不断追求的一种文化价值的实现，文明社会是确保任何社会

---

① 中共中央马克思恩格斯列宁斯大林著作编译局编. 列宁选集(第三卷)[M]. 北京：人民出版社，1995：722-723.

② 约翰·奈斯比特. 大趋势：改变我们生活的十个新方向[M]. 梅艳译. 北京：中国社会科学出版社，1984:30-40.

主体能够进行有效实践活动的关键性价值导向标准。社会主体对文明的不懈追求，对于提升个体素质、促进社会进步及凸显国家本质具有关键作用，所以整个人类社会的发展史其实就是一部人类文明不断进步与发展的历史。文明是社会进步和国家发展的重要标志。在社会主义核心价值体系中，文明主要表现在对社会主义先进文化的前进方向的价值追求上。弘扬和践行社会主义文明观，必须自觉遵循文化建设规律，既要吸纳古今中外一切文明成果的有益元素，更要立足于中国特色社会主义伟大实践，确保文化建设与时代进步同行、与实践发展同步。

（一）文明是国家发展的精神动力和文化体现

文明首先是社会个体文化素养的综合表征，在形成合力后呈现为国家发展进步的目标和动力。历史唯物主义认为，文明是对国家发展状态的一种总体描述，也就是说文明是国家社会整体创造的物质财富与精神财富的总和。在人类社会发展过程中，文明的产生与生产力发展同步。"文明时代是学会天然产物进一步加工的时期，是真正的工业和艺术产生的时期。"[①]生产力和生产关系的矛盾运动是促进社会文明形态发展变化的动力。

全球化时代，国家间的竞争日渐激烈，文化软实力在综合国力的竞争中越来越重要，所以文明已成为国家发展的核心要素和精神动力。当代国际竞争中，谁占据了文化发展的制高点，谁就能在国际竞争中掌握主动权。改革开放以来，中国的社会主义现代化建设取得了举世瞩目的成就，社会主义文明也取得了长足发展。然而，改革开放40多年来，与物质文明建设方面取得的成就相比，我国在精神文明建设方面取得的成就稍显不足，还有很长的路要走。人类文明进步的历史充分表明，没有先进文化的积极引领，没有人民精神世界的极大丰富，没有民族精神力量的不断增强，一

---

① 中共中央马克思恩格斯列宁斯大林著作编译局编译. 马克思恩格斯选集(第四卷)[M]. 北京：人民出版社，2012：23.

个国家、一个民族不可能屹立于世界民族之林。①

（二）社会主义文明是迄今为止最先进的文明形态

回溯人类文明发展史，不同的社会形态对文明的推进不同，最终所带来的文明表现形式也有所不同。广义上的文明，是人类改造世界的物质成果和精神成果之和；狭义上的文明，主要指的是精神文明，特别强调观念层面的提升和精神层面的发展。

马克思主义认为，随着人类社会的演进，社会生产力不断提升，相应的社会文明也由低级向高级不断进步，而最后出现的社会主义文明是迄今为止人类社会发展最先进的文明形态。之所以比以往的社会文明更先进，首先就在于社会主义文明是建立在公有制和人民当家做主这样的经济和政治基础之上的，能保障绝大多数人的民主参与和实现。在社会主义出现前，世界上只存在少数人剥削多数人的不平等的"文明"，追求的只是片面的民主。自从建立社会主义制度，人们第一次成为自然界的自觉和真正的主人，从这时起，人们才完全自觉地自己创造自己的历史。②由此，人类文明才真正涵盖了绝大多数人，从而发展成为一个全新的文明历史阶段，社会主义文明使人类文明具有了广阔的发展前景。

从目标实现的角度来看，社会主义文明以广大劳动人民为核心受众，其核心目的是实现所有个体自由而全面的发展。在社会主义文明产生前的诸种文明形态中，那些创造社会文明的广大劳动者往往无法充分享受文明的果实，反而逐渐沦为"工具"，最终导致人的"片面化"。社会主义文明则不然，它始终将人的解放、人的自由全面发展作为发展的主题和目标。在社会主义向共产主义迈进的过程中，社会主义文明为未来共产主义高级阶段——"每个人的自由全面发展"提供了必要的条件与坚实的基础。与此同时，只有在

---

① 中共中央文献研究室. 十七大以来重要文献选编（下）[A]. 北京：中央文献出版社，2013：423.

② 中共中央马克思恩格斯列宁斯大林著作编译局编译. 马克思恩格斯选集（第四卷）[M]. 北京：人民出版社，2012：175.

社会主义文明中，广大劳动人民才首次真正成为服务的主体。

四、和谐是中华民族的优秀传统和中国特色社会主义的本质属性

建立和谐社会是人类社会一直追求的目标。纵观人类发展的历史，中华优秀传统文化中蕴含着"和为贵"的主张。在西方文化中也不乏关于和谐的论述，马克思在批判性继承空想社会主义思想的基础上，描绘了人类理想社会的美好图景。我国现阶段关于和谐社会的构建，正是积极践行"和谐"价值取向的伟大实践。

（一）追求和谐是中华民族的优秀传统

"和谐"的内容涵盖立身原则、国家治理、社会规范等多个方面。就立身原则而言，和谐是每个人需要遵守的思想观念和道德规范。所谓君子之道，讲究一个"和"字，待人接物张弛有度，为人处世和善坚定，善于倾听并尊重和理解不同的声音，并且能够循理从义，很好地协调各方矛盾。正可谓"君子和而不同，小人同而不和"（《论语·子路》）。这是儒家学派始终秉承的思想。庄子心中的"和"则是"天地与我并生，而万物与我为一"（《庄子·内篇·齐物论》），大千世界的缤纷万物，皆与"我"息息相关、相互依存，"和谐"和"物我"统一共生。古代中国还崇尚以和谐思想治国理政，以此求得社会安定和国家大治。为政之道，在于"近者说，远者来"（《论语·子路》）。《周礼·天官冢宰第一·大宰》中亦有治理国家需"以和邦国，以统百官，以谐万民"的论述。《左传·襄公》云："八年之中，九合诸侯，如乐之和，无所不谐。"

翻阅我国古代典籍不难发现，无论时间、空间如何转变，古人对于构建"协和万邦"的理想社会的追求始终没变。"大道之行也，天下为公，选贤与

能，讲信修睦。故人不独亲其亲，不独子其子，使老有所终，壮有所用，幼有所长，矜、寡、孤、独、废疾者皆有所养。男有分，女有归……是谓大同。"（《礼记·大道之行也》）从中不难看出古人对万物安定而有序、人与人之间和谐至上的"大同之世"的向往之情。

（二）和谐是中国特色社会主义的本质属性

从古至今，人类社会一直在努力寻求实现"和谐"这一全球共同的价值诉求。然而，在社会主义制度之前的其他政治制度下，由于自身的局限性，构建真正意义上的"大同"社会显得尤为困难。在剥削阶级占统治地位的社会，"和谐"的实现更是遥不可及。只有在社会主义制度下，人们才能踏上通往每个人全面发展、人与万物和谐共生的社会道路。按照马克思的理论框架，当前处于社会主义初级阶段的中国，正致力于构建人类社会中的一种和谐理想状态。这种状态不仅切实保障了广大人民群众的根本利益，更为未来实现马克思所倡导的理想社会奠定了坚实的基础。从这个视角出发，营造一种稳定、和谐的社会氛围，无疑成了通向理想社会的先决条件。概括起来，社会主义和谐观包括以下两个方面的内容。

首先是人与人的和谐。人需要生活在一定的社会关系中，并适应其中的人际关系和社会背景，可以说，"人的本质并不是单个人所固有的抽象物。在其现实性上，它是一切社会关系的总和"[①]。正因为如此，人要实现全面发展，需要认清并处理好个人与他人、个人与整个社会的关系。在马克思看来，个体的发展离不开社会关系的发展。社会关系是决定人是否为真正意义上的人的要素。不同于社会主义制度下的人能够自由全面发展，人的社会关系是按照自身需求进行的直接交往，在资本归私人占有的社会制度下，人的社会关系是混乱的、异化的。要想纠正这种混乱颠倒的社会关系，就必须推翻那些使人成为被侮辱、被奴役、被遗弃和被蔑视的东西的一切关系，使人的世

---

① 中共中央马克思恩格斯列宁斯大林著作编译局编译. 马克思恩格斯选集(第一卷)[M]. 北京：人民出版社，2012：56.

界和人的关系回归于人自身。①综合上述观点，只有消除私有制和旧的社会分工，确立更公正、更自由、更和谐的社会主义制度，才能真正达到人与人的和谐。

其次是人与自然的和谐。人与万事万物是统一共生的整体，换句话说，自然界是我们人类（本身就是自然界的产物）赖以存在的基础。②恩格斯指出，我们这个世纪面临着两大变革，即人类同自然的和解及人类本身的和解。③在他看来，若要实现人在多种意义上的自由而全面的发展，必须处理好两大矛盾：一个是人与人的矛盾；另一个是人与自然的矛盾。在资本归私人占有的社会制度下，人们盲目地追逐"最大利润"，并在此过程中疯狂开采自然资源攫取利益，从而导致环境失调、生态严重失衡。恩格斯对此强烈反对，指出我们不要过分陶醉于人类对自然界的胜利。对于每一次这样的胜利，自然界都对我们进行报复。人类要实现与自然的"和解"，需要对我们迄今存在过的生产方式及和这种生产方式有联系的整个社会制度进行完全的变革。④对于在资本主义制度下发展起来的对自然环境的破坏力，需要有"联合起来的生产者的控制"才能够加以克服。因此，只有在社会主义制度下，才能真正实现人与自然的和谐。

第二节　社会层面的价值取向

自由、平等、公正、法治，是共产党人在长期革命和社会主义建设事业探索实践中形成的精神建设财富。坚持以人为本，以人民的根本利益为主，

---

① 中共中央马克思恩格斯列宁斯大林著作编译局编译. 马克思恩格斯选集(第一卷)[M]. 北京：人民出版社，2012：57.

② 中共中央马克思恩格斯列宁斯大林著作编译局编译. 马克思恩格斯选集(第一卷)[M]. 北京：人民出版社，2012：59.

③ 中共中央马克思恩格斯列宁斯大林著作编译局编译. 马克思恩格斯选集(第一卷)[M]. 北京：人民出版社，2012：222.

④ 中共中央马克思恩格斯列宁斯大林著作编译局编译. 马克思恩格斯选集(第一卷)[M]. 北京：人民出版社，2012：237.

将自由、平等、公正、法治作为社会主义核心价值观的重要元素，能体现出社会主义制度的本质要求。同时，以全面推进依法治国作为社会主义社会的基本治国方略，能够构建平衡社会各阶层行为的基本价值尺度。

一、自由是人的本质属性和基本价值，也是人类生存和发展的永恒追求

马克思主义认为，自由是人类自然追求的重要内在品质，而哲学意义上的自由是对必然的认识和把握。[1]中国共产党对自由的理解来自对革命实践和建设经验的总结，以及对社会主义建设规律和市场经济规律认识的不断深化，其所提出的有条件的自由真正体现出了哲学意义上自由的本质。改革开放40多年来，经济社会快速发展，在国富民强的同时，人民也要追求更高的自由价值理念。为此，党的十八大报告明确提出了"实现国内生产总值和城乡居民人均收入比二〇一〇年翻一番"的宏伟目标，这是实现其他价值目标的物质条件和重要保障。真正自由的社会，除了要有丰厚的物质财富打底，更要不断满足人们在精神层面的切实需求和权利保障。从整体上来看，只有将个体的自由有效融合于社会整体秩序中，才能真正实现可持续发展。要实现自由与秩序相统一，必须不断推进社会主义法治文明建设。

宪法是公民自由权利的最高保障。为了确保这些权利得到最大程度的实现，必须持续推动宪法的实施，使宪法精神深深植根于公民的日常生活中。然而，我们同样要意识到，公民的各项权利并非无条件享有，每一项权利的实现都伴随着相应的义务。在享受权利的同时，公民必须承担相应的责任、履行相应的义务，特别是不得损害国家、社会、集体的利益及其他公民的合法自由权利。这种对权利和义务的平衡考量，体现了法治社会对全体自由拥有者权利的全面保护。

---

[1] 张军. 价值哲学的存在论基础[M]. 北京：人民出版社，2018：295.

二、平等是指人们在经济、政治、文化等方面享有同等权利

作为人类始终追求的社会目标之一，平等事关人民的幸福感与获得感。党的十八大报告指出，"必须坚持人民主体地位"，这是对公民平等权利的最明确的保证。按照我国宪法和相关文件的规定，人民群众享有平等的参与权、表达权、监督权。要保证这些公民权利的实现，有效的措施包括：党政机关畅通民意渠道，重大决策进行公开听证，重大事项进行公示，充分尊重群众意愿和民主权利等，还要逐步建立以权利公平、机会公平、规则公平为主要内容的社会公平保障体系，从制度上为社会公平奠定基础。可以看出，我们国家的发展在使人民的物质生活得到较大程度改善的同时，人民也不断要求更高的平等权利。这是人的基本权利，无论是从法律角度还是国家治理角度而言，都不可以因为个体所在地域、从事的工作、社会地位、经济水平的不同而有所差别，应遏制和清除因特权产生的某些方面的失公，确保每一个公民在教育、择业、医疗等方面得到公平公正的对待。总体上说，就是要逐步缩小贫富差距。与此同时，也不能忽视任何形式和程序上的公平公正，深入推进收入分配机制改革，力图实现结果公平和实质公平，坚持法律面前人人平等，真实保障公民享有平等的法律支持，任何组织和个人不得逾越法律底线。

三、公正是对正当利益的维护

公正，这一核心价值，不仅体现在对正当利益的维护上，还体现在政治公平、市场公平、社会公平、教育公平、立法公平、司法公平等多方面，成为国家安全稳定、人民幸福快乐的坚实保障。党的十八大报告明确提出，"保证各种所有制经济依法平等使用生产要素、公平参与市场竞争、同等受到法

律保护"。这正是公正原则在实践中的具体体现。为了确保公正得到落实，我们需要积极推进法治进程和司法体制改革。要坚持和完善中国特色社会主义司法制度，确保审判机关、检察机关依法独立公正地行使审判权、检察权；实行司法公开，让权力在阳光下运行；优化司法权力的配置，保证司法权力高效运转，做到司法公正与司法效率并重；加强对司法权力的监督，防范司法腐败；加强司法能力建设，最大限度地减少错案发生。

四、法治是治国理政的基本方式

法治是任何成熟的社会必须具备的治理要件。党的十八大报告提出，"全面推进依法治国……加快建设社会主义法治国家"，这是对我国社会制度发展负责任的战略规划。经过多年的法治建设，我国已经初步构建了完备的中国特色社会主义法律体系。这一体系不仅涵盖了立法、司法和执法等各个环节，而且机构设置完善，法律法规齐全。这一成就为国家各项事业的稳步发展提供了坚实的法治保障。在推动社会公平正义方面，法治手段发挥着至关重要的作用。它是最为关键和重要的工具，能确保社会的公正和公平，为公民权利的平等保护提供了法律基础。党的十八大报告对此做出了详细的规划，要求"提高领导干部运用法治思维和法治方式深化改革、推动发展、化解矛盾、维护稳定能力"。这里所说的法治思维，要求从观念上敬畏法律，在处理问题上遵循法律，处处显示出法的理性；法治方式则强调依据法规办事，使做出的法律行为有理可循、有据可查，将法律行为规范化、合理化。

从国家治理角度看，法治是社会管理的最有效方式和最合理途径，社会治理的目标同法治建设的目标也应该是相融合、相统一的，共同作用于为人民服务的根本宗旨。党的十八大报告指出，"加快形成党委领导、政府负责、社会协同、公众参与、法治保障的社会管理体制"。社会治理必须以法律框架为保障，只有在法治的轨道上才能顺利运转。中国特色社会主义事业建设过程中也只有用法律手段才能解决社会各类矛盾带来的各种纠纷，平衡各方利益，以建立更能体现法治价值的社会秩序。

第三节　个人层面的价值准则

爱国、敬业、诚信、友善，这些价值准则深刻体现了公民个人层面的道德要求。它们不仅涵盖了公民在政治道德、职业道德方面的行为标准，还涉及个体品格的塑造，为公民设定了应有的道德行为规范。同时，这些准则也指明了新时代公民内在道德素质提升的基本方向和内容，激励着每个人在日常生活中积极践行，共同构建和谐社会。

一、爱国是每个公民的义务和责任

爱国是中华优秀传统文化中最为真挚且传承悠久的情感体现，它不仅是个人道德要求的最高形式，也是社会主义核心价值观的重要组成部分。在数千年的历史长河中，我国的发展史就是一部深沉的爱国史。在爱国主义的熏陶下，中华民族形成了坚不可摧的民族凝聚力和向心力。无数具有教育意义的爱国志士和壮举被千古传颂，展现了中华民族的爱国情怀。在社会主义条件下，爱国的要求被赋予了更高层次的内涵。历史告诉我们，爱国是每个公民首要的基本义务和美德，也是促进各民族团结的核心价值观。同时，爱国主义具有鲜明的时代特性。今天，它不仅表现为对祖国河山、历史文化的深厚眷恋，更体现在将这份热爱转化为实际行动，投身于建设富强、民主、文明、和谐的社会主义现代化国家的伟大事业中。

在实现中华民族伟大复兴的征程中，我们必须持续将爱国作为不可或缺的价值观，贯穿于民族复兴的整个过程。只有这样，才能不断深化各族人民对伟大祖国、中华民族、中华文化和中国特色社会主义道路的认同，共同开创富强、民主、文明、和谐的美好未来。

二、敬业是职业道德的核心要求，是事业心和责任心强有力的体现

敬业是公民的基本职业道德要求，是任何从业者做好本职工作必须具备的内在品质，也体现出了中华优秀传统文化中对集体主义的一种倡导和弘扬，体现出了劳动人民勤劳勇敢和恪尽职守的传统美德。新时代，敬业更突出地体现为中国共产党对人民事业高度负责和全心全意为人民服务的精神。

敬业精神既包括精神层面的内涵要求，也包括实操层面的具体要求，要求每一名工作者热爱自己的岗位，并自觉将这种认同转化为动力，以做出更大的贡献。在敬业精神的弘扬中，敬业者既希望获得个人的成功，也对所在单位、国家有着强烈的认同意识和归属意识，并将之转化为对工作本身的主动性。任何伟大的民族都是由无数忠于职守、品格高尚的个人组成的。公民能否兢兢业业、一丝不苟地干好本职工作，不仅关系到自身的生存发展，也决定了整个国家能否健康发展。要实现富强、民主、文明、和谐的国家建设目标，就必须以公民的恪尽职守及对祖国的诚实忠义为前提。

三、诚信是个人必备的道德品格

诚信是个人的立身之本，也是个体融入社会的必备通行证，是一种对个人道德品质的更高要求。孔子说民无信不立，只有坚持诚信，人们才能在彼此交往中得到平等的信任和尊重。"诚于中，形于外，故君子必慎其独也。"（《大学·第七章》）诚信的基本内容是诚实、信用，要做到以诚待人，以诚

取信于人。"诚"不仅是个体道德的根本要求，更是集体事业成功和取得辉煌成就的关键。"信"是社会对个体道德声誉的评价和相应个体所应具备的内在道德品质。市场经济时代，诚信尤为重要，它不仅指传统意义上的个体道德修养，更表达为现代意义上公民公共道德和社会交往的基本规矩与行为准则。无论是对个体、群体还是民族、国家而言，诚信都是至关重要的品质。诚信不仅是国家社会建设的基本要求，更是维系整个社会和谐稳定的基石。只有国家和社会普遍倡导并践行诚信，才能使其成为连接各个社会成员的纽带，进而取得广泛而有效的社会治理效果。

我们需要以诚信为根基，使每一位公民认识到社会主义核心价值观的重要性。只有诚信观念真正深入公民的内心，人们才能在日常生活中以诚相待，相互间更加友善。这样的社会氛围将有力地推动社会文明的进步，构建一个更加和谐、有序、繁荣的社会。

四、友善是一切道德价值之本

友善，即以善良之心待人，是从中华优秀传统文化中承继下来的宝贵良俗。善良或友善的道德价值，不仅是公民社会基础性的道德体现，更是保障个体道德修养的根基。友善的意蕴丰富，涵盖了善待亲友、他人、社会及自然等多个层面。善待亲人，是对传统亲情文化的传承，有助于构建和谐美满的家庭关系；善待朋友与他人，则能够促进人际关系的和谐发展，营造和谐的社会氛围；善待自然，则意味着尊重自然、保护生态，实现人与自然的和谐共生。

一个人能否以友善的态度为人处世，不仅体现了其道德水平，也反映了一个民族的整体素质。与敬业精神相比，友善的道德要求更具普遍性和基础性，它面向全体公民，是构建良好人际关系的重要道德准则，也是各行各业应积极倡导的核心价值观。

　　友善是同事之间、邻里之间、部门之间、地区之间维持良好关系的基础，当前涌现出的希望工程、送温暖等无数友善的感人事迹都展现出了人性的光辉。这些都是中华民族的友善美德在新时期的创新与发扬，充分体现了和谐的人际关系，具有一定的亲和力和凝聚力。只有我们在日常生活中倡导并保留一份友善之情，发扬友善互助的精神，人间才能充满更多的真情，社会才会更加和谐。

第三章
社会主义核心价值观的
培育策略与评价

本章首先深入探讨社会主义核心价值观培育的核心理念与目标，为整个培育过程奠定坚实的理论基础；其次，详细阐述实现这些要求的具体方法和途径，包括教育体系融入、社会实践推动、媒体宣传引导等多方面的策略，旨在形成全方位、多层次的培育体系；最后，构建一套科学合理的评价机制，通过对培育效果的客观评价与及时反馈，不断优化调整培育策略，确保社会主义核心价值观培育工作的持续性和有效性。通过深入探讨，本章旨在为社会主义核心价值观的培育实践提供理论指导与实践指南，促使其在社会各领域得到广泛认同与深入践行。

第一节　培育的内在要求

一、人文关怀是培育社会主义核心价值观的基本要求

作为民族复兴的精神支柱，以及涵养社会主义核心价值观的基础源泉，中华优秀传统文化能助力中国在当前全球化时代的世界文化激荡中站稳脚跟。"培育和弘扬社会主义核心价值观必须立足中华优秀传统文化。牢固的核心价值观，都有其固有的根本。抛弃传统、丢掉根本，就等于割断了自己的精神命脉。中华民族能够在几千年的历史长河中生生不息、薪火相传、顽强发展，很重要的一个原因就是有一脉相承的精神追求、精神特质、精神脉络。"[1]同时，习近平总书记强调，"中国优秀传统文化的丰富哲学思想、人文精神、教化思想、道德理念等，可以为人们认识和改造世界提供有益启迪"[2]。这就要求我们挖掘中国优秀传统文化蕴藏的人文关怀思想，并与马

---

[1] 坚定文化自信，建设社会主义文化强国——学习《习近平关于社会主义文化建设论述摘编》[EB/OL]. https://jhsjk.people.cn/article/29588374.（2017-10-16）.

[2] 习近平谈中华优秀传统文化：善于集成才能善于创新[EB/OL]. https://jhsjk.people.cn/article/29075643.（2017-02-13）.

克思主义相结合，以充分发挥传统文化的人文精神价值，这是培育社会主义核心价值观、指导社会思潮发展、凝聚社会共识的内在要求。

（一）人文关怀是社会主义核心价值观的基本要义

人文关怀通常是指在基于对人的生存境遇评判的基础上，对符合人之本性和社会基本价值的生活目的、意义的关注与关爱。它强调具有主体性的人的自由、权利、平等和解放，是一种属于主体哲学范畴的，具有普遍社会价值与意义的概念。人文关怀分为物质介入和精神介入两种方式或途径，体现的是对主体的关怀呵护和尊重，并最终实现人的尊严和价值，是具有很强的历史烙印和时代背景意义的，任何时期、形式的人文关怀都不能超越其特定的历史背景而独立存在。中国特色社会主义人文关怀彰显了中国历史、中华民族、社会主义制度的有机融合，是中国特色社会主义时代性、民族性和制度性高度统一的必然结果，它不仅充分体现了无比优越的社会主义制度的深刻内涵，以及色彩鲜明的伟大中华民族的时代印记，更是彰显了具有中国特色社会主义人文精神的民族自信、人文自信和价值自信。

中国特色社会主义的人文关怀秉持以人民为中心的理念，以唯物史观为理念基准，以广大人民群众的根本利益为立足点和出发点，以致力于达到人的全面发展为终极目标，其举倡的人文价值和精神蕴含于社会主义核心价值观的种种理念之中。不仅如此，在培育和践行社会主义核心价值观中体现出的对人的尊重、关心，也正是社会主义国家发展中人与人之间相互尊重、关心和发展的人文关怀的确切表现。

（二）人文关怀与社会主义核心价值观有着共同的价值理想

实现国家富强、社会和谐及人民幸福，是社会主义核心价值观的基本立意和根本宗旨，其中蕴含国家层面、社会层面和个人层面的价值诉求。对于个体来说，国家的富强、社会的和谐、人民的幸福，不仅体现在物质追求的富足上，也体现在精神追求的满足上。实现中华民族伟大复兴，就是沿着中国特色社会主义道路不断努力、奋勇前行，实现国家富强、社会和谐、人民幸福，这也是现阶段全国人民的共同理想。

人文关怀注重人的主体精神和内在价值目标，并以人的生存与发展为标准去实现。中国特色社会主义的人文关怀是以社会主义制度下个体的内在精神的富足发展和聪明才智的充分发挥为基准，最终实现国家的富强和昌盛。独立的个体价值、集中的社会意识、集体的民族意志、国家的昌盛富强、社会的井然和谐与人民的幸福康宁，互为条件、互为因果。

中国特色社会主义人文关怀与社会主义核心价值观具有内在的价值统一性和目标一致性，其核心都是在个体核心价值实现基础上的和谐社会关系构建，以及对他者的尊重与呵护，以实现中华民族的共同理想。

（三）人文关怀是促进社会主义核心价值观内化的有效途径

当代的人文关怀主要在于在实践基础上实现个体自身的价值，并承担起作为公民应负的责任。然而，能否担负起这种责任，关键在于其精神和信念是否足够坚强与坚定。

从感性的层面来讲，人文关怀能在有形或者无形中促进公民对自身价值的认知和认同，并通过特定的精神或信念来有效接纳社会主义核心价值观作为其个人的核心价值观。中国特色社会主义人文关怀注重和强调的不是在社会共同体缺失甚至崩溃下的对私人情感的弥补，而是在其价值得以全面实现的基础上对个人价值的最有力保障。只有当国家与民族集体意志全部内化于个体认知和认同的自我价值中时，才能实现个体与国家集体价值的统一，真正体现出人文关怀的精神实质。在社会主义核心价值体系教育工作的深入开展和学习中，只有积极、正确运用人文关怀，关注公民基本尊严与情感的实现，满足其物质与精神需求，实现个体自我人格与精神信念的提升和完善，促进对国家、民族、社会等共同体的有效认同，才能真正实现公民对社会主义制度及社会主义核心价值观的认可。

从理性的层面来看，人文关怀鼓励公民积极培育与践行社会主义核心价值观，以此来达到社会整体精神世界的提升。这种对人的全面发展和个人价值得以实现等基本要素的强调，提供的平等、公正、和谐、法治的发展环境，能促进个人的价值得到全面实现。人文关怀注重根据个体的现实状况来确定其发展志向与奋斗目标，通过劳动创造的社会价值，以及在此过程中对他人的尊重、关爱，来实现个体的幸福和人生价值，在遵守社会秩序和尊重个人基本发展规律的基础上实现共同理想。同时，还应正确处理个人需要与他人需要、自我需要与社会需要之间的关系，通过自觉遵守和维护民主、文明、和谐、公正、敬业、诚信、友善等基本公共原则，提升个体的道德素养，最终达到人文关怀与社会主义核心价值观的深度融合。

另外，人文关怀重在社会整体氛围的培育，特别是可以促进公民涵育与传播社会主义核心价值观。知性是人类思维的较高形态，强调对社会基本规律的认知能力，因而是人类认知的最高阶段。马克思主义人文关怀的核心则是秉承中华优秀传统文化的核心价值，以马克思主义理论为基础，注重对个体的尊重和了解，特别是对个体自我的尊重和他人他者的尊重。这一尊重的基本条件是要求个体以自身的内在价值为立足点，而非由权力、财富、名誉等社会资本来决定，摒弃民卑官尊、下卑上尊、贫卑富尊等扭曲的、错误的尊重观和尊严观。中国特色社会主义人文关怀内在性地蕴含平等观和公正观，与社会主义核心价值观实现具体的和历史的统一，从认知路径上实现人文关怀与社会主义核心价值观同频共振，并从认知主体上实现全体公民坚守与传播社会主义核心价值观的同频共振。

二、培养尊法意识是培育和践行社会主义核心价值观的内在要求

作为当前社会主义核心价值观培育的主要宣传方法，理论宣传的效果实

现实则依赖公民意识上的自觉接受和观念上的广泛认同。从法治的维度来讲，要使社会主义核心价值观在法治领域得到广大公民的有效践行，培育公民的尊法意识是决定性因素。一方面，改革开放以来，社会主义法治建设在各个领域、各个行业、各个方面的顺利开展，取得了骄人的建设成果，社会各阶层知法、守法、用法的行为越来越理性，法治素养也逐步得到了提升。另一方面，社会整体的尊法和守法意识还不够强烈，这阻碍了我国法治建设的进程，也影响了社会主义核心价值观在法治领域的培育和自觉意识的形成。

（一）尊法意识是社会主义核心价值观的重要维度

党的十八大报告将"自由、平等、公正、法治"概括为社会主义核心价值观的重要组成部分，这一理念基于社会发展的层面，经过长期探索才得以形成。党的十八届四中全会重申了全面推进依法治国的战略方针，强调通过树立法治理念，提升公民的法治素养，增强全社会学法、尊法、守法、用法的意识。特别是增强尊法意识的提法，在党的全国代表大会报告中尚属首次出现。尊法意识指的是对法律怀有敬畏之心，尊重和信仰法律治理理念，将依法治国作为治国理政的基本方略和重要手段。

从价值的维度来讲，尊法意识的提出，在很大程度上丰富了社会主义核心价值观中"法治"的理论内涵，推动了法治建设的进程，并有效回应了法治建设实践中的诸多难题。作为社会主义核心价值观的重要组成部分，"法治"的有力实践源自公民对法治的认可，以及社会对法治的普遍尊重和整体认同。这种认同既包括对法治提升国家治理效能的认同，也包括对法治本身科学价值和合理内涵的认同，以实现国家、社会和个人的综合发展。

当前，社会对法治及其运行的基本含义和主要规律有了更深入的认识，但仍停留在浅层理解，未能深入认识法治蕴含的深层价值。在现实中，表现为缺少尊法的意识，未能正确认识到维护法治稳定和尊严的核心价值，以及维护公平正义的根本准则。一些现象，如以权代法、知法犯法、曲解法律等仍然存在，反映了尊法意识缺失的典型事实。

从社会主义制度建设的角度来看，平等和尊重是社会主义法治的基本特点，确保了广大人民的利益得以实现。公民尊法意识的强弱与对平等和尊重价值认同的高低成正比。尊法意识要求公民在实现个体利益时尊重法律、遵纪守法，并能正确处理社会集体利益、长远利益和个体利益之间的关系。当个体利益与集体利益发生冲突时，应自觉让渡个体利益，以保障集体利益的实现。这是判断公民尊法意识明确与否的基本标准。

从利益角度来看，追求个体利益的最大化是合理的，但必须严格遵守法律框架，一旦侵害他人或社会公共利益，个体利益就失去了合法性。法治在保障公民权利的同时，也为个体利益获取的方式和途径设定了明确的界限。尊重法律，就是对个人利益、他人利益、国家利益的尊重。因此，拥有尊法意识，本质上就是社会主义法治价值观的生动体现，也是社会主义核心价值观的重要维度。

（二）尊法意识的培育有助于深入推进社会主义法治建设

在计划经济体制下，我国长期依赖政府公权力，特别是行政权力，来分配社会资源。相应地，在法治建设方面，便缺少对法律的足够遵从，形成了"尊权不尊法"的现象和观念，这是那个特定时代的产物。在那个特定的历史时期，以行政手段分配和整合社会资源的方式确实展现出了特定的优势，并在计划经济时期产生了积极作用。然而，随着改革开放和社会主义市场经济的逐步成熟，"法治"日益成为监管社会行为、调整社会关系、化解社会矛盾的重要手段和方法。当然，这种从"尊权"到"尊法"的社会转变并非一蹴而就。然而，时代在进步，当前推进社会主义法治建设的核心任务之一就是培育尊法意识。

目前，我国社会主义法律体系建设已取得显著进展，数百部法律法规共同构成了相对完善的法律体系，相关制度和机制日益健全。当前，我国法治社会建设的目标，已从构建基本的规章制度体系逐步转向培育法治精神和建设社会主义法治文化。尊法意识的培养，本质上也是法治体系构建的重要组成部分，尤其是要达到从尚未完全摆脱传统的浓厚封建法律意识向现代的严谨法治文化的转变，更需要社会形成全民尊法意识。社会主义法治提倡的尊法意识迥异于封建传统意识形态统领下对法律文化的认识。缺乏科学理论支撑的尊法意识，必然导致法律文化内涵的扭曲和实施效果的偏离，进而呈现出传统文化体制中重权轻法的倾向。因此，培养科学的尊法意识，已成为当前推进中国特色社会主义法治文化建设的重要目标。

从社会公民个体的角度来看，培育法治精神至关重要。若缺乏践行社会主义核心价值观的法律自觉性，法律意识薄弱且缺乏守法精神，个体就容易陷入自我利益的狭隘视野，忽视对社会整体合法公共利益和长远利益的维护。这种行为方式不仅会损害社会和谐，还会阻碍法治社会建设的进程。当社会既有的法律规范难以有效维护个体利益或提供平等的条件时，社会成员可能会转而通过其他方式达到或实现个人利益的目的。这种现象一旦出现，势必会对社会主义法治社会的公信力和凝聚力造成巨大冲击，进一步降低人们对社会主义核心价值观的合规性、合理性和合法性等的认可度。单纯的法律强制虽然能够规范人们的行为，但与社会主义法治要求的高度自觉有一定的差距，也难以得到社会的广泛认可和接受。因此，只有合理、正确地引导，才是培育和增强尊法意识的根本途径。不合理和错误地采用强制性惩戒和约束的方式，只会破坏社会公民对法律的尊重和信仰，将其推向法律的对立面。总之，在法治社会建设中，社会主义法治的实现，必须以全社会高度认同基础上的自觉践行为基准。

（三）尊法意识培育的关键是引导全社会对社会主义核心价值观形成普遍认同

培育和增强公民的尊法意识，有内外两种动力：一是外部力量的利益驱动；二是本体的内心认同的支持。作为在具有支配地位的主流文化中产生的社会主义核心价值观，一经提出就必然经历从价值认同到行为践行的转化。行为的主体是公民，其法治认同来源于现实中对法律精神意识的深入思考。

同样，社会公民对社会主义核心价值观的认同过程，也是其各要素有机结合后，形成的具有依赖性并不断作用于社会共同体的动态过程。同时，也只有使每一位社会公民从法治层面上真切感受到法治带给社会的公平、正义、安全和稳定，才能使其对法律的权威性产生足够的尊崇，对法治社会的要义产生深层次的认同。

首先，用社会主义社会发展的伟大成果，正确引导全社会各个领域和阶层认同社会主义核心价值观。每个人对价值观的认同程度，主要取决于这一价值观是否与他们的心理预期相契合，是否能够满足他们的现实需求。改革开放 40 多年以来，我国成功实施了以经济社会发展为主要路径的改革创新，在经济、社会和文化等多个行业或领域取得了较快发展，也在很大程度上满足了人们追求幸福、国富民强的内在心理诉求。这就为广大人民群众广泛认同社会主义核心价值观奠定了坚实的心理基础。应该说，培育全体公民的尊法意识与守法观念、建设社会主义法治国家的物质条件业已具备。另外，必须解决的难题是怎样使社会主义核心价值观与个人的发展统一，使全体社会成员深刻认识到掌握社会主义核心价值观是实现个体价值与集体利益和谐共生的重要保障，使全体社会成员从根本上认可社会主义核心价值观的精神内涵和要义。这是因为社会主义核心价值观是从全局角度来考虑的，是以最大限度地实现全社会和谐共生，以及整体社会实现可持续的长远发展为立足点的。然而，在现实层面，个体价值和个体规划往往更多地聚焦于个人生活和自我发展的实现，忽视了其承担的社会责任，如爱护环境、节约资源等。因此，要实现社会主义和谐社会的长足发展，全体公民必须深刻认识到自己担负的社会责任，并积极主动地践行。只有这样，社会主义核心价值观才能从表面的理论认同真正转化为深层的实践行动。

其次，用民主立法和公正执法引导全社会认同法律。民主立法是法治社会进步的标志，代表着法律对全体社会成员相关权利的保障，公民的所有有效意见都将得到足够的尊重和认可，而立法本身实质上就是将公民诉求及社会各界的意志通过法律条文的形式集中引导并合理体现出来。自由、民主、平等、透明的立法程序和过程，可以对全体社会成员起到积极的、良好的法治宣传和教育作用，公民通过积极参与立法过程，可以在潜移默化中知晓立法程序、明晰立法内容，不仅能深刻认识到法律与自身息息相关，而且更能从内心深处增强对法律内容的认可。目前，我国相关立法机关和部门向社会广大群众征求立法意见和建议的范围越来越广泛，广大群众参与立法的主动性和积极性也越来越强烈，对立法的认识越来越深入，对相关内容的认可度越来越高，这是一种立法的良性循环。因为立法为公，只有当越来越多的公民认可法律、明晰法律、尊重法律时，社会才能进入良好的发展轨道。进一步而言，如果良好的法律得不到合理、公正的执行，那么公民将对执法者甚至法律本身产生抵触，从而破坏执法者的公信力和法治的权威性。当以权代法的现象大量产生，法律无法体现其自身的威严性时，人们就会趋利避害地自然选择尊重权力而忽视法律，这是法治社会要极力避免的。

最后，用党员干部的带头尊法引导全社会共同尊法。法治也不完美，也有其自身的局限与不足。当法律法规严重滞后于社会发展需求，违法成本降低、执法者的能力不足时，就可能会制约相应的法治行为目的的实现。现实生活中，类似情况时有发生，甚至还存在着一定的权法交易或"违法得利"等违法行为。其根本解决措施在于，使全社会形成积极营造和自觉维护尊法守法的良好风气与社会氛围。从社会实践的角度来看，党员干部在社会发展中应主动承担起先锋军的职责和作用。无论是法律的精神还是党的基本宗旨，都明确要求党员干部要带头营造和维护社会主义先进文化氛围，并凭借其社会影响力积极助力法治建设。同时，广大人民群众对党员干部寄予厚望，他们的自觉带头行为将产生显著的示范和引领作用。当遵纪守法成为全体社会成员的日常行为和主流意识时，社会主义法治建设将步入一个快速发展和良性循环的轨道。

第二节　培育的基本路径与策略

社会主义核心价值观彰显的强大精神引领力和社会感召力，是经过历史与现实证明的，对社会的和谐稳定和国家长治久安都有着重要的意义。科学而深入的核心价值观建设，一方面能凝聚人心、团结民众，促进经济社会快速发展；另一方面能体现国家良好的文化形象，使民族文明在世界民族之林独树一帜。因此，强化社会主义核心价值观的培育，越来越成为确保社会稳定和国家长治久安的重要内容。由此，积极思考与探索社会主义核心价值观培育与践行的方式和途径，具有长远与现实的双重价值和意义。

一、加强对社会主义核心价值观培育的领导，进一步把握好文化建设领导权

文化建设和经济建设、政治建设一样，具有一定的国家治理和发展的战略意义，而价值观则是某一特定时期和阶段的社会文化及社会意识形态的突出表现。引导和培养正确的社会主义价值观，对于塑造社会公民正确的社会观和崇高的理想信念具有积极的导向作用，因此它是社会主义文化建设的核心要义。在当前世界百年未有之大变局下，经济全球化、文化多元化、价值观多样化并存，各国的价值理念冲突不断。塑造正确的、积极的核心价值观，对于国家昌盛、民族复兴具有至关重要的推动作用。历史反复证明，无论是无产阶级国家还是资产阶级国家，无论在何时何地，任何阶级和政治组织要想在社会民众面前和政治管理领域稳固立足，都需要重视政治生态、经济发展、军事安全等多方面的问题，但更要高度关注包括道德和价值观在内的社会文化等方面的建设和发展。尤其是对于执政党来说，塑造正向、积极的文化和意识形态的重要性更是不言而喻。

20世纪，西方马克思主义学派学者葛兰西曾提出了著名的"文化领导权"理论，强调了文化领导权在国家竞争中的重要作用。①这一思想在一定程度上继承并发展了无产阶级革命史上关于无产阶级领导权的理论，同时结合当

---

① 任平，陈忠. 当代视野中的马克思主义哲学[M]. 北京：人民出版社，2010：855.

时的时代特点进行了深入的阐发。它特别强调了无产阶级取得文化领导权对于其掌控自主领导权的特殊价值和意义，并进一步论证了文化领导权在协调国家内部政治不平衡性方面的重要作用。俄罗斯一些著名学者曾从"文化领导权"的维度和相关理论出发，分析了苏联快速解体的深层原因。他们认为苏联过去对文化领导权极为忽视，特别是戈尔巴乔夫上台后，在思想和价值观念上转向西方，导致党对文化的领导一再削弱。西方文化借此机会顺利入侵，经过一段时间的渐进式渗透，改变了苏联公民整体对国家的价值认同，从根本上消解了他们的集体意志，自下而上地夺取了苏联共产党的文化领导权，最终造成了苏联的解体。虽然这一论述有片面之嫌，但其所分析的西方文化入侵对苏联瓦解起到了巨大的催动作用却是显而易见的。其深层原因在于，东欧执政党没有认识到文化领导权的重要性，从而放弃了对广大人民群众的思想文化宣传和教育，加之自身执政能力的下降，导致人民逐渐失去了对执政党的政治信任和价值认同，不再选择支持执政党。这一教训深刻表明，执政党的文化领导权是至关重要的。它不是政治威权的简单延伸，而是对政治引领力和合法性的进一步巩固与强化。文化领导权的引领力及其合法性的关键在于，执政党是否真正代表了社会主流民意，是否顺应了社会发展潮流，是否倡导和构建了广大人民群众普遍认同的价值观念。价值观念的培育，是文化领导权的核心要素之一。

如上所述，掌握了社会主义核心价值体系的领导权，也就掌握了文化意识形态的领导权。[①]我们应清醒地认识到，强化社会主义核心价值观的培育和践行，已经成为新的历史时期加强文化建设、巩固文化领导权，亟须探索和解决的重大课题，是凝聚社会共识、深化社会改革、全面建成小康社会，以及建设先进文化和实现中华民族伟大复兴的最根本保障和最基本需求。在当前世界面临百年未有之大变局中，执政党想要牢固执政地位，就必须充分认识和把控好文化领导权。针对目前我国所处的历史时期和社会意识形态塑造面临的现实挑战，社会主义核心价值观的培育需要注意以下几个方面。

首先，正确把握政治方向，并充分认识到文化领导权的重要性。同时，

---

① 邓福庆. 和谐文化建设视野中的思想政治教育研究[M]. 北京：人民出版社，2014：81.

要深刻理解文化领导权对执政党地位和执政能力的决定性作用，以及其对社会发展的深远影响。

其次，注意把控全局，统筹兼顾，全面部署。相关部门应通过点面结合、以点带面的方式，狠抓文化建设，将强化社会主义核心价值观的培育和践行作为推动社会主义先进文化发展的核心抓手与重要契机。同时，努力推进具有中国特色社会主义先进文化的建设和发展，以满足人民群众日益增长的精神文化需求。

最后，兼顾国内外的文化发展动态。密切关注国外文化的发展动态和趋向，借鉴其优秀经验，同时加强对国内文化核心社会价值的培育和引导。这有助于促进公民文化品质的提升，进一步巩固和扩大社会主义核心价值观在国内的影响力。

二、坚持教育为本，把青少年培养成为践行社会主义核心价值观的生力军

教育的质量直接关系到国家的兴衰与民族的强弱。优质的教育能够赋予民族更强的生命力，让国家更加繁荣昌盛。加强社会主义核心价值观的培育，旨在引导青少年传承和发扬中华优秀传统文化，成为践行社会主义核心价值观、推动中国社会主义社会建设的中坚力量。对广大青少年进行思想和价值观教育，是国家和民族发展的长远大计。社会主义教育的基本方针是坚持德育为先，促进学生在德、智、体、美、劳等各方面全面发展，以培养合格的社会主义建设者和接班人。因此，我国的各级各类学校要坚持立德树人的教育标准，通过将德育融入教学的各个环节来培育人才。当前，面对日益复杂的国内外环境，相关部门一方面要不断加强思想政治教育与基础课程的融合，提高思想政治教育的实效性；另一方面要通过各种方式不断丰富学生的世界观、人生观、价值观，这也体现了当前思想政治教育工作的必要性和紧迫性。

价值观教育是青少年学生思想政治教育的重中之重，要突出培育和践

行社会主义核心价值观的主体地位，以立德树人为目标，把青少年培养成为践行社会主义核心价值观的主要力量。首先，要在学校教育教学中更加突出价值观教育的主导地位，着力将其纳入国民教育体系，有力衔接大中小学各级教育，全面体现学校培育工作的连续性、科学性和系统性，全面提高青少年对社会主义核心价值观的理解度和认可度，引导其在人生成长的关键期主动接受与自觉践行社会主义核心价值观。习近平总书记强调，"少年儿童要从小学习做人，扣好人生第一粒扣子，争当学习和实践社会主义核心价值观的小模范。广大青年要勤学、修德、明辨、笃实，身体力行社会主义核心价值观"①。其次，要加强对教育工作者的核心价值观的培养和教育，全面、有效地提高教育工作者的思想政治素质和各项业务素质，尤其是要提升一线教师对社会主义核心价值观的认同感和满意度，使价值观的教育潜移默化地成为教育工作者施教的自觉行为。再次，要善于把握学生这一特殊群体价值观形成的重要特征和基本规律，积极探索更为契合其身心成长和发展特点的价值观教育内容与教育形式。最后，要将家庭、学校和社会等多个方面的教育力量有机融合，提高学生对价值观教育的参与度。

三、重视知识分子群体，充分发挥知识分子的作用

在很大程度上，知识分子群体象征着人类社会文明发展到一定阶段的社会分工的发展，是承载知识的最具代表性的群体。知识经济和信息时代，知识分子的组成更为广泛，地位也越来越高，知识转化为成果和效益的影响力越来越大。知识分子一般受过专门系统的教育，在文化知识和专业素养方面具有一定的先进性，与工业化和生产社会化的文明进程中先进的生产方式具有密不可分的关系。从某种意义上来讲，他们是人类精神文化最为重要的缔造

---

① 《习近平总书记系列重要讲话读本(2016 年版)》 十一、用社会主义核心价值观凝心聚力——关于建设社会主义文化强国[EB/OL]. https://jhsjk.people.cn/article/28325925.(2016-05-05).

者，在人类社会文明的创造和社会文化的发展中有着至关重要的作用。在人类文明和社会文化的更迭、传播、应用与创新中，知识分子是中坚力量。

在我国，知识分子的产生和作用的发挥都经历了一个不断发展的过程。严格意义上讲，我国近现代知识分子的产生源自废科举、兴西学的社会改良发展时期。新中国成立之后，我国的知识分子政策历经多次波折，但随着改革开放的深入推进，已大为改观。在中国革命和社会主义建设发展历史上，进步的知识分子发挥了重要的作用，为国家独立、民族解放和社会主义制度的建立做出了不朽的贡献。改革开放初期，知识分子以其独特的知识优势发挥着不可替代的作用，为我国的科技事业、经济发展、文化创新、政治民主发展等做出了巨大的贡献。在社会主义核心价值观培育和践行的过程中，知识分子更是主要群体，是能对民众的价值观塑造起到重要甚至决定性作用的中坚力量。尤其是在培育社会主义核心价值观的过程中，必须重视知识分子群体，充分发挥其引领和指导作用。首先，持续提升知识分子群体的社会地位和影响力，在全国树立重知重才重创造的"三重"人才观，营造尊重和爱护知识分子的良好氛围；其次，继续弘扬尊师重教这一优良传统文化观念，持续强化教育改革，通过不断提高人才培养质量，积极培养出更多优秀的建设性人才；再次，持续推进科教兴国与人才强国的理念，增强知识分子的爱国热情和担当意识，将国家、民族的荣辱兴衰与自身价值的实现有机结合，增强其主观能动性，化知识为力量，化知识为"财富"；最后，知识分子队伍自身要不断加强思想建设，提高综合素质，提升自我修养，努力成为践行社会主义核心价值观的先行者、主力军和时代楷模。

四、以社会主义核心价值观规范、引领文化产业和大众文化的发展

文化产业是一个社会发展到较高阶段必须要重视的标志性成果产业，是提

升广大人民群众精神文明和文化生活质量的重要载体。当前，我国的文化产业是现代社会的新兴领域，其生产或传播的文化产品具有无形的价值和作用。

第一，文化产品不仅拥有商品的基本价值，通常还具备显著的思想文化引导性和倾向性，能够对产品享有者的思想产生潜移默化的影响。更准确地说，文化产品是文化价值的载体，是某一文化价值达到一定高度的体现，承载着深厚的情感，传播着多元的思想，其中不乏民族的、宗教的、地域的文化思想内容。

第二，由于具有一定的阶级性、政治性和阶段性，文化产业常常服务于某一历史阶段的社会阶级、组织等，以满足人们的需求。相应地，其服务主体也可以通过相应的形式，赋予文化产品不同的内涵，二者具有相互影响、相互印证的作用。

第三，文化产业是有着逐利特性的。它既可以弘扬主旋律，为全社会提供优秀的精神文化产品，也可能会在资本逐利的本能驱使下，带来文化糟粕，严重的甚至会形成文化灾难，如东欧剧变的文化价值坍塌。所以，任何国家要弘扬其主流的价值观念，都必须有效管制文化产业，对其加强引导和规范，以维护和倡导主流的道德和价值规范。具体做法包括不断加强对文化产业的监督和规范，引导和管理从业主体采取正向的、积极的态度从事文化产品的生产和销售。目前，我国文化产业的发展较为迅速，受西方资本主义文化的冲击较大，文化产品的生产和传播呈现出多元化现象，对广大民众的思想价值观念产生了一定的影响。因此，必须加强对文化产业和文化市场的监督与规范，这也能为广大人民群众培育和践行社会主义核心价值观提供机会。一方面，加强对文化产业和文化市场的监督与规范，提高文化产业主体的准入门槛，严格文化产业资质审查，提升文化产业和从业者的道德品质；另一方面，通过各种方式和途径，加大对从业人员的核心价值观教育力度，多角度、全方位地提高从业者的道德品质。除此之外，还要加强对社会主义核心价值观的指导，全面净化和规范文化产业行业及文化市场的风气和行为，适当、科学地调整文化产业的结构，促使文化产业和文化市场在健康、积极的良性循环发展道路上运行，以为人们提供积极健康的文化产品和品质优秀的精神食粮。

从文化消费的角度来讲，加强对大众文化产业的规范、管理与引导很有必要，尤其是对文化消费主体思想的教育和行为的引导方面。当前，随着我国文化产业的迅猛发展，大众文化作为其中的重要分支和组成部分，在庞大的群众需求的推动下，更是呈现出蓬勃发展的态势，已然成为全球最大的大众文化消费市场之一。如今，文化消费已深入人们生活的方方面面，对我国社会主义文化的繁荣发展和人民群众精神文化生活的丰富起到了至关重要的推动作用。但从另一个角度来讲，由于文化消费主体的价值取向、道德观念千差万别，且对文化产品优劣的鉴别能力不尽相同，文化市场中的文化产品质量良莠不齐，尤其充斥大量低劣的文化形态，对我国社会主义社会建设发展产生了不可估量的负面影响。因此，规范文化市场，必须加强对文化消费主体思想的教育和行为规范的引导，形成积极向上、健康良好的文化消费风气和氛围，为优秀文化的传播和发展保驾护航。除此之外，还要防止消极的文化产业产品消费对社会主流意识形态的冲击，全面防止不健康、消极、负面、伪劣的文化产品损害消费者的正当权益，尤其是要为青少年的身心健康成长和价值观念形成筑牢心理防线。

总之，对文化产业的治理十分必要，要不断加强对文化消费主体心理层面的健康教育和行为层面的规范引导，有效利用新媒体等手段积极传播正能量，为使大众消费者成为培育社会主义核心价值观的接受者而搭建牢固的"价值防线"，使社会主义核心价值观通过优秀的文化产业深植大众的价值观念中，牢牢占领和严守大众文化消费这一文化阵地。

五、借助法治，加强社会主义核心价值观培育和践行的法律制度保障

德治和法治自古便是我国社会历史上政治文化传统的两翼。德治主要体现在为人处世、治国理政等方面，它强调对人格的教化及思想道德的自律，

而在社会发展治理方面则强调法治，倡导以宽严相济的法刑来管理国家。总体上说，德治重于法治是传统文化影响下我国的制度规范形式，更注重德治和教化，轻视法治和制度规范。重视德治和教化、加强思想政治教育，更多是对民众思想观念的熏陶和引导，但对国家治理而言，没有严格的法治治理是不行的。要切实培育和践行社会主义核心价值观，就需要坚持贯彻"两手抓"的治理方式，注重德治与法治相结合，张弛有度，相辅相成。在社会主义核心价值观培育和践行的过程中，相关部门要善于通过运用法治思维和手段，将法律作为道德的底线，以法律的权威性和刚性来彰显德治的价值观，用法律来推动核心价值观建设。

当前，随着改革开放的不断深入，我国社会主义市场经济体制和机制等各方面正逐步趋于成熟，社会经济各领域也产生了一定的问题，传统的公平正义、诚实守信等核心价值观和基本的道德观念早已不足以规范当前阶段的社会主义市场经济秩序，一些败坏社会公序良俗的问题和现象仍时有发生。归根结底，造成这一现象的主要原因就是法治在当前社会的地位仍然不高，广大人民群众的法治意识和法治素养仍较为欠缺，从而造成法治的社会地位失当。倘若能通过法律的形式，对社会主义核心价值观进行规范和管理，无疑将会使社会主义核心价值观的建设取得更加理想的培育和践行效果，也有助于约束公民的思想价值观念和道德行为，真正发挥其教育、引导、规范的功能。

总之，强化培育和践行社会主义核心价值观的法制法规保障，重点在于贯彻落实和创新理念。第一，应将相关社会中彰显公序良俗的最基本价值观念纳入法制体系建设中，把核心价值观念融入当前立法工作的程序中，通过律法的严谨性、科学性、权威性、强硬性来体现社会主义核心价值观的主体地位。第二，应积极探索重点领域和关键环节的创新与突破，特别是在法规方面，将那些具有深远影响和典型示范意义的领域作为重点。在这些领域中，相关部门应更加严格且巧妙地融入社会主义核心价值观的要素。例如，在党内法规的立法和执行过程中，需要确保社会主义核心价值观在领导干部和公职人员的立法、司法及执法监督中得到充分体现。此外，还应关注文化产业健康运营的法规，确保文化产业的发展与社会主义核心价值观相一致。同时，对于保障社会弱势群体的社会公平和救助机制，同样需要制定相应的法规，以体现社会主义核心价值观的核心理念。第三，应提升违法成本，加大对危害社会公序良俗行为的打击力度，使违法行为无所遁形。此举不仅能起到良好的教育和警示作用，也维护了社会主义核心价值观和法治的权威地位。

六、把中华民族伟大复兴的具体实践与培育和践行社会主义核心价值观结合起来

"社会主义核心价值观体现了社会主义制度在思想和精神层面质的规定性，凝结着社会主义先进文化的精髓，是中国特色社会主义道路、理论体系和制度的价值表达，是实现中华民族伟大复兴中国梦的价值引领。"[1]在实现这一目标的征程中，应充分理解社会主义核心价值观的精髓，引领全体人民坚定迈向实现中国梦这一目标。同时，这一伟大目标的实现与社会主义核心价值观的培育，展现出价值的统一性。实现中华民族伟大复兴，离不开社会主义核心价值观的支撑，而社会主义核心价值观的培育，也正是这一目标逐步实现的过程。两者之间存在着天然的同频共振，彰显了中国特色社会主义制度的优越性。因此，相关部门要将伟大目标的实现与社会主义核心价值观的培育和践行紧密结合，形成同频共振。

马克思主义认为，在价值实现的过程中，作为价值实践的客观主体，人的价值目标是清晰而明确的。普通公民渴望生活和谐美满、家庭幸福，期望拥有较好的物质条件和丰富的精神世界，同时期盼社会环境文明、社会发展有序及社会地位平等。实现中华民族伟大复兴，正是致力于通过全体人民的共同努力，实现这些广泛而深刻的价值目标和满足相应的物质与精神需求。

---

① 邹贤启：发挥新闻媒体宣传核心价值观主渠道作用[EB/OL]. http://theory.people.com.cn/n/2014/1030/c40531-25936780.html.（2014-10-30）.

社会主义核心价值观则从内涵上精准地概括了当代中国人追求幸福生活的价值目标,为这一伟大梦想的实现提供了精神指引。具体地说,"富强、民主、文明、和谐"的国家建设目标,"自由、平等、公正、法治"的社会建设目标,"爱国、敬业、诚信、友善"的人生价值追求,形成了涵盖国家、社会、个人等价值主体的价值目标和价值信仰,体现了中华民族实现伟大复兴的三重梦想。有了崇高的价值目标和信仰,也就获得了全新的价值动力,有利于坚持中国道路、体现中国精神、展现中国力量,实现中华民族伟大复兴。

"中国梦归根到底是人民的梦,必须紧紧依靠人民来实现,必须不断为人民造福。"[①]这一目标的实现,不仅是中国共产党责无旁贷的终极使命,更是中华儿女共同的理想和追求。这一目标的实现,需要国家、社会、个人三个方面拧成一股绳,劲儿往一处使。归根结底,这一目标的实现,是人民梦想的实现,要通过广大人民群众共同努力、共同进步才能最终达成。在这一奋斗过程中,要求三个方面同心协力、明确目标,保持扎实苦干但又积极向上的精神内力。幸运的是,40 多年的改革开放,为我们积累了雄厚的物质基础,为精神文明建设提供了坚实的保障。今后,我们的工作重点就要放在如何更好地提高人民群众的精神文化素养、匡正社会风气方面,通过精神文明建设提高广大人民群众的幸福感、获得感,为深化改革、实现中华民族伟大复兴凝心聚力、创造条件。总之,实现中华民族伟大复兴的具体实践与社会主义核心价值观培育和践行是协调一致的,要着力推进两个方面的同频共振,全面促进社会主义整体文明建设实现质的飞跃。

第三节　培育成效的评价与反馈

培育社会主义核心价值观,是当前我国高校开展校园思想政治教育教学

---

① 习近平:中国梦归根到底是人民的梦,必须不断为人民造福[EB/OL]. http://lianghui.people.com.cn/2013npc/n/2013/0317/c357320-20815956.html.(2013-03-17).

工作的一项重大任务。为此，业界、学界的一些研究者对开展大学生社会主义核心价值观教育的重要作用、主要培育途径和主要培育策略进行了深入的研究，不仅极大地丰富了大学生思想政治教育的理论内容，而且为社会主义核心价值观的运用范畴、培育路径等的评价提供了一定的指标。目前，一些研究者关注到了高校社会主义核心价值观培育中的评价机制的建立和应用，但审视这些研究就会发现，大部分学者往往是聚焦对学生的评价，忽视了对教育教学工作者的关注；往往重视对培育结果的考察，忽视了对社会主义核心价值观培育过程的评价。

一、构建大学生社会主义核心价值观培育评价机制的重要意义

（一）科学的评价机制为实现大学生社会主义核心价值观自我教育提供了内在动力

在全国高校思想政治工作会议上，习近平总书记强调，"要坚持不懈培育和弘扬社会主义核心价值观，引导广大师生做社会主义核心价值观的坚定信仰者、积极传播者、模范践行者"①。这是对广大师生的殷切希望和现实嘱托。培育社会主义核心价值观的关键在于，使社会主义核心价值观真正进入大学生的内心深处，在真正接受的基础上转化为他们对国家民族和党的真挚情感认同与行为习惯。这就强调要着力发挥大学生的主观能动性，引导他们大力开展自我教育，特别是要形成一整套行之有效的教育实施与评价机制。有了这样的评价机制，大学生可以及时检验自我行为的价值和意义，能有效对标社会主义核心价值观标准并及时做出调整。在评价机制的构建和实施过

---

① 习近平在全国高校思想政治工作会议上强调 把思想政治工作贯穿教育教学全过程 开创我国高等教育事业发展新局面[EB/OL]. https://www.gzasc.edu.cn/xsc/Policy/info_itemid_6254_subjectid_37.html. (2018-12-08).

程中，相关部门还要有意识地设置科学的外部引导机制，以克服自我教育易受外部因素影响的弊端，激发培育社会主义核心价值观的内生动力。

（二）科学的评价机制为检验大学生社会主义核心价值观培育成效提供了有效手段

社会主义核心价值观的培育不是空洞的说教，而是要在教育中达到"见物见人"的效果。正如党的十九大报告指出的，"社会主义核心价值观是当代中国精神的集中体现，凝结着全体人民共同的价值追求"。要培育社会主义核心价值观，就必须建立健全科学的评价机制，这样才能避免培育活动流于形式。科学的评价机制具有检验、调节和优化的作用。大学生社会主义核心价值观的评价机制运行情况如何，直接决定了大学生对社会主义核心价值观的认同效果。因此，对大学生的社会主义核心价值观进行科学的评价，不仅能为大学生社会主义核心价值观培育成效提供必要的反馈，更能形成有效的落实工作机制，为检验大学生社会主义核心价值观的培育成效提供有效手段。

二、大学生社会主义核心价值观培育评价的基本原则

（一）科学性原则

科学性是任何教育活动的核心标准。评价机制只有具备科学性，才能在评价过程中真实地反映出教育问题和社会主义核心价值观的践行问题，从而进一步保证评价机制的有效性。在培育和践行社会主义核心价值观的过程中，相关主体必须坚持事实分析和价值分析相统一的原则。一是要强调教育的客观性，这就是说构建大学生社会主义核心价值观培育评价体系，必须对标大学生自身成长成才的现实情况，必须符合意识形态建设的客观要求，符合学

校立德树人根本任务的具体需要,严格遵循大学生思想政治工作的基本规律、遵循教书育人规律、遵循学生成长成才规律。二是要贯彻合理性,坚持目的与效果的统一。构建大学生社会主义核心价值观培育评价体系的关键在于,保证其落实的可能性,既要客观反映教育者与受教育者之间的良性关系,准确分析、提炼受教育者的接受效果与落实情况,还要准确地反映教育者的准备和投入情况;既要考察和评价目的,也要考察和评价效果,做到二者的有机结合。科学性原则中的客观性和合理性是辩证统一的,既要实事求是,用量化的指标来体现评价的成果,又要考虑社会主义核心价值观培育的方向性和工作特性,把定性指标与定量方法结合起来,以完善评价体系。

（二）导向性原则

导向性是指任何评价体系的构建工作的开展初衷和正常的发展方向。培育社会主义核心价值观,必须要达到效果与目的的一致。大学生社会主义核心价值观培育评价体系的主要目标是以立德树人为基础,推进大学生将社会主义核心价值观转化为追求高尚的社会价值、个人价值的现实实践活动。在培育过程中,正确而科学的政治导向,是最关键的和具有指向性的。中国的高等教育是为中国特色社会主义事业培养合格建设者和可靠接班人的教育,这是当代大学生成长成才的目标,也是最亮丽的身份标签。社会主义核心价值观是马克思主义中国化最新理论成果的重要组成部分,从评价的角度看,大学生社会主义核心价值观培育要实现对社会、国家和个人层面的价值,满足高等教育的社会价值期望,满足国家对高等教育的要求,也要满足大学生自身对高等教育的期望。

（三）系统性原则

社会主义核心价值观的培育是一项长期且系统的立德树人工程。具体而言,大学生社会主义核心价值观的培育涉及从初步接触到深入理解,再到认同并付诸实践的知行合一过程。为了取得相应的效果，必须在教育环境建设上投入大量精力，并需要多方努力，共同营造一个有利于社会主义核心价值观培育的综合生态环境。因此，对大学生社会主义核心价值观培育的评价，必须坚持系统性原则。这一评价系统应涵盖评价对象、评价主体、评价标准及评价方法等多个方面，形成一个完整的、一体化的评价机制。评价过程应当包含目标原则的确立、指标体系的构建、组织实施的推进及评价结果的反馈等各个环节，这些环节相互关联、互为支撑，形成一个有机整体。任何一个环节的不足，都可能影响整个评价机制的效能。

同时，鉴于社会主义核心价值观培育的长期性和动态性，评价工作也需要以发展的眼光进行，不断在动态中加强对评价效果的监测，以准确把握培育方向，既要科学评价当前的培育状态，又要能够预测未来的发展趋势，为社会主义核心价值观的持续培育提供有力支持。

（四）知行合一原则

理论与实践相结合、知行统一，既是马克思主义的基本原则，也是我国高校对大学生进行思想政治教育的基本原则。在构建大学生社会主义核心价值观培育评价体系时，评价体系的实效性和可操作性是确保其实施效果的关键。任何评价体系都应首先服务于教育实践，与教育目标保持高度一致，绝不能成为脱离实践、空洞无物的存在。因此，构建这一评价体系，必须坚持知行合一、以知促行、以行求知的根本原则。社会主义核心价值观培育作为高校思想政治教育工作的重要组成部分，根本上是做人的工作，是意识形态教育的重要抓手。这就决定了对教育活动的评价体系必须突出实效性和接受度的评价，要坚持务实和务虚相结合，特别是要重视评价体系的实操路径的科学性。首先，评价体系必须有利于社会主义核心价值观培育，有利于推动整体工作。其次，评价体系要具备较为客观的量化标准，使评价者有据可依，尽量减少评价者主观意见的分量，能客观、公正地反映培育的效果。最后，评价体系应为被评价者树立一个标准，在一定程度上增强其主观能动性，主动融入社会主义核心价值观的培育中，与自身的实践活动相结合。知行合一的原则要求针对大学生社会主义核心价值观培育的特点，把定性评价与定量评价结合起来。

三、大学生社会主义核心价值观培育评价的主要维度

习近平总书记指出，"要坚持不懈培育和弘扬社会主义核心价值观，引导广大师生做社会主义核心价值观的坚定信仰者、积极传播者、模范践行者"①。对大学生社会主义核心价值观培育的评价重点在于其实效性，要从主客体两方面入手，着力探索培育内容和培育方式等的完善，以丰富教育手段，提升培育效果。

（一）培育主体维度

目前，对大学生社会主义核心价值观实施培育的主体绝大多数为高校各级各部门的教育者，这是一个组成较为复杂的群体，包括党务工作者、相关管理人员和工作人员、辅导员、专业教师和教辅人员等，共同构成了一个教育者共同体。目前，对培育主体维度的评价，主要是评测其在培育大学生这一特殊群体践行社会主义核心价值观时的认识储备、培育方式及教育者的可持续提升能力。教育者在面对大学生进行教育时，首先要确保自己明道、信道。这意味着教育者在向学生传授社会主义核心价值观之前，自身对其丰富内涵必须有深刻的理解和认识。只有站在更高的起点，教育者才能将正确且深入的理论知识传授给学生，或者通过更为浅显易懂的方式，使学生更容易学习、理解和掌握。因此，高校教育者需要不断学习和深化对社会主义核心价值观相关理论的认识，拓展其深度和广度。只有如此，高校教育者才能将

---

① 习近平. 习近平谈治国理政（第二卷）[M]. 北京：外文出版社，2017：377.

社会主义核心价值观更有效地融入日常生活和工作中，真正做到以行促知，促使学生在实际行动中深化对社会主义核心价值观的理解和实践。

其次，教育引导方式也很重要。思想认识层面的教育往往有别于一般意义上的知识和技能的教学，思想教育往往更强调教育的方法，通过循循善诱的教育方式和润物无声的教育理念，潜移默化地使学生认识和掌握。因此，在对学生进行社会主义核心价值观教育时，高校教育者应注重教育方法的正当性和实效性，如采用小组互动、师生互动的方式往往比单向的灌输更能激发学生对所传授的知识的兴趣，从而提高学习效率。

最后，高校教育者必须不断加强自我知识的储备和更新，特别是要提升自我批判、自我反思、自我成长、自我学习的能力。当前，时代知识的半衰期一再缩短，这就要求教育工作者必须不断丰富自身的知识储备，并在实践过程中及时汲取新知识，摒弃业已过时或不合时宜的旧知识，不断优化和改进教育方式和方法，努力提高社会主义核心价值观培育的教育和引导水平。

（二）培育客体维度

社会主义核心价值观的培育不仅是一个课堂传授的过程，更需要在实际活动中得以凸显和实现。因此，高校教育者必须积极调动大学生的参与热情，鼓励他们主动参与到各种活动中，并通过评估他们行为的效果和反馈，衡量其参与体验的深度。在此过程中，参与活动的频度、每次活动的时长等都可以作为评测考核的重要指标。

另外，高校教育者需要特别关注大学生践行社会主义核心价值观的实际情况。尤其是学生干部，更应发挥模范带头作用，通过自身的言行举止展示培育要求。同时，高校教育者还应认真观察他们的行为是否符合社会主义核心价值观的培育标准。

除此之外，大学生的意见也是不容忽视的。虽然他们是受教育的对象，但他们的评价反馈在社会主义核心价值观的培育过程中同样具有重要的作用。因此，高校教育者应审慎地引入学生评价，以丰富和完善评价体系。

（三）培育内容维度

内容维度是探究大学生社会主义核心价值观培育的关键组成部分，涵盖培育的内容要素和呈现形式两个方面。

首先，从内容要素来看，社会主义核心价值观涵盖了国家、社会和个人三个层面。然而，作为社会主义核心价值体系的核心，社会主义核心价值观不仅源于这三个层面，更是中国长期革命和建设实践经验的结晶，是中国共产党多年革命与战斗实践中凝聚社会价值共识的重要成果。因此，在评测社会主义核心价值观的培育内容时，不应仅局限于国家、社会、个人三个层面，而是应站在整个社会主义核心价值体系的建设和发展高度进行全面考核。

其次，从呈现形式来看，对培育的评测应着重考察教育的方法、方式、途径和载体等。在评测过程中，需要将各种实践活动、日常学习内容、参与途径和实施手段相融合，积极采用新方式、新方法，以营造有利于社会主义核心价值观培育的良好环境和氛围。

通过以上两方面的综合考量，可以更全面地了解大学生社会主义核心价值观培育的实际情况，为进一步提升培育效果提供有力支持。

（四）培育方式维度

培育方式即教育引导方式，在对大学生进行社会主义核心价值观培育方式的评测中，主要涉及教育的功能、关系、目标、环境及载体等 5 项指标。

第一，就功能而言，社会主义核心价值观的培育归根结底要融入生活中，通过显性教育和隐性教育相结合的方式，如有效结合传统节日、重大节假日和重要时间节点等开展礼仪文化和仪式教育，在活动中融入社会主义核心价值观教育，潜移默化地促进大学生的社会主义核心价值观实践。

第二，就关系而言，社会主义核心价值观培育的本质是对其内涵和精神的传授，这就需要教育主体和客体之间保持良好的和谐互动关系。

第三，就目标而言，可以通过各种各样的教育方法（如启发式）、教育手段（如理论与实践相结合）等，有效利用学生强烈的求知欲，激发他们的积极性，以达到教育目标。

第四，就环境而言，大学生社会主义核心价值观的培育，会受到学生个人及其家庭、所在学校和社会等多种环境的综合影响，因此相关部门要善于构建大学生社会主义核心价值观培育共同体，有机协调各方因素，努力促进全方位的合理育人。

第五，就载体而言，对大学生进行社会主义核心价值观培育，可以运用现代化教育手段，加强现代化教育载体建设，创新教育语言表达体系，通过更加丰富的载体培育话语的新媒体场域。

四、完善大学生社会主义核心价值观培育评价的支撑保障体系

（一）完善大学生社会主义核心价值观培育评价的组织领导

坚强有力的组织领导是任何工作取得实效的关键。要使评价体系得到有效落实，关键在于各级教育部门的高度重视和积极参与。各级教育部门应坚持以社会主义核心价值观为指引，精心组织构建培育评价体系，并切实抓好落实。

同时，要加大领导机构建设力度，建立完善的工作体系，应由学校党委统一牵头，形成有关职能部门齐抓共管的工作格局。2016 年 12 月，在全国高校思想政治工作会上，习近平总书记强调，"高校党委对学校工作实行全面领导，承担管党治党、办学治校主体责任，把方向、管大局、作决策、保落实"[①]。因此，高校党委要从总体上把握大学生社会主义核心价值观培育的方向，明确工作目标和工作理念，将社会主义核心价值观培育纳入大学生教育全过程之中。

---

① 习近平. 习近平谈治国理政(第二卷)[M]. 北京：外文出版社，2017：379.

各部门应相互配合，共同开展社会主义核心价值观教育，这样既能有效利用各种资源，又能提高社会主义核心价值观培育的效果。

（二）建立健全大学生社会主义核心价值观培育制度

制度建设是培育社会主义核心价值观长效机制的核心。首先，要将社会主义核心价值观培育融入大学生相关教育工作的各个环节，在课堂教学规范、教学质量评价、优秀教材建设、人才培养、学籍管理、学生资助等相关制度中，体现社会主义核心价值观的导向，形成落实社会主义核心价值观的制度保障，让学生在校期间处于社会主义核心价值观培育的大氛围中。在对学生的日常管理过程中，学校要加大规章制度实施力度，实现治理效能与价值观提升的相互促进，形成弘扬社会主义核心价值观的正向效应。社会主义核心价值观培育不仅应从学生入学到毕业的纵向时间轴上实现全覆盖，也要在学生学习、生活等方方面面实现全渗透。

其次，要强化评价约束，加强惩戒考核建设。科学有效的评价机制能够检验培育效果，激发大学生参与社会主义核心价值观教育的积极性。学校应将落实社会主义核心价值观情况作为开展学生评价、评优奖先、奖学金评定、推荐就业的重要参考依据，使学生认识到践行社会主义核心价值观就是从身边的小事做起，体现在个人的日常行为中。同时，要将大学生社会主义核心价值观培育作为教师教书育人的重要职责之一，纳入教师考核评价环节，作为教师职务职称评聘的条件之一。

（三）不断强化大学生社会主义核心价值观培育评价结果的应用

价值观培育的关键在于价值的传播与实现，而价值的本质是对主体利益诉求的满足程度。对于大学生教育，在教育主客体相互作用的过程中，客体属性满足主体的需要就是教育价值的体现。当教育者满足受教育者的需求效应增强时，双方就会形成良性互动，教育价值认同感就会提高；反之，则价值认同感会不断减弱。

随着经济社会的发展和国力的增强，大学生的利益诉求早已突破传统的个体利益需求，更多关注所在集体的利益呼唤。因此，在社会主义核心价值观的培育过程中，相关主体应深入大学生的实际生活，洞察他们的心理世界。这需要相关部门转变工作思路，从多个维度和视角出发，紧密围绕大学生的利益诉求和关注点制定和实施教育计划。

同时，必须将这一工作实施的程度与社会主义核心价值观的培育评价及引导紧密结合，进行统一规划和系统设计。这样可以更有效地强化评价结果在衡量教育者和被教育者各方利益诉求中的应用，从而确保社会主义核心价值观的培育工作更具针对性和实效性。

第四章
大学生价值观现状与社会主义
核心价值观的塑造

铸 魂 育 人

核心价值观是我国大学生整体思想素养的体现，特别是在我国社会转型的关键时期，大学生的价值观正确与否与我国未来社会发展的方向息息相关，在很大程度上决定着全面建成小康社会的目标和中华民族伟大复兴的梦想能否顺利实现。因此，积极推动大学生社会主义核心价值观的培育和践行，具有时代紧迫性和重要性。本章主要概述大学生价值观的现状，深入探析价值观问题的根源，并着重阐述树立社会主义核心价值观的必要性和重要性。

第一节　大学生价值观现状概述

21 世纪，中国的改革步入深化阶段，随之产生的是社会政治、经济、文化等各方面的深刻转型与社会结构的深刻变化，以及各社会阶层利益格局的深刻调整。这种变化和调整会传导到思想文化价值观念领域，并对大学生的价值观产生深远的影响。总体上而言，大学生的价值观是积极向上的，他们的政治信仰坚定、爱国情怀饱满、人生追求积极向上，但仍有部分大学生未能树立正确的价值观，具体表现为价值选择多样化、价值取向功利化、文化认同弱化、存在享乐主义等。

一、当前大学生价值观在主流方面的积极表现

从整体上来说，当代大学生的价值观呈现出积极向上的特点。具体来讲，他们拥有坚定的思想政治立场，分析和处理问题时能够从人民利益和全局角度出发，积极拥护党的路线、方针、政策，并自觉贯彻执行；他们拥有崇高的爱国主义情怀和开阔的国际视野，坚持国家利益至上，积极维护国家荣誉，同时能够以开放的胸襟和姿态正确看待国际现象与问题；他们拥有较强的社会责任感，善于将个人价值与社会价值统一起来，注重在社会实践中积极实

现个人的理想和抱负；他们崇尚道德和法制，追求良好的道德风尚，并严格遵守社会法制和公共秩序规范。

（一）政治信仰坚定

当代大学生拥有坚定的政治信仰。政治信仰是生活在特定社会环境中的成员或者存在于特定政治体系中的公民对特定的政治意识形态的认同，是对某种政治制度、政治体系及领导团体制定的政治纲领、路线、方针、政策的看法及认可。

当代中国大学生的政治态度比较鲜明，政治情感理性、积极向上。他们积极肯定党的领导，以及在党的领导下我国在革命、建设和改革开放中取得的伟大成就；他们认同党的路线、方针、政策，努力在实践中积极贯彻落实；他们认同中国特色社会主义道路，并能在此基础上主动自觉地树立道路自信、理论自信、制度自信、文化自信；他们关心国家前途和民族命运，关注社会时政热点问题，善于从人民利益出发来思考和分析问题。

（二）爱国情怀饱满

当代大学生饱含爱国主义情怀。第一，他们心系祖国、胸怀天下。在学校进行专业理论和技术学习的同时，他们努力将个人的理想抱负与国家和社会的发展紧密联系在一起。他们关心国家大事，特别是针对当前改革开放中的热点和难点问题，能够积极关注，并提出自己的意见和见解。

第二，他们坚持国家至上，积极维护国家荣誉和利益。特别是伴随着对外开放的不断深入，在同世界各国、各民族和地区展开交往的过程中，当代大学生能够自觉地维护国家荣誉。尤其是面对一些持有错误思想观念的人对国家历史和现状、制度和发展等进行的质疑、否定和恶意歪曲时，他们能自觉维护国家利益和形象，并积极同错误言论开展斗争。

第三，他们具备开阔的国际视野和胸怀，善于从长远发展考虑问题，能够冷静客观地分析问题，注重将本国发展与整个世界的发展联系起来。因此，他们在坚持维护本国利益的同时，关心国际重大问题，并能够自觉履行国际责任和义务。

（三）人生追求积极向上

在人生追求方面，当代大学生有着积极向上、健康丰富的人生追求。他们更加注重个人文化水平和道德修养的提升，不沉迷于物质享受，更注重和尊重内心的价值需求，能够处理好物质追求和精神追求的关系。

他们有着明确的人生目标，并能做到持之以恒、自强不息，愿意通过个人奋斗来实现自己的理想。他们乐于奉献，重视个人价值与社会价值的统一，关注集体在人生价值实现中的重要作用。

此外，他们的人生理想明确而坚定，能够将个人梦与民族梦、国家梦有机融合，并积极投身社会实践之中，为实现自己的价值不懈奋斗。

二、当前大学生价值观存在的问题

如前所述，在改革进入攻坚期后，我国处于社会深刻转型时期，无论是经济体制变革还是政治制度完善，都会引起社会结构的深刻变动和各阶层利益格局的深刻调整，以及相应的思想文化价值观念的深刻变化。这些变化在意识形态领域表现为各种社会思潮大量涌现。在这样的背景下，大学生接受现代教育的洗礼，受到现代多元价值观的影响，其价值观取向虽然在总体上是积极向上的，但是仍有一些大学生未能树立正确的世界观、人生观和价值观，甚至存在畸形发展倾向。

（一）价值选择多样化

根据马克思主义唯物史观的基本原理，核心价值观作为意识形态的内核，与意识形态一样，属于上层思想建筑，它的内涵与实质是由该社会的经济关系和政治法律制度决定的,而政治法律制度反映的仍然是该社会的经济关系，归根到底是由经济关系（利益结构）决定的。①占统治地位的生产关系和经济状况，决定了这个社会占主流地位的意识形态的性质。当前，以网络为载体的各类新媒体技术飞速发展并全面深入社会生活，为各种思想意识形态的传播、文化交流提供了更为宽泛的传播环境。作为信息传播的载体，网络打破了时间、空间、国家、民族、制度等的种种约束和限制。一时间，各种思潮和意识形态、价值理念交融碰撞、相互涤荡，逐步形成了多元化的社会思想文化氛围。由于传播形式和内容陈旧等原因，传统的社会主义价值观念受到一定的冲击，大学生思想观念、价值观塑造、是非判断标准等方面的发展呈现出多元化的特点。另外，大学生的生理和心理正处于成熟期，世界观、人生观和价值观极不稳定，特别是思想不成熟，对善恶是非的评价和辨别能力不足。面对多元化的思想文化价值观念的冲击，特别是一些非马克思主义的思想观念，一些大学生往往难以进行科学的选择和判断，易出现价值观模糊混乱、价值选择焦虑等现象，甚至会被一些错误的思想观念误导和迷惑，对其成长和发展产生了严重的负面影响。比如，对历史的歪曲，对深化改革和社会发展中出现的某些问题的错误批判、恶意攻击和大肆诽谤等，并借此大力赞扬资本主义国家制度进而开展文化渗透等，这都对大学生的思想造成了严重的威胁，使其出现价值混乱和选择性障碍。

如果对此没有清醒、理智的认识和判断，必将影响大学生的价值观选择。因此，在文化多元化时代，多种多样的思想意识和价值理念并存，既为当代大学生开阔视野、丰富思维提供了有利条件，也对其价值选择产生了一定的负面影响。因此，加强社会主义核心价值观的引领和教育，成为当代高校思想政治教育的重要任务。

---

① 袁银传，等. 培育和践行社会主义核心价值观研究[M]. 北京：人民出版社，2019：512.

（二）价值取向功利化

功利主义实质上就是一种个人主义、利己主义的价值观念，是指为了获得个体的最大利益而不择手段地进行利益攫取，进而追求功利的单一化人生目标。市场经济的形成，为人们的思想文化观念和意识形态、价值形成等提供了丰富的多元化发展土壤。少数人逐步形成了唯金钱、唯利益至上的价值观，特别是在为人处世中秉持功利的态度和利益至上的眼光，形成了严重的功利化价值观。在当代大学生的价值观念中，虽然体现社会主义核心价值观的集体主义观念和奉献精神仍居主流，但功利主义由于追求一定的世俗利益价值，易侵蚀他们的思想价值观念，对其身心培育和健康成长产生消极影响。当前，一些大学生出现的价值取向功利化主要表现在以下几个方面。

第一，政治观念功利化。这一现象突出地表现在部分当代大学生入党问题上。加强高校学生党组织建设，吸纳优秀青年学生加入党组织，是党开展组织建设、培养后备力量的重要手段。入党是一项光荣、严肃的工作。然而，有的大学生在为什么入党，以及入党后应当如何严格要求自己等方面存在着某些问题。因此，正确处理组织上入党与思想上入党的关系问题，是高校党建工作者必须重视和认真做好的一项工作。大学生入党，不仅要在组织上入党，更要在思想上入党。如果大学生党员忽视了思想上入党，放松了党性修养和世界观的改造，那么即使加入了党组织也不是合格的党员，必然被党和人民抛弃。受家庭、学校、社会等因素的影响，有的大学生存在入党动机不端正、党性意识淡薄等问题。有的大学生仅仅把入党当成一种荣誉，当成炫耀的资本；有的大学生则将入党作为增强就业竞争力、找到一份好工作的途径；有的大学生在加入党组织后，党性观念不强，在是非之间摇摆不定，缺乏奉献精神和服务意识，缺乏带动和团结广大学生的能力；等等。

第二，学习观念功利化。高校是培养人才的摇篮，掌握扎实的专业理论知识和技能、提升个人的道德素养，是大学生的主要任务。对此，大学生应明确自己的身份和职责，珍惜难得的提升自我的机会，不负韶华，增加各方面的知识储备、提升综合素质、加强能力锻炼，避免出现"书到用时方恨少"的无奈，为以后走上工作岗位打下坚实的基础。当前，伴随着高校的不断扩建和扩招，大学生数量猛增，就业形势严峻。一些大学生为了提高自身的就业竞争力，学习变得功利化。比如，不重视专业理论和技能的学习，不是把大量时间和精力用于学习上，而是用于各种打工赚钱上，片面认识社会实践，荒废了学业。还有的大学生在学习内容选择上十分短视和功利，求学期间集中考取各种职业资格证书，如英语等级考试、计算机等级考试证书等，却忽视了专业课、基础课、选修课的学习，而且学习中唯成绩、唯证书是举，对于短时间难以显现效用的课程，则不用心学习。一旦步入社会，他们的综合素养和知识的欠缺往往会成为个人发展过程中的障碍。同时，他们还否认持之以恒的学习过程，更不注重树立终身学习、全面学习的理念。另外，在专业选择上，特别是高考中，部分学生热衷于财经、金融等一些热门专业，却忽视了培育基础性素养的专业，如哲学、数学、历史学等专业，有些专业甚至无人问津。大学期间，一些大学生没有学习我国优秀的传统文化知识，只注重当前实用性知识的积累，从而在自身发展过程中出现了一定的短板。

第三，人际交往功利化。人际交往原本是大学生活中培育自身能力素养、提升价值追求的重要影响因素。人都有交往的自然需求，大学期间的交往也往往会对人一生的发展产生重要影响，善于交际，结交益友，不仅是志同道合、兴趣相投的娱乐，更是自身能力和社会关系的培育。但是，现实中，一些人在交往中更重视眼前利益，忽视了长期交往的目的。大学生群体作为身心发展还未成熟的群体，在进入大学后与社会各阶层的接触不断增加，会受到一些社会不良风气的影响，特别是在一些西方功利思潮的影响和冲击下，越来越看重"利益"二字。部分大学生在交友时甚至"利"字当头，做任何事情都只以自身利益为准，以自我为中心，对基本的交往原则和社会良序公德置若罔闻。例如，有些校园中流行"以他人待我之道待人"的交往处事标准，即有些大学生只与对自己发展有利的人结交，对其他道德品质较高的同学却敬而远之。甚至一些学生在对待爱情时也表现出强烈的功利化色彩，只将交往对象集中于所谓的"白富美""高富帅""有房有车"一族，却把共同的情感认知和思想追求置于脑后，表现出严重的物质功利主义色彩。

第四，择业观念功利化。择业和就业是大学生在人生成长过程中迈出的关键一步，也是其个体发展规划的重点。同时，大学生就业也是关系到社会发展的重大经济和政治问题。当前，我国大学生在就业与择业观念方面产生了一些问题。具体来说，一是在地域选择方面，大多数学生愿意到北京、上海、广州和深圳等大城市就业与发展，较少考虑主动到农村、西部和一些经济发展相对滞后的地区就业，同时更愿意去高薪酬的岗位，很少关注一些较辛苦的基层工作岗位。长此以往，会导致我国人力分布不均的矛盾更加突出，甚至在很大程度上会影响东西部经济发展的均衡。"孔雀东南飞"的潮流使得很多大学生盲目从众，一味地追求到经济发达等高薪酬地区发展，往往忽视了自身的条件和境况，更没有考虑长期职业规划的科学性，从而出现许多诸如"蚁族""蜗居"等现象。二是在工作单位性质的选择上往往贪图安逸，不愿意到一些中小企业工作。在当前就业形势严峻的情况下，这种择业、就业观念和价值取向显然是不科学的，事实上极大地限制了许多学生择业、就业的成功率和可能性。对此，中央有关部门多次发出倡议，相应的高校教育工作者特别是负责就业工作的人员要高度重视，着重引导学生转变就业观念，引导其科学理性地认清就业形势，认真学习领会有关就业政策，并结合其职业发展前景和个体实际情况做出更符合实际的职业选择，形成更加务实的就业目标和自主竞争的动态就业观念，积极投身于就业实践。

（三）文化认同弱化

当代大学生具有较强的求知欲，对新事物有强大的理解和吸纳能力。他们在了解和认识外来文化的过程中，如果对本民族的文化认同出现危机，可能会在一定程度上弱化民族文化认同，进而影响对中国特色社会主义的认同和信心。这可能表现在有的大学生对中华优秀传统文化产生了一定程度的虚无感。具体来讲，一方面，中华优秀传统文化对这些大学生的影响力可能相对较弱；另一方面，西方文化日益受到他们的追捧。比如，在有的大学生看来，春节、端午节、七夕、中秋节、重阳节等中国传统节日已经没有什么意义，而西方的情人节、愚人节、感恩节、圣诞节则得到了他们的认同。同时，有的大学生对这些传统节日承载的意义了解不足，比如，春节这一传统佳节，本应是一家人团聚、感恩天地的美好时刻，却逐渐被视为一种形式化的假期，其文化内涵被淡化。相比之下，圣诞节在西方象征着教堂礼拜、家人团聚，而在中国却常被当作与朋友狂欢的节日。

此外，有的大学生对西方民主、法制等具有政治内涵的深层次文化的理解尚显浅薄，容易片面解读、盲目推崇。部分学生甚至错误地认为资本主义国家的物质文明更为发达，从而断定资本主义制度优于社会主义制度。这种看法实际上是对社会主义政治制度理解不深刻的表现，也是文化认同弱化的具体体现。

因此，对中华优秀传统文化认同的减弱与对西方文化认同的增强，容易引发一些大学生崇洋媚外的心理，导致其民族自尊心、自信心、自豪感的丧失，更为严重的后果是，这种倾向可能会使他们沉湎于世俗的生活，缺乏责任感、使命感和奋斗精神。

（四）存在享乐主义

2013年，习近平同全国劳动模范代表座谈时强调，"坚决反对干部群众反映强烈的形式主义、官僚主义、享乐主义和奢靡之风'四风'"[①]。"享乐主义"就是"四风"之一。习近平还强调，"反对享乐主义，要着重克服贪图享受、及时行乐思想和精神懈怠、不思进取的现象；反对奢靡之风，要着重纠治铺张浪费、挥霍无度、骄奢淫逸的不良风气"[②]。享乐主义导致理

---

① 习近平同全国劳动模范代表座谈并发表重要讲话[EB/OL]. https://jhsjk.people.cn/ article/21322585. （2013-04-28）.

② 习近平对军队开展党的群众路线教育实践活动作出重要指示[EB/OL]. https://jhsjk.people.cn/ article/21931797.（2013-06-21）.

想信念动摇，享乐主义者把享乐当成人生追求的终极梦想，以享乐为人生价值最高准则的思维见解和行为方式，严重违背了集体主义价值观。当代一些大学生享乐主义的现实表现如下。

1. 注重享受，缺乏勤俭节约精神

一直以来，勤俭节约都是中华民族最基本的美德。然而，在当今社会，受享乐主义、消费主义价值倾向的影响，一些大学生群体开始片面注重对物质利益的追求，艰苦朴素、勤俭节约的传统道德观念正趋于淡化。比如，一些大学生不注重个人知识的积累和能力的提升，反而沉迷于物质追求和消费带来的快感，片面追求奢侈生活，信奉"今朝有酒今朝醉"等及时行乐的主张，由此导致攀比之风、奢靡之风盛行。

2. 追求安逸，缺乏艰苦奋斗作风

当代大学生的生活环境比较优越，大多数人没有经历过艰苦生活的磨炼，意识不到生活的艰辛，且容易受到享乐主义等不良生活方式的影响。这就容易造成大学生缺乏自强不息、艰苦奋斗的精神，具体表现为在学习中缺少进取精神和探索精神；在生活中缺乏吃苦精神和奉献精神。另外，还有一些大学生把大学当成了难得的"极乐世界"。

3. 崇尚消费，攀比风气盛行

改革开放以来，随着经济社会的发展，中国摆脱经济短缺进入全民物质生活相对丰裕的时代，开始由以生产为主导的社会向以消费为主导的社会过渡，消费在人们的生活中发挥着越来越重要的作用。大学生是一个比较特殊的消费群体，他们的消费现状、消费特点在一定程度上折射出当前大学生的生活状况和价值取向。然而，因受一些不良消费思想的影响及大学生自身对消费认识的偏差，当代大学生在消费观念、消费结构、消费方式等方面存在一些问题。比如，片面追求消费，甚至把消费作为带来快感和满足感的源泉；过度追求物质消费，甚至一味崇尚时尚潮流，在手机、电脑、服装等方面相

互攀比。这不仅会影响大学生正确人生观、价值观的形成，而且会影响其健康成长与发展。同时，大学生消费行为具有一定的示范性，他们的消费价值观念和价值取向具有强大的社会影响力，事关国家的前途和命运。因此，关注大学生的消费行为，教育和引导他们树立正确的消费观与价值取向，对于促进大学生全面发展和社会进步具有十分重要的现实意义。

第二节　价值观问题根源探析

尽管当前大学生的主流价值观是积极的，但是我们也要清醒地认识到大学生在思想认识、价值取向等方面还存在某些问题。这些问题不仅会影响大学生自身的健康发展，而且直接关系到整个国家和民族的未来发展。对此，我们应当在认清这些问题的基础上，进一步剖析这些问题产生的原因。

一、多种错误社会思潮带来的冲击

伴随着经济的全球化发展，我国与其他国家的交流日益频繁，在学习国外先进技术和管理经验的同时，一些腐朽落后的价值观也逐渐向政治、经济、文化等领域渗透。国外敌对势力借此机会大肆宣扬西方国家的民主社会主义、民粹主义、新自由主义、历史虚无主义和以自由、民主、人权为核心内容的所谓"普世价值"。这些错误思潮极具煽动性和欺骗性，对我国社会主义意识形态和思想文化建设构成了严重干扰与侵蚀，特别是对大学生的价值选择和判断构成了严重威胁，削弱了他们对社会主义制度的热爱和对马克思主义的信仰。受这些错误思潮的影响和诱导，一些大学生开始质疑和否定社会主义主流价值观，出现价值观念错位、理想信念迷茫、信仰危机等问题；还有一些大学生盲目崇拜西方所谓的"普世价值"，并将其与我国的民主和法律制度进行比较，自觉或不自觉地充当西方错误思潮和不良价值观的传播者。这说明加强对大学生社会主义核心价值观的培育和引导，已成为高校开展思想政治教育亟待解决的问题。

（一）新自由主义思潮

20 世纪 70 年代末 80 年代初，新自由主义开始兴起，从最初的经济思潮慢慢转化成一系列改革实践和一整套政策主张，进而被西方作为主导性的治理范式推向全球。新自由主义的核心内容是"三化"，即自由化、私有化和市场化，主张用资本主义制度来代替社会主义制度。《求是》杂志上发表的《新自由主义的经济"成绩单"》，通过讲述事实，阐释了新自由主义思潮泛滥带来的影响和危害。诺贝尔经济学奖获得者斯蒂格利茨说："新自由主义一直是为某些利益集团服务的政治信条，从来没有得到经济学理论的支撑。"[①]新自由主义对我国的影响也非常明显。例如，"国退民进"，否定公有制等主张，不但要将国有企业私有化，还要把公共服务私有化；再如，反对政府干预，反对宏观调控等主张，盲目迷信"看不见的手"，而不相信"看得见的手"。由此可以看出，新自由主义思潮不但影响了我国公有制经济的主体地位，还严重影响了当代一些大学生对共产主义的信仰及对中国特色社会主义道路的信心。

（二）"普世价值"和宪政思潮

"普世价值"和宪政思潮的核心实质，都是把西方的"民主""自由""平等""人权"等作为人类普遍永恒的价值，认为西方的政治制度是人类文明的成果，代表了人类普遍接受的"普世价值"，因此发达国家和发展中国家

---

① 李文. 新自由主义的经济"成绩单"[EB/OL]. http://theory.people.com.cn/n/2014/0816/c40531-25477739. html.(2014-08-16).

都应该接受并建立西方政治制度。其实，这种思潮的根本目的是影响并遏制中国特色社会主义的发展。受"普世价值"和宪政思潮的影响，一些大学生逐渐认可并接受了西方宣扬的"人权""民主""自由"等观念，开始向往西方的生活方式，并且出现了一些错误认识。

（三）历史虚无主义思潮

改革开放以来，历史虚无主义思潮在我国沉渣泛起，像"幽灵"一样四处飘荡，以所谓的"重新评价"为由头，大肆地曲解中国革命的历史、党的历史和中华人民共和国历史，且由于其利用新媒体进行传播，具有一定的负面影响。历史虚无主义其实并非简单的自由意识形态，而是代表了一些典型的政治思潮，有其明确的政治目的。历史虚无主义往往形式多样，而且在境外势力的支持下经常会掩盖一些真相，很容易使一些政治立场不坚定的人自觉或不自觉地认同其观点和说法。另外，历史虚无主义思潮常常穿着隐蔽的外衣，在传播过程中影响较大却不容易引起群众的警惕，一些群众由于自身知识所限，很难认清其意识形态本质和政治思潮本性。

历史虚无主义怀有明确的政治目的，一方面要将伟大的中国革命历史进行虚无化，无视中国革命是在中国共产党的领导下、在马列主义的指导下取得的胜利，另一方面却不断地虚化和美化一些反面人物，甚至有时候还对其歌功颂德，在根本上颠倒历史、混淆是非。针对这种情况，习近平总书记深刻地指出，"国内外敌对势力往往就是拿中国革命史、新中国历史来做文章，竭尽攻击、丑化、污蔑之能事，根本目的就是要搞乱人心、煽动推翻中国共产党的领导和我国社会主义制度。苏联为什么解体？苏共为什么垮台？一个重要原因就是意识形态领域的斗争十分激烈，全面否定苏联历史、苏共历史，否定列宁，否定斯大林，搞历史虚无主义，思想搞乱了"[①]。因此，高校要深刻认识到历史虚无主义的极端危害性，及时在大学生中开展党史、新中国

---

① 习近平. 关于坚持和发展中国特色社会主义的几个问题[EB/OL]. https://jhsjk.people.cn/article/31005184.(2019-03-31).

史、改革开放史、社会主义发展史等"四史"学习教育活动，帮助大学生树立正确的历史观、民族观、国家观。

（四）否定改革开放的思想倾向

改革开放 40 多年来，我国在经济、政治、文化等方面均取得了举世瞩目的成就，然而在快速发展的过程中也出现了一些问题。需要明确的是，这些问题是改革与发展进程中的必然产物，其解决之道仍在于深化改革和对创新发展进行不懈探索。令人遗憾的是，面对我国改革开放过程中出现的挑战与问题，有部分人选择了片面视角、故步自封，甚至全盘否定改革开放取得的伟大成就。这种思潮试图将国家拉回改革开放前封闭僵化的老路上，不仅误导了公众对改革开放的正确认识，更是在一定程度上引发了部分大学生对现行政策的抵触和不满，以及对社会主义信念和党的领导的动摇。

还有一种错误观念认为，中国当前的改革开放力度尚显不足，鼓吹要进一步加大力度，全面模仿西方模式，推行全面私有化，并引入西方民主制度和价值理念等。这种思想本质上是对中国发展道路的偏离，企图将中国引入资本主义的发展轨道，实现所谓的"改旗易帜"。这些错误认识都是对改革开放的性质认识不清的表现。

事实上，改革开放是社会主义制度的自我完善与发展，它是在坚持社会主义制度的前提下，对社会主义经济、政治、文化等具体体制的变革和完善，而非对社会主义的否定和放弃。同时，这场改革触及面广、力度强大，其社会影响深远而复杂。因此，我们必须保持清醒的头脑，坚持马克思主义的指导地位，以免被一些错误思潮迷惑和误导。

二、不良社会风气带来的弊端

社会风气是指社会上或某个群体内，在一定时期和一定范围内竞相仿效与传播流行的观念、爱好、习惯、传统和行为。它是社会政治、经济、文化、道德等状况的综合体现，也能反映出一个民族的价值观念、风俗习惯和精神风貌。作为社会群体的一部分，大学生的言行在很大程度上会受到社会风气的影响。总体上看，在我国，正能量在社会风气中占据主导地位，大学生群体对社会主义核心价值观一直保持着较高的认同感。但是，我们也应当看到，在经济高速发展的情况下，社会各方面的矛盾与利益冲突愈加凸显，比如，诚信缺失、见利忘义等现象，这无疑是与社会主义核心价值观相违背的。多数大学生对这些现象持批判态度，但也有一部分大学生奉行利己主义、功利主义的思想倾向，坚持金钱至上，这对社会主义核心价值观的推行及大学生的思想政治教育提出了挑战。

（一）诚信缺失问题

当今社会，诚信问题日益凸显，诚信缺失现象已经成为社会各界共同关注的一个话题。在经济领域中，不时会出现假冒伪劣产品，这对正常的市场运行秩序构成了一定的干扰。在社会交往层面，诈骗行为虽屡受打击却仍时有发生。诚信的缺失导致人与人之间的信任度下降，相互间多了几分戒备，这无疑加大了彼此沟通交流的难度，也使得展现同情、关怀及互助变得更为不易。更令人担忧的是，如果失信行为得不到有效制止，可能会伤害那些坚持诚实守信的人，进而加剧社会的道德风险，影响整体道德水平的提升。

（二）"潜规则"现象

"潜规则"作为近年来社会上被频繁提及的一个词，已逐渐被人们熟知，它是某些情境中的一种非正规行为模式。这种现象鼓励人们绕过正式的社会规则，寻求非正式途径和私人关系，从而导致正当规则的实际效力被削弱。"潜规则"的普遍存在，在一定程度上成为社会阶层流动的障碍，加剧了阶层固化的趋势，使得社会资源更多地集中于少数"上层"人士手中，其他人仅凭个人努力难以获得应有的晋升机会，这在一定程度上影响了普通民众的积极性和对未来的乐观预期，可能会滋生消极情绪，不利于良好社会风气的形成。受此环境及"潜规则"观念的影响，部分大学生在学习和生活中表现出一定的功利化和实用化取向。

（三）社会心态的暴力化倾向

受不良社会风气的影响，部分人出现了不同程度的暴力化倾向，这一趋势在政治活动中尤为明显，表现为有的人通过暴力手段进行抗争。这种极端心态会加剧社会的分裂，将社会划分为强者与弱者两大对立阵营，使民众形成一种刻板印象——"强者一定是恃强凌弱、仗势欺人的，而弱者一定是生活困顿、求助无门的"。这些偏颇的观念在某些弱势群体中逐渐发酵，滋生出"仇富"与"仇官"的极端心理。

社会心态的暴力化倾向不仅动摇了社会和谐的基石，还直接波及大学生的思想领域，导致一些极端事件的发生，这迫使我们不得不深刻反思当前的社会环境与教育引导机制。面对这一严峻挑战，我们需要共同努力，营造积极向上的社会氛围，加强心理健康教育，引导公众以理性、平和的态度面对社会问题，共同促进社会的和谐稳定与发展。

三、优秀传统文化教育缺失

习近平总书记曾强调，"培育和弘扬社会主义核心价值观必须立足中华优秀传统文化"，"要认真汲取中华优秀传统文化的思想精华和道德精髓……使中华优秀传统文化成为涵养社会主义核心价值观的重要源泉"。[①]中国传

---

① 习近平谈中华优秀传统文化：善于继承才能善于创新[EB/OL]. https://jhsjk.people.cn/article/29075643.(2017-02-13).

统文化教育的核心是道德教育。中国传统文化推崇"德"的感化作用，重视对智慧的启迪，强调对人文素质、艺术修养的培育，这有利于提升新时期大学生的思想道德素质。然而，在当前传统文化教育不足、一些人更重视物欲的环境下，全社会尤其是高校应当大力弘扬中华优秀传统文化，加强对大学生的优秀传统文化教育。

（一）高校在优秀传统文化教育方面的不足

西方传统文化的传承往往与宗教传播紧密相联，而我国主要依赖学校教育来传承丰富的传统文化。当前，我国部分高校在传统文化教育方面存在一些不足，具体表现如下：一是部分高校尚未将传统文化课程纳入其教学计划，即使有少数高校将传统文化设为选修课，但内容往往较为宽泛，难以激发学生深入学习的兴趣；二是高校内专门从事传统文化教学的师资力量相对薄弱，许多任课教师缺乏传统文化知识背景，有时会将传统文化与其他学科如哲学等的内容混淆；三是传统文化的教学方法相对单一，传统教授法占主导地位，其难以与校园文化活动有效结合、相互促进。

大学课堂是大学生汲取知识的主要场地，教师可以深入挖掘优秀的传统文化资源，将其融入课程体系之中，并与学生的思想政治教育紧密结合，以此来扩大传统文化的覆盖面。[1]

（二）社会对优秀传统文化的弘扬力度有待加大

中华优秀传统文化是中华民族不可或缺的"根"和"魂"，它凝聚了千百年来中华民族的知识和智慧，构成了中国坚实的文化软实力，为中国特色社会主义的本土扎根及在全球文化多样性中展现独特风貌奠定了坚实的基础。这些文化蕴含的思想观念、人文精神、道德规范，不仅是中华文明的核

① 倪响，董德福. 新时代大学生社会主义核心价值观培育研究——基于中华传统文化角度分析[J]. 戏剧之家，2019(9)：166-167.

心思想和精神实质，而且在应对全球性挑战时也展现出了独特的现实参考价值。

我们应当充分认识中华优秀传统文化的宝贵价值，并努力推动其融入各级教育体系和文明文化生产活动。为此，学校可以构建和完善中华优秀传统文化的课程体系与教材建设，同时加强日常教育，特别是对青年传统文化的教育熏陶，注重在传承中保持开放包容的态度，既要坚守本土文化根基，也要积极吸收外来文化的有益成分，面向未来，以批判性的眼光在继承中寻求创新，在发展中实现超越，从而更好地彰显中华文化的精髓和当代中国的价值观念，让中华文化在新时代焕发出更加璀璨的光芒。

四、家庭教育不到位

家庭教育对大学生价值观的形成具有重要影响。父母作为孩子的启蒙教育者，在个体成长历程中扮演的角色是独一无二的，家庭成员在孩子成长过程中的作用难以被替代。家庭作为社会的基本单位，承载着中华民族长久以来传承的家风，这些家风体现了家族世代相传的价值观念和精神追求。比如，从小接触的启蒙读物《三字经》《弟子规》等，都对学生的成长起到了潜移默化的作用。[①]

（一）父母在家庭教育中智育与德育的平衡问题

中国父母普遍高度重视家庭教育，对孩子寄予厚望，希望孩子能够出类拔萃，实现个人与家庭的梦想。然而，在实际操作中，部分父母对家庭教育的理解存在偏差，他们更多地聚焦孩子的学业成绩，将其视为家庭教育的核心，而对孩子的个性发展、精神培养及良好品德的塑造则相对关注不足。这

---

① 范益民，袁静. 传统文化视野下大学生社会主义核心价值观培育的若干思考[J]. 安阳师范学院学报，2020（1）：134-138.

种倾向容易将家庭教育简化为纯粹的智育追求，并进一步将智育等同于考试成绩的高低。虽然这种"智育优先、德育次之"或"分数为重、素质为辅"的教育理念可能会在短期内帮助孩子取得学业上的进步，但长期来看，可能会对孩子的全面发展产生不利影响，包括可能会导致孩子的人格发展不够健全、品行表现不够端正等。

（二）父母生活方式对孩子价值观形成的潜在影响

身教往往比言传更具影响力。家庭是孩子成长的启蒙环境，父母自然而然地扮演着引领者和示范者的角色。孩子的价值观在很大程度上是在与父母的日常互动中逐渐形成的。由于孩子与父母长时间共同生活，父母的思维方式、生活习惯及个人品质无时无刻不在潜移默化地影响着孩子。家长的职业态度、生活哲学、道德品质及社交方式，都会成为孩子构建自身道德观念和思想框架的重要参考。

家庭成员的行为模式、价值判断及思考方式，确实在一定程度上能够为孩子价值观的形成提供一定的导向和示范。当父母展现出诸如过度消费、追求享乐等不健康的生活方式时，这些行为虽非必然，但确实有可能对孩子的价值观产生一定的负面影响，诱导孩子偏离积极健康的价值取向。因此，父母应当意识到自身行为对孩子成长的重要性，以身作则，在生活中为孩子树立正面的榜样。

五、大学生自身特点的影响

在人的成长过程中，大学是学生从青涩走向成熟的蜕变阶段。这一阶段的大学生处于世界观、人生观、价值观形成的关键时期，他们作为具有自主能动性的主体，思维活跃，容易接受新思想、新事物，但是由于缺乏社会经验，其判断力和鉴别力还不强，特别是当面对复杂的价值选择时，往往会陷入迷茫和困惑之中。这种迷茫和困惑又会导致大学生的心理压力不断增大，继而使得各种心理问题层出不穷，极大地影响了他们对价值观的选择。因此，大学生的价值倾向、认知结构、心理需要、理解能力及情感等主体性因素都会影响其价值观的形成。

现代心理学指出，个体的性格和气质是人性中较为稳定的因素。大学生的性格在形成之后将长期保持相对稳定的状态，其对自身价值观的影响也必将是显著和持久的。人的心理特征包括个人意志、情绪、能力等各方面，这些心理特征都会对新时期大学生价值观的确立产生影响。社会、学校、家庭等外在因素对大学生价值观的影响也必将通过学生自身体现出来，并通过自身的活动来发挥作用。

个体具有差异性，大学生的心理特征、自我意识会受到遗传、环境、教育等的共同影响，通常具有差异性和独特性，因此大学生人格的塑造是自我意识发展的结果，自身的特点对其价值观的形成产生了重要影响。

第三节　树立社会主义核心价值观的必要性

当代大学生肩负着建设中国特色社会主义和实现中华民族伟大复兴的历史使命。大学阶段正是大学生世界观、人生观、价值观塑造和形成的关键时期，加强对大学生的社会主义核心价值观教育，有助于大学生树立正确的价值观念，成长为新时代中国特色社会主义事业的建设者和接班人。习近平总书记指出："广大教师要用好课堂讲坛，用好校园阵地，用自己的行动倡导社会主义核心价值观，用自己的学识、阅历、经验点燃学生对真善美的向往，使社会主义核心价值观润物细无声地浸润学生们的心田、转化为日常行为，增强学生的价值判断能力、价值选择能力、价值塑造能力，引领学生健康成长。"[①]

---

① 习近平. 做党和人民满意的好老师——同北京师范大学师生代表座谈时的讲话[N]. 人民日报，2014-09-10(2).

一、大学生健康成长的需要

大学生能否健康成长，关系到新时代中国特色社会主义事业是否后继有人，关系到中华民族伟大复兴能否顺利实现，关系到党和国家的前途命运。正如党的十九大报告指出的，"青年兴则国家兴，青年强则国家强。青年一代有理想、有本领、有担当，国家就有前途，民族就有希望"。然而，当下，有些大学生不同程度地存在着理想信念模糊、诚信意识淡薄、社会责任感缺乏、价值取向扭曲等问题。如果解决不好这些问题，势必会影响大学生的健康成长。

社会主义核心价值观从整体上构建了一套社会主义道德规范体系。它植根于中华民族传统道德文化土壤，集中表达了马克思主义道德原则和人类普遍的道德观念，对每个公民的思想观念、思维方式、价值取向和行为规范都有着深刻的影响，提出了新时代每个公民都应该遵循的价值观念和行为准则。因此，高校加强社会主义核心价值观教育，有助于大学生树立新时代中国特色社会主义理想，明辨是非、善恶、美丑，使社会主义核心价值观成为大学生自觉遵守的社会规范和行为习惯，做社会主义核心价值观的积极践行者。这既是高校培养新时代中国特色社会主义建设者和接班人的需要，也是高校落实立德树人根本任务和提高人才培养质量的需要。

二、维护国家意识形态安全的需要

核心价值观是社会发展进步的灵魂。没有核心价值观的支撑，社会将迷失前进的方向，失去精神根基。党的十九大报告明确提出，"意识形态决定文化前进方向和发展道路。必须推进马克思主义中国化时代化大众化，建设具有强大凝聚力和引领力的社会主义意识形态，使全体人民在理想信念、价值理念、道德观念上紧紧团结在一起"。中国古代"三纲五常"的核心价值观，维系了封建社会两千多年的稳定。西方社会提出的"人权、自由、平等、博爱"等价值观念，对巩固资本主义制度发挥了重要作用。苏联解体、东欧剧变的一个深层次原因恰恰是意识形态安全这条主线出了问题。以史为鉴，当今世界每个国家都应当高度重视价值观建设。

当前，世界多极化、经济全球化、社会信息化深入发展，各种思想相互激荡，各种文化相互交融，各种观念相互碰撞，意识形态领域的斗争空前激烈。西方发达国家长期以来对我国进行意识形态的渗透、扩张，其实质就是在看不见硝烟的战场上同我国进行意识形态的斗争、核心价值观的较量。受社会大环境的影响，一些大学生的价值观呈现出了多元多变的特点。面对这种新情况、新问题，高校应当保持高度警惕，加强大学生社会主义核心价值观教育，坚持马克思主义在意识形态领域的指导地位，牢牢占领意识形态前沿阵地，坚决抵御西方意识形态和价值观念的渗透，自觉维护我国意识形态安全。

三、实现中华民族伟大复兴的需要

中华民族伟大复兴是以习近平同志为核心的党中央提出的重大战略思想。它形象地表达了全体中国人民的共同理想追求，生动诠释了国家富强、民族振兴、人民幸福的美好前景。习近平总书记指出，"实现中国梦必须走中国道路，必须弘扬中国精神，必须凝聚中国力量"①。因此，要实现中华民族伟大复兴，就要用社会主义核心价值观来凝聚中国力量、弘扬中国精神。

实现中华民族伟大复兴，就是要实现国家富强、民族振兴、人民幸福。当前，世情、国情一直在发生深刻变化，我们面临的发展机遇和风险挑战前所未有。伟大梦想的实现必将是一个长期而艰难的过程，需要每一个人付出

---

① 在实现中国梦征途上昂扬奋进　以习近平同志为总书记的党中央十八大以来治国理政纪实[EB/OL]. https://jhsjk.people.cn/article/24076725. (2014-01-10).

辛勤劳动和艰苦努力。党的十九大报告指出："中国梦是历史的、现实的，也是未来的；是我们这一代的，更是青年一代的。中华民族伟大复兴的中国梦终将在一代代青年的接力奋斗中变为现实。"

新时代大学生是祖国的未来和希望，他们富有朝气和青春活力，是未来国家建设的中坚力量。高校应当加强大学生社会主义核心价值观教育，引导大学生将个人命运与国家和民族命运紧密相连，把个人奋斗目标与中国特色社会主义伟大事业紧密相连，在实现中华民族伟大复兴的实践中形成更加广泛的价值认同，使社会主义核心价值观成为凝聚大学生为实现中华民族伟大复兴的中国梦而不懈奋斗的共同思想基础和精神纽带。

党的十九大报告提出，"广泛开展理想信念教育，深化中国特色社会主义和中国梦宣传教育，弘扬民族精神和时代精神，加强爱国主义、集体主义、社会主义教育，引导人们树立正确的历史观、民族观、国家观、文化观"。今天，我们比历史上任何时期都更接近、更有信心和能力实现中华民族伟大复兴的中国梦。它就是一份政治动员令，是集结号，也是冲锋号。在这个千帆竞发、百舸争流的时代，这个目标已经成为凝聚党心民心、激励中华儿女为实现中华民族伟大复兴而奋斗的强大精神力量。

四、促进社会主义先进文化建设的需要

"文化是一个国家、一个民族的灵魂。文化兴国运兴，文化强民族强。没有高度的文化自信，没有文化的繁荣兴盛，就没有中华民族伟大复兴。"①当前，世界多极化和经济全球化深入发展，不同文化之间的交流、交融、交锋日益频繁，西方一些发达资本主义国家凭借经济与技术优势，在向发展中国家输出技术的同时，也在加紧进行文化渗透和文化入侵，力图使自己的世界观、人生观、价值观等文化内容在强大的新技术支持下，进入发展中国家的

① 习近平. 习近平谈治国理政(第三卷)[M]. 北京：外文出版社，2020：32.

文化市场，并对发展中国家人民的精神世界产生潜移默化的影响。可以说，当今的大学生正处于一个思想活跃、文化交融、观念碰撞的时代。他们的思想比较开放、思维比较活跃，对西方文化的感知较为敏感，容易受到西方文化中的消费主义、享乐主义等价值观念的影响，并将消费主义、享乐主义作为人生的终极目标和幸福生活标志，进而对中国主流价值观的认同会产生动摇。大学生的这种价值观功利化现象对社会主义核心价值观的培育产生了较大的冲击，也对新时代我国社会主义先进文化的建设产生了负面影响。

社会主义核心价值观为社会主义先进文化建设指明了方向。社会主义核心价值观从根本上决定了先进文化发展的基本形式，先进文化通过文化理念的不断革新并以文化事业、文化产业等各种形式实践着社会主义核心价值观的精髓。因此，高校要加强大学生社会主义核心价值观教育。第一，通过发挥课堂教学的主渠道作用，对大学生进行社会主义核心价值观教育，提升大学生对社会主义核心价值观的理论认同，增强文化自信，增强大学生作为社会主义先进文化建设重要群体的正面导向功能，引领社会主义先进文化建设沿着正确、健康的方向发展。第二，通过加强校园文化建设，对大学生进行社会主义核心价值观教育，提升大学生的文化价值观水平和文化鉴别能力，发挥校园文化的熏陶、感染、渗透作用，形成培育社会主义核心价值观的浓郁氛围，自觉抵御消极、腐朽文化思想的侵蚀，实现文化育人的良好效果。

第四节　社会主义核心价值观的重要性

一、有利于促进大学生的成长成才

作为祖国的未来和希望，大学生是当代青年的主体，他们富有朝气和青春活力，是未来国家建设的栋梁和希望，这就决定了大学生的价值观在很大程度上必将影响未来整个社会的主流价值观。但是，他们的价值观还没有真正形成，对他们进行社会主义核心价值观教育，既有利于大学生自身的成长成才，同时在践行过程中又能更好地传承中华优秀传统文化，更是实现中华民族伟大复兴的必然要求。

在马克思主义哲学视域，价值观是世界观、人生观的基本内容，也是世界观、人生观的现实体现。价值观对人们的社会行为和活动方式起到了规范与调节作用。人们的一切认识和实践活动，都是在自身价值观的引导下实现的。价值观影响着人生价值的实现，价值观是否积极向上，决定了个体的生活状态。

社会主义核心价值观作为正确和科学的价值观，会对大学生的行为产生积极的影响，为大学生的行为提供规范。习近平总书记强调，"青年处在价值观形成和确立的时期，抓好这一时期的价值观养成十分重要。要勤学，下得苦功夫，求得真学问。要修德，加强道德修养，注重道德实践。要明辨，善于明辨是非，善于决断选择。要笃实，扎扎实实干事，踏踏实实做人"[①]。社会主义核心价值观是在马克思主义思想的指导下形成的，对大学生进行社会主义核心价值观教育，有助于其坚定社会主义理想信念，明确社会主义前进方向，并以正确的价值体系为基础形成自身正确的价值观。有了这种正确价值观的引导，大学生才能在生活和学习中始终坚持正确的行为准则，坚定马克思主义信念，规范自己的思想和言行。

生活并非一帆风顺，总会遇到各种艰辛和磨难，大学生活也是如此。但是，我们必须明白，磨难并非只有痛苦，它在一定意义上能使我们成长为更优秀的人。人在社会生活中遇到的一切问题都可以在国家、社会、个人三个层面找到答案，社会主义核心价值观正是在这三个层面为我们提供了指引。社会主义核心价值观在社会生活各个方面都为个人提供了做事的准则和目标、道路和方法，这对于提高大学生的心理素质和解决实际困难的能力都具有十分重要的作用。

---

① 习近平同志《论党的宣传思想工作》主要篇章介绍[EB/OL]. https://jhsjk.people.cn/article/31924799. (2020-11-20).

　　由于世界观、人生观、价值观尚未完全形成，加上自身的生活阅历不足、社会经验不丰富、政治辨识能力不强，大学生群体很容易在看待问题时产生极端、片面和偏激的思想，容易被各种落后思想和不良思潮误导。当前，一部分大学生出现了不同程度的缺乏政治信仰、社会责任感淡薄、逃避艰苦奋斗和缺少奋斗精神的状况，甚至一些学生出现了迷失自我、缺乏对事物的判断能力等问题。要解决这些问题，必须对大学生的思想政治素质进行培育，促进他们对社会主义核心价值观的认同和内化，自觉树立正确的价值观念。

　　第一，从国家层面来说，建立"富强、民主、文明、和谐"的社会主义国家是当代大学生的使命。社会主义核心价值观实际上回答了我们要建设什么样的国家、建设什么样的社会、培育什么样的公民等重大问题。从国家层面来说，社会主义核心价值观对建设什么样的国家这一问题做了精准的回答，就是要把我国建设成为"富强、民主、文明、和谐"的社会主义国家，就是要实现国家富强、民族复兴、人民幸福。

　　建设"富强、民主、文明、和谐"的社会主义国家，是我们一直以来追求的远大理想，是实现中华民族伟大复兴的重要途径。这一伟大理想的实现，需要全体社会成员共同努力。青年作为社会成员中建设国家的生力军和接班人，更需要肩负起实现这一理想的历史责任。青年大学生作为当代青年的主体，他们的未来更是关系到国家富强、民族复兴、人民幸福能否实现。正如习近平总书记所说，"在高校学习的大学生都是 20 岁左右，到本世纪中叶基本实现现代化时，很多人还不到 60 岁。也就是说，实现'两个一百年'奋斗目标，你们和千千万万青年将全过程参与"①。这就表明，当代大学生正处于全面建设小康社会、实现中华民族伟大复兴的历史进程之中，他们在未来社会发展与国家建设中承担着重要的责任和使命。时代造就青年，时代呼唤青年。这一历史进程为当代大学生施展才华提供了广阔的舞台，更赋予了当代大学生崇高的历史使命。因此，必须培育青年大学生树立为实现建设"富

---

① 唱响新时代的青春之歌——以习近平同志为核心的党中央关心青年和青年工作纪实[EB/OL]. https://jhsjk.people.cn/article/32413867.(2022-05-04).

强、民主、文明、和谐"的社会主义国家而奋斗的责任意识。当代大学生必须明确自己的历史使命，以实现中华民族伟大复兴作为自己的最高理想，只有具备这种强烈而伟大的责任感，才会产生强大而持久的精神动力，并进一步将其外化为自己的实际行动。因此，必须加强对当代大学生这种责任感的培育，使其真正成为社会主义事业的建设者和接班人。

第二，从社会层面来说，"自由、平等、公正、法治"的价值意识是中国共产党和国家始终为之奋斗的核心价值理念，更是当代青年积极投身社会、承担社会责任的重要价值引领。

当前，我国正处于经济体制深刻变革、社会结构深刻变动、利益格局深刻调整、思想观念深刻变化的关键时期。大学生作为一个接受高等教育的群体，他们的世界观、人生观、价值观尚未完全形成，对"自由、平等、公正、法治"的理解难免会产生一定的偏颇或知行不一。比如，对自由、平等、公正的理解存在极端化、片面化，在日常的生活和学习中表现出不遵守纪律、随意违反学校规章制度的行为，甚至出现对同伴、亲友的生命漠然视之，连基本的人道主义观念都荡然无存的现象。例如，"药家鑫事件"等为我们敲响了警钟，只有树立"自由、平等、公正、法治"的社会价值观，才能保证青年学生的身心健康，保证社会整体价值观的发展方向正确，实现社会持久良性发展。当代大学生要形成"自由、平等、公正、法治"的社会价值观，就必须正确认识"自由""平等""公正""法治"的内涵和意义，不断提升自身的思想素养和培育科学精神，用先进知识武装自己，积极投身于社会实践，锻炼自己的品质，磨炼自己的人格，在获取科学文化知识的同时，提升思想政治素养，努力做到知行合一、德才并进。

第三，从个人层面来说，践行"爱国、敬业、诚信、友善"的价值追求，是培育当代大学生良好精神风尚的有效途径。

大学生群体关系着祖国的未来，是社会主义现代化建设的主力军，大学生的思想会直接影响国家的命运和前途。当代大学生能否担当起为国家"富强、民主、文明、和谐"而奋斗的历史使命，实现"自由、平等、公正、法治"的价值追求，取决于其是否具有良好的道德修养和昂扬向上的精神风貌。

正如习近平总书记所说："道德之于个人、之于社会，都具有基础性意义，做人做事第一位的是崇德修身。"①大学阶段是大学生价值观形成的关键时期，是将社会主义核心价值观教育融入思想政治教育的最佳时期。当前，我国大学生的价值观总体上来说是积极向上的，是正能量占主导地位的，但是我们也必须看到，受当前经济社会形势多元化的影响，大学生群体的思想状况呈现出积极与消沉并存的状况。一方面，面对理想，大学生群体拥有满腔热血；另一方面，在现实面前又常常表现出消极情绪。同时，其价值观也呈现出多元态势，一部分大学生的价值观取向模糊甚至出现了一定的偏差，比如，将事物的评价标准定位于能否给自己带来经济效益、是否有利于个人的发展，功利主义、享乐主义等情绪滋长，表现在行为上就是学生间互相攀比、诚信意识缺失等。这都与我国当前倡导的价值观不符，与我国未来的发展需要不符。因此，大学生必须端正价值观，践行社会主义核心价值观，培育良好的精神风尚。

帮助大学生树立"爱国、敬业、诚信、友善"的价值追求，培育良好的精神风尚，要从实际出发，规范日常行为，塑造良好的行为习惯。一个人的道德品质和思想素养最直接、最真实的体现就在于能否在日常学习和生活中规范自己的言行，是否将社会主义核心价值观内化为自己的价值观也必然会通过日常行为体现出来。因此，只有注重对大学生日常行为的督导和规范，才能真正引导大学生由内而外地奉行社会主义核心价值观的要求；只有做到知行合一、以小见大，从日常一点一滴做起，自觉将"爱国、敬业、诚信、友善"的价值观外化为自己的实际行动，才能真正实现高尚品格的养成。

社会主义核心价值观是引导当代大学生树立正确价值观的风向标，高校的教育工作者在坚定践行社会主义核心价值观的同时，也要肩负起引导教育大学生牢固树立社会主义核心价值观的责任，把社会主义核心价值观融入教书育人全过程，使大学生成为德才兼备的社会主义事业建设者和接班人。

---

① 习近平：青年要自觉践行社会主义核心价值观——在北京大学师生座谈会上的讲话（2014年5月4日）[EB/OL]. https://jhsjk.people.cn/article/24973220.(2014-05-05).

二、有利于培养社会主义事业建设者和接班人

中共中央、国务院印发的《关于进一步加强和改进大学生思想政治教育的意见》强调指出，"加强和改进大学生思想政治教育，提高他们的思想政治素质，把他们培养成中国特色社会主义事业的建设者和接班人，对于全面实施科教兴国和人才强国战略，确保我国在激烈的国际竞争中始终立于不败之地，确保实现全面建设小康社会、加快推进社会主义现代化的宏伟目标，确保中国特色社会主义事业兴旺发达、后继有人，具有重大而深远的战略意义"。当今世界各国之间的竞争归根到底是人才的竞争，大学生作为我国身负历史重任的一代，毫无疑问是我国伟大社会主义事业的建设者和接班人。要检验他们能否胜任，是否"合格"，标准终究要回到高校"怎么培养人"这一根本问题上。

在高校，知识、人才密集，各种思想文化和社会思潮在这里交融碰撞，这就要求高校教育工作者担负起培养中国特色社会主义事业建设者和接班人的重要使命。当前，我国利益格局、社会状况都发生了巨大的变革，大学生的思想观念无疑也处于变化和发展之中。怎样才能在这种变化中坚持马克思主义的指导？怎样才能做到坚持社会主义理想信念不动摇？怎样才能坚守自己的精神堡垒？这都是有待解决的具体问题。

在复杂多变的国内外环境下，我们不能只看到难能可贵的机遇，也必须正视变幻莫测的挑战。能否守住我们的理想信念，社会主义事业能否顺利进行，社会主义制度是否能经受得住现实的考验，都与我们能不能培养出中国特色社会主义事业的建设者和接班人密不可分。大学生作为青年队伍最重要的一部分，是国家和民族未来的希望，是社会主义建设宝贵的资源。我们党和国家以高度的历史责任感、总揽全局的眼光和强烈的民族忧患意识总结概括出了社会主义核心价值观，这是顺应时代发展的伟大创新。高校作为人才培养的集中地和主阵地，应该自觉肩负起为党和人民培养人才的重大历史使命，责无旁贷地为推进培育大学生社会主义核心价值观贡献力量。

在大学生中推进社会主义核心价值观实践，会在深层次上稳定而又持久地影响大学生群体的思想观念与价值取向，能够增强他们对中国特色社会主义的认同感和自觉维护国家稳定和谐的使命感。高校推进社会主义核心价值观实践，不仅为高校作为国民教育的重要阵地指明了发展方向，也为其完成培养全面发展的中国特色社会主义建设者和接班人的历史使命起到了重要作用。首先，对大学生进行社会主义核心价值观培育，能够帮助大学生树立全局意识，深刻理解自己所处的位置，明白自己应该做什么、防范什么，树立正确的世界观和人生观，坚定爱国主义信念，时刻维护党的方针政策，重新审视自己的思想和行为。其次，深化社会主义核心价值观的系统教育，能够帮助大学生树立正确的价值观，在新时代增强大学生的民族荣誉感和民族认同感，始终以实现中华民族伟大复兴为己任。

三、有利于增强中华民族的文化自信

践行社会主义核心价值观，必须以弘扬中华优秀传统文化为根基。中华优秀传统文化历经几千年的沉淀，早已植根于人们的心中，潜移默化地影响着人们的生产与生活。中华优秀传统文化是社会主义核心价值观的重要来源，践行社会主义核心价值观是对中华优秀传统文化的深化和升华。

高等教育是中华优秀传统文化传承的重要载体和思想文化创新的重要源泉。对于中华优秀传统文化，大学生有一定的认可度，但受到多方面因素的冲击，还存在着部分大学生对本民族优秀传统文化不甚了解、盲目贬低的现象，这是当前教育界面临的一个新课题。忘记过去就等于背叛，丢掉本民族优秀的文化内核，就等于失去了灵魂。社会主义核心价值观将社会主义本质属性与中华优秀传统文化的核心理念以大众化、简洁化的形式呈现出来，这为大学生认同中华优秀传统文化提供了便捷的载体。践行社会主义核心价值观，能够使大学生更好地传承中华优秀传统文化，增强文化自信。

一方面，社会主义核心价值观以中华优秀传统文化为根基，使传统文化更显厚重感和历史感；另一方面，社会主义核心价值观顺应时代发展的潮流，彰显时代特色。同时，社会主义核心价值观与文化自觉和文化自信密不可分。核心价值观是一个国家文化软实力的重要体现，是衡量一个国家文明程度的重要标尺，是社会意识形态的本质体现。核心价值观是一个国家的主心骨，主心骨不能歪、不能倒。社会主义核心价值观引领着社会风尚的发展方向，引导着社会主义市场经济的正常运行，是一个国家的文化软实力的体现。践行社会主义核心价值观，有利于完善中国特色社会主义理论体系，巩固马克思主义的指导地位，有利于提升我国的文化软实力和民族自尊心、自信心，推动中华文化更好地走向世界，从而增强民众的文化自觉和文化自信。

四、有利于实现中华民族伟大复兴

青年是充满朝气、充满希望、充满活力的一代，他们有理想，有道德，敢于拼搏，敢于创新。大学生作为青年的骨干、社会的栋梁、祖国的未来，是实现中华民族伟大复兴的中坚力量。在改革开放历史背景下成长起来的当代大学生，是继往开来的一代新人，肩负着民族复兴的历史使命。所谓继往，就是要传承中华优秀传统文化，继承革命优良作风；所谓开来，就是要着眼于当今时代的基本国情、基本世情，沿着中国特色社会主义道路，实现中华民族伟大复兴。天下兴亡，匹夫有责，青年学生从来都与国家、民族的命运紧密相连，是各个时期历史使命的具体承担者。实现中华民族伟大复兴，需要每一位社会成员共同努力。

中国共产党从建党之初就把"人民利益高于一切"鲜明地写在了自己的旗帜上，除了国家、民族、人民的利益，没有任何自己的特殊利益。毛泽东早在新中国成立之初就提出了我国发展的目标，指出"这个富，是共同的富，这个强,是共同的强,大家都有份"①。改革开放之后,邓小平提出了社会主义的本质是解放生产力、发展生产力,消灭剥削、消除两极分化,最终达到共同富裕。经过 40 多年的发展,人民群众的物质和精神生活不断丰富,中国也不断强大起来。中国特色社会主义进入新时代,我们走上了实现全体人民共同富裕的新征程。

青年人生活的时代不同,其历史责任与使命也相应地有所不同。当代青年很少像过去那样,在战场或艰苦的环境中经受刻苦的锻炼,但是当代青年同样要对自己负责、对他人负责、对社会负责、对国家和民族负责,这是当代青年成长、成才的基础。中国特色社会主义事业是面向未来的事业,需要一代又一代有志青年接续奋斗。当代青年是建设中国特色社会主义的主力军,是实现中华民族伟大复兴的主要力量,他们要把自己的命运与国家的命运、民族的命运紧密联系在一起,义不容辞地承担起历史赋予的光荣使命,积极投身于中国特色社会主义事业的伟大实践中,让青春在实现中华民族伟大复兴的征程中焕发出绚丽光彩。

---

① 百炼成钢|毛泽东最早一次提出"共同的富"是在何时?[EB/OL]. https://www.12371.cn/2021/04/30/VIDE1619782084219220.shtml.(2021-04-30).

第五章
高校社会主义核心价值观的
培育与实践

　　本章全面阐述高校在培育社会主义核心价值观方面的基本要求、实践思路的探索及实施策略的制定，旨在为高校提供一套系统化的培育体系，推动社会主义核心价值观植根于校园内并在实践中得到应用。

第一节　培育的基本要求

　　当今高校不仅仅是意识形态的前沿阵地，也是国民教育的重要阵地，比较容易受到社会中各种思潮的影响。社会主义核心价值观在高校培育的成效事关社会主义可靠接班人的培育，事关中国特色社会主义事业的兴衰。因而，相关主体应充分认识到社会主义核心价值观养成的重要性，立足于"培育"和"践行"两个着力点，把握其基本要求，将高校打造成弘扬和传播社会主义核心价值观的精神家园。

一、要与当代大学生思想变化的特点一致

　　党和政府历来高度重视高校社会主义核心价值观的培育工作，通过社会主义核心价值观的培育，激发大学生的学习主动性和积极性，帮助他们树立正确的世界观、人生观与价值观。在社会主义核心价值观培育的过程中，要坚持"以人为本"，一切培育活动要体现人性、考虑人情、尊重人权，把大学生看作社会主义核心价值观教育的出发点和落脚点。

　　当前，大学生面临的竞争与挑战更加激烈，他们迫切希望成才，这也成为青年学生职业发展的内在驱动力。因此，社会主义核心价值观的培育只有与大学生的实际需要相契合，才能真正调动大学生的积极性，使其主动接受价值观教育；只有从大学生的实际情况出发，以人为本，切实关心并解决他们的实际困难，才能满足其需求。所以，高校需要研究他们的需求和

关注的热点问题，分析他们的思维方式，找到他们在意识形态方面出现的问题，从而展开具有针对性的教育。就教育方法而言，要不断贴近大学生的认知特点，找准共鸣点和利益的交汇点，切实做到培育工作对象化、接地气。

二、要与高校思想政治教育规范要求一致

社会主义核心价值观呈现出的社会主义意识形态的特点，为新时代思想政治教育提供了新的内容。由于当前高校意识形态的多元化，只有紧紧抓住社会主义核心价值观，才能抓住思想政治教育的灵魂。用社会主义核心价值观帮助广大在校大学生树立正确的世界观、人生观和价值观，既体现了中国特色社会主义事业发展对于人才的要求，也是青年学生健康成长的需要。学校应将社会主义核心价值观的培育落实到各个环节中，充分发挥课堂、实践、环境和活动的育人作用。

第一，无论是高校还是教师都需要明确社会主义核心价值观培育的主题和目标，清楚各自在培育过程中的责任与义务，将社会主义核心价值观的培育落实到各个环节，让大学生潜移默化地接受和内化。

第二，要注意把握适度、适时和适情的原则。整体来说，我们强调得比较多的是政治性功能、社会性功能、单层面人格培养功能和限制性功能，而对生产性功能、个体性功能、多层面人格培养功能和发展功能则有所忽视。[①]在进行大学生社会主义核心价值观培育的过程中，要循序渐进、有的放矢，如此，才能发挥学校与教师的作用，整合相关教育资源，从而较为有效地优化社会主义核心价值观引领大学生价值观教育的效果。

---

① 鲁洁. 超越与创新[M]. 北京：人民教育出版社，2001：232-242.

三、要与当代社会发展的需求和方向一致

高校在进行社会主义核心价值观培育的过程中，需要将其与青年学生的健康发展结合起来。高校正在进行的社会主义核心价值观培育就是要进一步加强马克思主义的指导地位，并用最新理论成果武装和教育学生；用共同理想凝聚力量，用实现中华民族伟大复兴引领社会风尚，巩固全党、全国各族人民共同奋斗的思想基础。

社会主义核心价值观为当代大学生的价值观教育提供了正确的价值导向、强大的精神动力和坚实的思想基础。新形势下，我们只有真正认识和了解社会主义核心价值观，才能确保正确的方向。大学生也只有在接受社会主义核心价值观教育的基础上，才能勇于承担自己的社会责任，积极投身报效祖国，尊重和发现美，在服务社会发展与促进自身全面发展的过程中实现辩证统一。

第二节　实践思路的探索

本节从实践的角度出发，重点对高校培育和践行社会主义核心价值观的实践思路进行分析与阐述。

一、社会主义核心价值观与实践育人相结合的实践思路

（一）理论概述

实践是社会主义核心价值观的根源所在。马克思提出了"实践"这一概念，认为实践不仅是人的本质范畴，也是社会生活的本质范畴。

他在《关于费尔巴哈的提纲》中提出了自己的实践论观点，认为"实践"是一种感性的活动或对象性的活动，无论从人类社会的起源、基本内容还是发展变化来看，社会在本质上都是实践的。他从主体与客体的对象性关系中把握和理解"实践"的本质，归结出社会生活在本质上都是实践的。[①]

社会主义核心价值观是植根于中国特色社会主义实践中的价值目标和价值理念，也是实践经验不断升华的结果，它的根本目的与归宿都是实践。社会主义核心价值观最为直接的实践基础就是改革开放。改革开放以来的时期，不仅仅是社会发生深刻变革的时期，也是社会主义核心价值观逐步深入人心的过程。一路走来，我们运用的中国特色社会主义的理论和制度都反映了社会主义核心价值观的内在要求。社会主义核心价值观的形成，吸收了包括世界社会主义发展的实践经验和世界各国谋求发展的实践经验在内的人类的一切优秀文明成果。总而言之，社会主义核心价值观是中国共产党领导中国人民在建设中国特色社会主义伟大实践中做出的符合社会发展规律和时代进步要求的价值选择。

在中国特色社会主义发展过程中，不仅需要社会主义核心价值观凝聚力量，还需要社会主义核心价值观指引前进方向和提供文化支撑。中国特色社会主义的价值目标就是社会主义核心价值观，这也是推动中国阔步前进的精神旗帜。当今世界局势发生了前所未有的变化，经济全球化快速推进、综合国力竞争日趋激烈，在中国高校进行社会主义核心价值观培育，不仅能进一步加强马克思主义的指导地位，也有利于巩固全党和全国各族人民团结奋斗的共同思想基础。

（二）社会实践是培育和践行社会主义核心价值观的有效路径

"实践—认识—再实践—再认识"这一马克思主义认识论的基本规律同

---

① 中共中央马克思恩格斯列宁斯大林著作编译局编. 马克思恩格斯选集(第一卷)[M]. 北京：人民出版社，1995：60.

样适用于社会主义核心价值观的培育和践行。社会主义核心价值观来源于实践，同时又能指导实践，可以在实践中进一步完善和发展。社会主义核心价值观也只有融入社会实践中，才能更好地被人们认识和践行。习近平总书记在多次讲话中提及社会主义核心价值观的培育和践行，更是明确了"知行合一"的要求。他说："道不可坐论，德不能空谈。于实处用力，从知行合一上下功夫，核心价值观才能内化为人们的精神追求，外化为人们的自觉行动。"①

中共中央办公厅印发的《关于培育和践行社会主义核心价值观的意见》指出，"拓展青少年培育和践行社会主义核心价值观的有效途径。注重发挥社会实践的养成作用，完善实践教育教学体系，开发实践课程和活动课程，加强实践育人基地建设，打造大学生校外实践教育基地、高职实训基地、青少年社会实践活动基地，组织青少年参加力所能及的生产劳动和爱心公益活动、益德益智的科研发明和创新创造活动、形式多样的志愿服务和勤工俭学活动。注重发挥校园文化的熏陶作用，加强学校报刊、广播电视、网络建设，完善校园文化活动设施，重视校园人文环境培育和周边环境整治，建设体现社会主义特点、时代特征、学校特色的校园文化"。各高校在社会主义核心价值观培育中，应采取下列措施，以强化社会实践的养成作用：一是深化实践教育教学体系的挖掘；二是开发更多实践和活动课程；三是强化育人基地建设；四是组织青年学生参与各类生产劳动、公益活动及其他有益活动。同时，要凸显校园文化的育人功能，加强文化设施建设，打造富有社会主义特点、时代特征、学校特色的校园文化。

（三）实践养成的方法

习近平总书记指出："核心价值观的养成绝非一日之功，要坚持由易到

---

① 习近平：青年要自觉践行社会主义核心价值观——在北京大学师生座谈会上的讲话（2014年5月4日）[EB/OL]. https://jhsjk.people.cn/article/24973220.（2014-05-05）.

难、由近及远，努力把核心价值观的要求变成日常的行为准则，进而形成自觉奉行的信念理念。"①就大学生实践的养成方法而言，主要包括社会考察法、劳动教育法和服务体验法。

1. 社会考察法

这种方法通过引导受教育者按照一定的计划、程序和方式认识社会现象，分析社会问题，从而使其思想认识得以提高。在社会考察的过程中，可以通过观察、访谈、问卷调查等不同方式，从不同角度对社会进行认识。比如，可以让受教育者参与不同内容的访谈、问卷调查，有目的、有计划地接受社会主义核心价值观教育。

2. 劳动教育法

这种方法的重点是让受教育者参与一定的社会生产（物质生产和精神生产）劳动，使其在劳动过程中切身体验社会主义核心价值观的基本内涵，并在此过程中逐步养成社会主义核心价值观所要求的基本素养。例如，在充当博物馆义务讲解员过程中，感受爱国主义情感，在平凡的工作岗位上体验爱岗敬业的职业道德，等等。

3. 服务体验法

这种方法是让受教育者运用自身拥有的技能、知识、体力等素质，为社会提供一定的服务，使其在服务过程中感受自身价值的同时，体验社会主义核心价值观的基本要求。比如，通过"三下乡"活动让大学生了解中国国情，观察社会现实，并用自身所学知识帮助有需要的人，让其体会到诚信、公平、友爱、公正等社会主义核心价值观的基本要求。

---

① 习近平：青年要自觉践行社会主义核心价值观——在北京大学师生座谈会上的讲话（2014 年 5 月 4 日）[EB/OL]. https://jhsjk.people.cn/article/24973220.（2014-05-05）.

二、社会主义核心价值观与教育教学相结合的实践思路

（一）理论概述

在高校，社会主义核心价值观传导依然聚焦教育教学过程，这一过程无疑涉及"强震"与"共振"效应的多元变量关系。其理论演绎本身的正确性、权威性和学理性，以及传导过程本身的针对性、感受性和引领性，决定了其目标的正确性、权威性和学理性。

（二）多元化的价值观背景

伴随着经济社会的快速发展，中国的社会价值取向逐渐从"一条大河波浪宽"的一元形态，转变为"千江有水千江月"的多元形态，而当代大学生的价值观也在发生着显而易见的深刻变化。无论是在群体外显的价值态度上，还是在自身内在的价值追求上，在大学生群体中，由意义世界的感性化、精神世界的分众化、认知世界的多元化、情感世界的碎片化等导致的对抽象语义概念的淡漠疏离，对主体角色作用的自我尊崇，对形象生活本体的亲和关注，已是毋庸置疑的现实。

当下社会价值主导与个体价值选择之间的博弈困境提示我们，对于社会主义核心价值观的教育教学过程而言，一方面，需要准确和清晰地阐述社会主义核心价值观理论语义的正确性；另一方面，需要密切关注亟待解决的问题。为了使教育过程具有针对性、感受性和引领性，应直面问题的教学起点设计、回应问题的教学模式建构和分享问题的教学角色转换。唯此，才可以使社会主义核心价值观的无形概念演进为有形内容，并从有形内容升华为无形氛围，进而自觉地成为人们心里认同的精神追求，真实地转化为大学生耳濡目染的行为范式，持续地融入大学生感同身受的生活情境中。

面对今天分众化的学生群体，社会主义核心价值观教育教学过程为突出

其针对性而以直面问题的教学起点设计为前提。随着社会的开放及包括互联网在内的新科技的广泛应用，现代信息社会的扁平化形态和矩阵型架构已经取代了传统教育的宝塔式形态与直线形架构。在各种思想文化相互激荡的环境中，今天群体心理的偏移、分众特征的显著、意见表达的个性化都已是不争的事实。

当今，像学生这样的受众群体，他们在对社会主义核心价值观的认知状态、接受方式和参与等方面都存在差异，也会呈现出同质性的群体心理的一致性。乃至于在同一范畴的学生群体内部，会因个体的各种主观因素差异而表现出不同。然而，任何有效而出色的教育教学都是引领学生逐步实现价值重构或价值增值的过程。思想政治理论课程教学领域真正的优秀教师，不单单是勇于直面并解决问题的人，更是敢于提出并研究问题的人。教学在于彼此分享，而不是自说自话。如果双方不能从相互都认同的话题、面对的问题开始破题，找不到彼此思想探究与心灵对话的关联度和一致点，关注将不复存在，教学将难以维系。

（三）学生认知的来源

在当下多元的社会文化氛围与网络信息环境中，学生的认知会受到现实环境的影响，包括他们所处的社会发展环境、生活成长环境或家庭情感环境等。在很大程度上，大学生通过社会交往、情境交往实践和人际交往的认知实践等主体实践活动形成的觉悟，成为他们产生认同的决定性因素。

对于当代大学生来说，他们往往依据自己的主观感受和直接体验的情感倾向来决定信息选择的心理倾向。他们积极介入并主动选择接收思想传播的过程，这不仅是认知和参与的过程，更是情感介入的过程。在教学内容中，抑或教师扮演的角色中，良好的感受力与感染力均能为大学生打开理解与认同的"窗户"。

三、榜样示范——践行社会主义核心价值观的实践思路

（一）理论概述

社会主义核心价值观的培育是一个长期而艰巨的过程,而构建潜移默化、润物无声的长效机制,探索身边榜样发挥示范引领作用的机制,是一项重要工作。培育社会主义核心价值观,发挥身边榜样的积极作用,关键在于挖掘学生的内在动力,促进聚焦、理解、认同、内化全过程的完成,引导大学生对社会主义核心价值观的态度从共鸣转为内化,从内化转为根植于内心,进而转化为学生自觉自愿的行动,实现"知行合一"。

（二）榜样的作用

中国有句习语:"榜样的力量是无穷的。"在树立榜样的过程中,氛围的营造是推动形成"赶学比超"的热潮、形成生态土壤和文化传统的关键因素。

树立典型与榜样教育是大学生思想政治教育工作中最为基本、最为生动,也是最为常用的方法。最早的教育就是榜样教育,如此可以使榜样教育润物细无声,这种形式也最为有效。加之人们的心理总是呈现出强烈的自我意识、明显的竞争性和学习榜样的特点,所以人们也必然会受到身边榜样的教育与感化。因此,将榜样教育全过程化,能使教育产生潜移默化的作用,能够充分激发大学生学习的内在动力,更好地提高榜样教育的针对性、影响力和感染力。

（三）对榜样的要求

1. 榜样要体现群众性

在强调榜样的群众性时,我们首先要认识到其形成机制中的民主性核心。随着人们的价值观念和行为方式的日趋多元化,以及现代大众传媒尤其是网络媒体的迅猛发展,原先通过特定社会组织、机构选拔、宣传、推广并树立

典型形象的教育作用正在逐渐减弱。因此，在大学生榜样形成的机制与方法上，不应局限于单一的模式或类型。然而，无论具体形式如何变化，选拔程序的民主性和规范性，以及大学生的广泛参与和深度投入，始终是榜样选拔机制不可或缺的特征。

2. 榜样要体现可学性

榜样应该强调从学生中来、到学生中去。榜样是现实生活中的，树立榜样的首要目的在于使大学生的现实生活有所改进，进而引导他们对理想生活有所向往。运用先进典型，特别是学生身边的先进典型开展学习教育，更清楚、更直观地告诉学生社会主义核心价值观的内涵及其如何实践，对于增强学生对社会主义核心价值观的认知，加强学生更加自觉和更加坚定地践行社会主义核心价值观，进一步促进大学生提高自身修养、树立远大理想，具有积极作用。大学生应该将身边那些言行举止符合社会主义核心价值观要求的普通人树立为学习的榜样。学生身边的先进典型，更能激起他们的强烈共鸣，从而促使他们进一步找到对应的学习榜样，找准努力方向，进而自觉培育和践行社会主义核心价值观。

3. 榜样要体现实践性

榜样教育要落地，关键在于将大学生对榜样的认知转化为自觉的学习与日常的生活行为。因而，榜样教育要让大学生真正地做到知行合一与知行统一。在实施榜样教育中，要将实践锻炼、行为养成作为重点，而不是仅仅让学生学习讨论、提高认识。在榜样学习活动的实际践行中，应着重让大学生深入理解和领会榜样言行的丰富内涵，对他们的心灵产生冲击。通过这样的持续实践和不断强化，可以引导学生将对榜样的学习模仿逐渐内化为自己的行为习惯，使其成为自身行为的一部分。

4. 榜样要体现时代性

榜样具有示范性与引导性，这就要求选择、推荐、宣传的榜样也应该符合当代社会发展的新要求，具有鲜明的时代特征。青年大学生学习的榜样不仅仅要来源于他们的生活，而且要高于他们的生活，呈现出人类理想世界的魅力与社会发展的客观要求。那些能成为大学生学习的榜样的人，应该是身上散发着时代光芒而又与大学生一同前进的人。

四、修身立德——内化社会主义核心价值观的实践思路

（一）理论概述

中国自古就是一个礼仪之邦，崇尚"正心、诚意、格物、致知、修身、齐家、治国、平天下"的价值观，更有"国无德不兴，人无德不立"的价值取向。可以说，道德是一种对国家、社会和个人都具有基础性意义的无形力量，要成为一个真正意义上的社会人，必须具备基本的道德素质。

纵观历史，任何时代的进步都离不开高尚道德的引领，社会发展也离不开道德力量的推动。正如康德的著名话语——世界上有两样东西能震撼人们的心灵，一个是我们心中崇高的道德标准，另一个是我们头顶上灿烂的星空。道德引导人们走向真善美，引导社会更加和谐，是任何时代都不可或缺的元素。坚持立德修身与培育和践行社会主义核心价值观，既有内在联系、密不可分，又相互促进、相互转化。

在中国，改革开放以来，道德建设一直受到党和政府的高度重视，逐步形成了深入人心的社会主义价值观念，道德模范和好人好事不断涌现，社会丑恶现象遭到强烈谴责，社会风尚呈现出健康发展的良好局面。同时，当前社会失德失范现象屡见不鲜，还存在不少亟待解决的突出问题。大学生作为社会的高知群体，身处深刻转型的社会，要肩负起时代的重任，立德修身无疑十分重要。

中国将社会主义核心价值观树立为精神旗帜，社会主义核心价值观养成是立德修身的价值导向，它深深植根于当代中国人民的伟大实践之中，植根

于中国特色社会主义伟大事业之中。社会主义核心价值观凝练和萃取了古今中外的道德精华，是当代中国价值观念的集中表达。当前，社会上诸多令人心酸的道德冷漠现象，其深层次原因可归结为核心价值观的缺失和困惑。道德修养上的"最美"，取决于对真善美价值的坚守。大学生社会主义核心价值观的养成，能够促进社会正能量的集体输出，推动社会正气和道德力量的持续增长。

（二）道德的作用

人与人、人与社会之间关系的调节，离不开道德这一价值体系。古人说"百行以德为首"，培育和践行社会主义核心价值观应以立德修身为重要任务。诚然，道德能够帮助人们做出善与恶、应当与不应当、正义与非正义等价值判断，确立自己的做人标准和价值目标，形成人的责任心和义务感。当下，从各高校涌现出的榜样人物、志愿者群体及其先进事迹中，我们感受到了道德的力量，听到了内心被触动的声音。

古人云"大学之道，在明明德，在亲民，在止于至善"（《大学》）。意大利诗人但丁也说过：道德常常能弥补知识的缺陷，而智慧却永远弥补不了道德的缺陷。在新的历史条件下，大学应当成为培育和践行社会主义核心价值观的主阵地、先行者和推动者。高校教师应当教育和引导大学生"扣好人生的第一粒扣子"，努力成为德智体美劳全面发展的社会主义建设者和接班人，为实现中华民族伟大复兴提供有力的道德支撑。当代大学生只有具备"以信立身、以诚处世"的诚信品格，才能创造良好的发展环境；有"善学者能，多能者成"的敬业作风，才能把握人生出彩的机会；有"天下兴亡，匹夫有责"的爱国精神，才能承担时代赋予的使命；有"取人为善、与人为善"的友善态度，才能形成和谐的人际关系。

大学生坚持立德修身，将社会主义核心价值观内化于心，不是一夜之间能够养成的，需要经历一个长期修养的过程。

（三）道德教育的批判与继承

中国儒学中的许多精华，特别是儒家学说的人本精神，对青少年道德教育的发展起着良好的作用。儒家学说主张以仁待人。孟子说："仁者爱人。"儒家还主张给老百姓一个宽松的生活环境，孟子说使民有五亩之宅、百亩之田，"必使仰足以事父母，俯足以畜妻子。乐岁终身饱，凶年免于死亡"（《孟子·梁惠王上》），即让老百姓有温饱的生活，减轻老百姓的劳役和负担，这样才能让老百姓有时间和精力从事生产劳动，使社会经济得到发展。

墨家学派主张"兼爱""非攻"，即让天下的老百姓互相亲爱，反对战争，这是民本主义思想的重要体现。墨子说："今天下无小大国，皆天之邑也；人无幼长贵贱，皆天之臣也。"（《墨子·法仪》）人们应该"强不执弱，众不劫寡，富不侮贫，贵不傲贱，诈不欺愚"（《墨子·兼爱中》）。墨家学派认为，人与人之间，不分贫富贵贱，都是平等的，实际上是让强者、富者同情弱者、贫者。

道家学派主张平均主义。老子说："高者抑之，下者举之；有余者损之，不足者补之。天之道，损有余而补不足。"（《老子·第七十七章》）老子也同情贫者、弱者，有极其浓厚的民本主义思想。

然而，在儒学中，也存在一些不利于青少年道德教育发展的因素，特别是儒家的等级制度，如"亲亲尊尊"制，强调关系越亲，地位越高，这种观念在现代社会已显得不合时宜。《中庸》中的"亲亲尊尊"正是儒家学说的重要内容之一。青少年道德教育要求形成新型的上下级关系，在人格上人人平等，因此，必须破除儒家的"亲亲尊尊"制度，广泛吸收社会上的贤能之士。

在青少年道德教育的发展过程中，我们必须批判地继承儒学的精华，去其糟粕。要极力营造一个以人本思想为指导的自然环境，正确地学习、继承儒学的人本主义精神和民本主义思想，这将对青少年道德教育产生巨大的作用和影响。

（四）道德提升

1. 读书——修身立德之本

读书、修身、立德是立身之本。读书求知，不仅是一项必不可少的"心灵工程"，更是对人生道德大厦的塑造，它既能修身，又能立德。

读一本好书，就像打开一扇知识之窗，走进一道亮丽风景，结交一位良师益友，能让我们丰富知识、增长智慧、远离浮华、陶冶情操。大学是学习经典、追求学问、确立价值观的殿堂。当代大学生要加强学习，使读书成为加强思想道德修养、培养高尚道德情操的有效手段，在学习经典著作中得到思想的进步、感情的慰藉，学会承担社会责任，坚定对社会主义核心价值观的认同。

2. 严以修身，知行合一

"知"和"行"是道德体现于生活、行动之中的两个方面。"知"是基础、前提，"行"是重点、关键，应当以"知"促"行"，以"行"促"知"。然而，"知之非艰，行之惟艰"，正确价值观的形成，既需要教育灌输，更离不开实践养成。大学生应坚持立德修身，从自己做起、从身边的日常小事做起，找准社会主义核心价值观和大学生学习、生活的结合点，使之内化为精神追求，外化为实际行动，在学习生活中彰显敬业、诚信、友善等道德品质，书写人生和事业的精彩篇章。

3. 自律和建设促进道德教育环境的形成

健康道德教育环境的形成离不开自律和建设。当代大学生个体思想品质、个性、心理和生理状况千差万别，需求也各不相同，但都面临着学习、成才、就业、人际交往和心理上的巨大压力。因此，对于大学生崇高的思想觉悟、高尚的道德品质、良好的行为规范的培育和形成而言，教育和管理必不可少。青少年道德教育必须有严密的组织和纪律，因为纪律是青少年道德教育的生命线。高校在培育和践行社会主义核心价值观时，需要在日常教育管理中体现价值导向，从培养大学生的爱国情感、远大志向、文明习惯、良好素质等基本工作做起,让那些践行社会主义核心价值观的行为获得鼓励和支持,违背社会主义核心价值观的行为受到相应的制约。

综上所述,我们简略地阐释了高校社会主义核心价值观养成的实践路径,将理论与实践相结合的观点提出来,希望日后高校在对学生进行社会主义核心价值观教育时能够借鉴,形成长效机制。

第三节　实施策略的制定

面对当代社会的新环境,高校应当从科学的视角出发,加强大学生思想政治教育,推动教育模式向培育和践行社会主义核心价值观的方向转变。同时,需要将这一核心价值观的理念渗透到校园活动的各个领域及教育活动的全过程中,旨在营造一种全面、全程、全员参与的育人环境。针对高校在培育社会主义核心价值观方面面临的问题,特拟定以下对策。

一、高校社会主义核心价值观教育的基本原则

高校长期开展思想政治教育活动的难点和重点,就是强化当代大学生的核心价值观。该教育模式必须结合当下国内教育的实际状况,立足大学生思想政治教育现状,掌握社会主义意识形态的主要原则,领会大学生核心价值观教育的本质,帮助大学生建立正确的价值观。

（一）坚持主体性原则

大学生是民族与国家发展的主力,针对目前我国社会呈现的多元化趋势,大学生真正接受和认可社会主义核心价值观十分重要,因此要集中力量致力于高校关于社会主义核心价值观的教育。因为只有全方位了解和认知社会主

义核心价值观的基本内涵，大学生才能自主展开学习创新，将了解的基本内容转化成自身的价值观建设。同时，高校教师要坚持实现目标的主体性原则，充分考虑到不同大学生的个体差异。每个大学生都是相对独立的主体，有自身的特点，如果单纯采用填鸭式的教育模式，会限制大学生的发展。面对我国多样化的社会文化环境，一定要明确和强化学生的主体地位，因为所有教育改革的目标最终都是适应学生的要求和变化。此外，在开展大学生社会主义核心价值观教育的过程中，高校教师必须注重主体与客体之间的有效沟通，切忌忽视大学生的主体认知；要重视大学生个体发展的内在本质要求和发展期望，尽最大努力挖掘大学生的潜能，确保所有大学生的主体地位得到保障，从而促使大学生自主接受和认知社会主义核心价值观。

（二）坚持时代性原则

教育的主体是人，而不同时代会孕育出各具特色的人才，因此教育必须适应时代的变化。单一、固定不变的教育模式必然会阻碍人才的全方面发展，这体现了教育的时代性特征。随着社会经济的不断发展，主体思想也呈现出特定时代的烙印。比如，"00后"大学生从小生活在物质条件相对优越的环境中，接触的西方文化较多，这使得他们成为矛盾的结合体：一方面，他们相对早熟；另一方面，很多心理特征又保留着童年的痕迹。针对这一矛盾特性，高校需要依据个体差异进行有针对性的教育，如果仍然沿用一成不变的教育方式，必定无法达到教育目的，因此教育改革势在必行。当然，教育的时代性也反映了新时代对我们提出的与时俱进的要求。在实际教育过程中，高校需要深入剖析学生的心理需求，设计出符合时代特征的教育方式和理念，以更有效地开展社会主义核心价值观教育。

（三）坚持实践性原则

目前，国内对大学生进行社会主义核心价值观教育主要依托课本内容，但这种泛泛而谈的理论教育往往缺乏实践环节，导致理论变得枯燥且难以引起学生的共鸣。许多大学生反映，思想政治教育课程内容显得不贴近实际且乏味。实际上，这些教育内容与我们的生活息息相关。然而，由于内容过于抽象，大学生往往难以理解其深层含义。为了使大学生更好地接受社会主义核心价值观教育，高校需要将抽象的理论知识转化为具体、生动且富有实际意义的内容，让它们变得可见可感。实践是实现这一转化的唯一有效方法。只有将理论与实践相结合，避免形式主义，才能确保教育内容的真正落地，即使再好的理论，如果不能得到实际应用，也难以被人们接纳和认同。

二、加强高校社会主义核心价值观教育的实践策略

如果想做好当下大学生的思想政治教育工作，高校就必须加强大学生社会主义核心价值观教育，将教育活动融入校园生活的方方面面，全面推动大学生思想教育的发展。结合国内外社会主义核心价值观教育历程，针对国内高校价值观教育情况，我们提出以下几点建议。

（一）社会主义核心价值观线下教育方法

1. 发挥思想政治理论课的主渠道作用

对于目前的大学生社会主义核心价值观教育而言，院校的思想政治理论课十分重要，也是展开思想政治教育的重要方式。因此，如果想充分发挥该方式的功能和效用，切实提升全民的思想政治教育水平，就要以社会主义核心价值观教育为主要前提。

（1）调整高校思想政治课的教育方式和教育内容

高校思想政治课的教育方式和内容急需进行全方位的调整与改变。为了切实达到实际教育效果，高校首先需要深入了解当代大学生的基本特征，并

据此做出相应的改变和调整。例如，鉴于当前课堂上一些大学生的注意力有限的问题，教师应充分考虑课程设置和安排的合理性，通过精简课程内容和缩短上课时间，更好地适应大学生的学习节奏。同时，固有的核心价值观教育项目往往过于单调，仅强调个体对国家、社会、集体的服从，以及个体为社会提供的价值，较少关注个人的权益和价值，这与当代大学生追求自由的价值观的心理相悖，容易使其产生抵触情绪，从而难以实现教学目标。

因此，在教育过程中，教师必须科学地引入尊重个体思想的理念，引导大学生明确如何实现个人价值，将社会理想与个人理想有机结合。此外，教师还应采用更具吸引力的教育方式，如利用现代技术，让学生更加直观地体验和理解社会主义核心价值观的内容，从而增强教育的针对性和实效性。

（2）引入现代科学技术，打破传统教学形式

大学生社会主义核心价值观的培育，不能单纯依赖旧有的教育流程。在多元化的环境中，高校教师必须打破传统的教学形式，借助现代高科技手段实施教育活动，可以通过专题教学与常规教学有效结合的方式，进行社会主义核心价值观教育。比如，以专题讲座的形式，及时对国内甚至全球热点话题、国家的根本战略发展，以及目前大学生关注的问题展开传递，从而在一定程度上激发他们的学习兴趣。同时，结合大学生的个人喜好，为其提供适合的社会主义核心价值观教育内容，这样往往会取得事半功倍的效果。此外，高校思想政治课程教师应该不断调整社会主义核心价值观教育的活动流程，总结经验，积极创新教育形式，更新知识体系。高校思想政治课程教师需要在活动中做好引导和协助工作，将教育的重点放在大学生身上，以大学生为主体，改变传统的教学方式，充分发挥高校思想政治理论课的主渠道作用。在开展选修及专业课程教学时，高校相关教师应该将社会主义核心价值观融入教育活动和实践中，以培养学生的独立思考能力和探索创新能力。

2. 开展主题性社会实践活动

大学生通过深入了解社会和国家情况的方式参与社会实践活动，不断累积社会阅历、丰富知识、培育品行及磨炼意志。社会实践因其深层体验、情

景公开、方式多样、参与主体广泛及易于接受等特性，成了一种有效的教育手段。借助社会实践，大学生能够显著提升在社会活动中改造和认知社会的能力，并强化他们的社会责任意识，帮助他们将社会实践活动与日常学习有效结合。此外，社会实践还能引导学生反思和改革自身的价值理念，最终培养谨慎谦虚、刻苦拼搏的品质。

社会活动与高校的社会主义核心价值观教育不可分割，是学生社会主义核心价值观达成的主要渠道，也是推动大学生建立核心价值观的主要力量。因此，高校需要依照话题内容积极开展和拓展校内外活动，提供更大的活动空间，开展社会调研、社会实践和生产活动，开展红色之旅学习，逐步探索红色资源对于学生建立社会主义核心价值观的价值。同时，在劳动节、五四青年节、建党节等关键节日，为大学生提供交流的机会，组织知识竞赛、读书分享、演讲、讲座等主题实践和社会实践活动。在教师的指导下，鼓励大学生积极参与社会实践活动，培养他们的实践、写作、查看、怀疑及辩驳能力。此外，高校要重视多元化社会行为的形成，可以通过社会调研和生产实践等常规方式，或者专业观察、技术发明、志愿活动、专业实习、公益实践、兼职、模拟活动及网络监管等多种形式，满足不同专业和兴趣爱好的学生的基本要求。高校应引导他们在这些社会活动中不断提升思想境界、锻炼坚韧意志、提高思想觉悟，从而自觉践行社会主义核心价值观，并设定活动标准，促进理论与实践的深度结合。

3. 加强对大学生的心理健康教育

当前，我国市场经济蓬勃发展，政治机制不断调整，同时国际文化交流日益频繁。高校作为社会的缩影，不可避免地会受到这些变化的影响。大学生在校园生活中，首先会感受到来自多种文化思想的冲突，但由于他们的社会经验相对有限，思想方法较为单一，面对这些冲突和矛盾时，往往会感到迷茫。此外，大学生正处于受教育阶段，肩负着多重责任，他们对自己有很高的期待，渴望成功。尤其是对于那些远离家乡、独自在外求学的学生而言，他们可能会感到孤独和迷茫。在心理尚不成熟的情况下，他们的心理容易变得复杂且脆弱。如果缺乏关爱和支持，他们可能会陷入多种价值取向的矛盾之中，难以形成科学的价值观。

对于高年级的学生，如大三、大四的学生而言，找工作的压力、社会竞争的激烈及职业选择的困惑，都可能会使他们心里产生波动。对于大学生，高校必须提供充分的人文关爱和心理健康教育。这不仅能帮助他们缓解内心的冲突，更好地认识社会发展状况，还能强化他们的核心价值观。高校要将心理健康教育与思想教育紧密结合，引导大学生深入理解社会主义核心价值观的要义。

4. 加强高校校园文化建设

校园文化对大学生价值观形成的作用很大，因此高校要构建积极向上的校园文化环境，加强校园文化建设，提高教师的综合素质，强化大学生思想政治教育。我们建议从如下几个方面营造校园文化环境。

第一，建设有特点的校风文化。各高校应该充分发掘校园传统，将学校发展史融入校园文化教育中，形成独立的品牌风格。同时，开展师德教育，加强学生管理，营造良性的沟通氛围，建立教师以教学为职责、学校以育人为根本的校园风气。

第二，开展广泛的校园文化活动。积极设计有意义的思想政治活动，调动学生的积极性，坚决抵制老套、无趣的活动，将社会主义核心价值观充分渗透到文化活动中，让大学生在潜移默化中接受社会主义核心价值观。例如，在五四青年节等大型节日，开展歌颂比赛及相关讲座等。

第三，加强校园文化建设。建设校园文化环境，邀请事业有成的校友回到学校为大学生做演讲，用他们的成功经历和取得的成绩激励大学生积极向上，传播正能量。

5. 引入新型大学生核心价值观教育方式

（1）显性教育与隐性教育相结合的方法

长期以来，我国主要采用显性教育的形式来开展思想政治教育。这一模式展现了教育的局限性，即过于重视理论学习，忽略了实践力，填鸭灌输式的教育模式极易忽视学生的心理活动建设，会影响我国高校的思想政治教育成果。因此，结合实际，我们提出如下建议。

第一，在加强显性教育的同时，高校也应提高隐性教育的渗透力。高校应特别关注教育者的教学方式，鼓励他们将抽象的理论知识转化为通俗易懂的表述，以保证教学内容的知识性、整体性、理论性和可接受性。此外，高校要注重提高受教育者的主观能动性，激发他们的学习热情和兴趣。同时，高校应重视将社会科学教育与社会主义核心价值观的理念相结合，通过社会科学教育的过程，不断宣传和弘扬社会主义核心价值观的宗旨。这样不仅可以丰富教育内容，还能有效促进受教育者建立正确的价值观，为他们的全面发展奠定坚实的基础。

第二，鼓励教育者用自身的经历去教育学生。教师在学生心目中有着崇高的地位，因此教师可以利用自身的经验带领学生去感受和理解课本知识，这样学生更容易理解和接纳。同时，教师也要对自身的道德品质有一定的要求，思想政治教师一定要严格要求自己，以自身正确的思想引领学生发展。

（2）充分利用网络加强大学生社会主义核心价值观教育

如今，在教育过程中，网络的功能越来越强大，因此高校可以合理利用网络开展社会主义核心价值观教育。我们针对网络平台对高校实施社会主义核心价值观教育提出以下几点建议。

第一，高校的教育以校园网为网络基础，因此必须致力于营造积极健康的校园网氛围。要加强对学生网络活动的关注，积极引导社会舆论，促进大学生通过校园网这一平台建立正确的价值观。为了强化网络带来的隐性教育方式，可以将课堂上所需的课件内容上传到校园网，同时将社会中的成功人物的经历制作成生动形象的动画案例。这种隐性教育的形式，旨在创建一种既具娱乐性又富有教育性的文化氛围，引导大学生形成正确的价值观，最终促进社会主义核心价值观教育的深入实施。

第二，要建立专门的互动平台，拉近教师和学生之间的距离，提升彼此的认同度。当发现网络上有人对社会热点话题存在分歧时，教师可以积极利用这一平台，引导学生展开讨论。这样的讨论不仅能够提高学生在辩论和探究过程中处理难题的能力，还能深化他们对课堂上所学理论内容的理解，并鼓励他们将这些知识应用到实际生活中。这种方式可以有效提升大学生抵抗不良网络信息的能力。

（3）丰富高校社会主义核心价值观教育形式，倡导社会主流文化

高校是社会思想理念产生、传递和扩散的重要场所，如今的大学生日益广泛地接触国外的多元文化，思想也呈现出从单一向多元化转变的趋势。因此，合理强化当代大学生的核心价值观，成为高校当前的重要工作目标。为实现这一目标，高校必须持续加强对大学生核心价值观教育方向和方法的研究与分析。通过专业的调研，制定符合大学生特点的教育模式，积极宣传主流思想，并坚持将培育和践行社会主义核心价值观作为高校开展思想政治教育活动的主要方向。在多元文化共存与碰撞的背景下，高校要坚持社会主义先进文化的发展需求，倡导积极文化，尊重多元化，同时坚决对抗不良文化，并关注学生的个性化发展。

高校在开展思想政治教育活动时，应以马克思主义为指导，组织丰富多彩的文化活动，利用校园网、教师团队和文化基地等载体来影响大学生，引导他们正确认识科学文化的多样性，科学地处理多元与一元的关系，倡导积极的社会文化，对社会亚文化进行规范和引导，坚决抵制不良文化。同时，高校应坚持将贯彻社会主义核心价值观教育作为构建和谐校园文化的核心目标，并为校园文化构建提供明确的指导，以培养出具有正确价值观、良好道德品质和高度社会责任感的新时代大学生。

（二）社会主义核心价值观网络教育法

1. 大学生社会主义核心价值观网络教育法的内涵阐释

什么是网络教育法？在互联网迅猛发展的今天，大学生的思想、行为很

容易受到网络信息的影响。目前，我国网民数量庞大，其中学生群体规模占比较大。大学生喜欢上网，通常通过各种网络媒体平台获取新闻信息、娱乐动态和学习知识等，在这个过程中，自然也会受到一些不良信息的影响，这会对其社会主义核心价值观的形成产生不利影响。

建立一个良性网络学习环境，对于促进大学生社会主义核心价值观的形成有非常积极的作用。因此，高校教育工作者应该重视网络运用与管理，深入研究网络教育方法，将社会主义核心价值观教育融入网络媒体之中，占领网络教育的高地，顺应时代发展的需求，促进大学生社会主义核心价值观的形成。

大学生社会主义核心价值观网络教育法与网络思想政治教育法在内容上存在差异，侧重点也不同。自社会主义核心价值观提出后，各大高校纷纷在思想政治教育中引入其思想内容，这使得思想政治教育内容更加具体、方向更加明确。部分研究者认为，网络思想政治教育法就是传统思想政治教育法在网络上的延伸和拓展；还有一部分研究者认为，网络思想政治教育法是指将网络作为工具，在虚拟空间展开的人与人思想的交流。虽然这种交流形式发生在虚拟环境中，但其交流的本质和内容是现实的。

网络思想政治教育具有互动性、交流性，但是在大多数情况下，人都是被动接收网络信息的，铺天盖地的网络信息与娱乐节目使人在享受与消遣中不自觉地形成了个人的价值取向。因此，我们认为，大学生社会主义核心价值观网络教育法是教育者为了提升社会主义核心价值观教育的效果，有效利用网络平台，逐渐形成的各种具体网络教育方法的总称。

2. 大学生社会主义核心价值观网络教育具体方法

（1）利用新媒体推动高校课程建设，注重社会主义核心价值观教育的点滴积累

高校应充分利用新媒体技术丰富课程教学建设，充分发挥新媒体在新时代的传播功能，以此促使课堂教学实现短时高效且充满趣味的目标。通过日常的点滴积累，教师要引导大学生逐步深入理解和认同社会主义核心价值观，

从而使其内化为大学生的自觉行动和价值追求。我们认为应该主要从以下两方面开展。

第一，适应学生习惯，提升课程的吸引力。一方面，高校应运用多媒体技术，将社会主义核心价值观的理论知识转化为生动、具体的小故事，将社会大问题融入日常生活的小细节中。在课堂教学中，将看似遥不可及的大事件与学生个人的切身利益进行连接，帮助学生更直观地理解和接受课堂内容，从而树立正确的价值观。另一方面，高校应充分尊重并提高学生的主体地位，鼓励他们通过新媒体平台积极接纳和吸收课堂知识。例如，学生可以随时随地通过微博和微信平台点播课程内容，深入了解社会主义核心价值观。同时，可以增设名师微博，对当下社会的热点问题展开深入分析和阐述，引导学生形成独立思考的习惯。这样大学生就能利用手机等多媒体设备，在网络环境中学习并将社会主义核心价值观内化，促进高校对社会主义核心价值观的持续推广。

第二，整体设计课程，防止知识碎片化。新媒体课堂教学不仅丰富了教学内容，还极大地吸引了学生的注意。然而，这也导致一些学生只关注表面的热闹，忽视了教学内容的深度。同时，微博、微信等平台因其短时、高效的特点，容易使复杂多样的知识碎片化。尽管这种快餐式的信息传播方式容易被大学生接受，但其信息的片面性、肤浅性和不系统性，对学生的学习并无太大益处。因此，在设计和明确新媒体教学方式及教学目标时，教师需要将专业知识课程与新闻热点有效结合，将影响力较大的不良思维与国内现实情况结合起来，针对社会改革目标与我国社会当前面临的问题，将优秀的传统文化与国史党史教育完美融合。这样才能有效地衔接前后知识点，避免出现学生价值立场不坚定和观点混乱的现象。

（2）加快高校网络平台建设，注重社会主义核心价值观教育隐性宣传

高校的社会主义核心价值观教育不能采用填鸭式的方法，而是要在生活中强化隐性宣传，加快微博、网络社区和微信平台的建设，开创属于自己的宣传基地，具体可以从以下几方面进行。

第一，促进互动。在高校发展的各个阶段，新媒体平台的基础建设发挥着至关重要的作用。它不断打破组织壁垒，建立更加便捷的沟通渠道，促进

了学校、师生及各部门之间的有效沟通。在这一过程中，不仅要采用多样的沟通方式，还要确保信息的及时发布。通过社区讨论、在线课程学习和校园明星投票等活动，打破传统高校的活动限制，一方面能提升校园活动的透明度和参与度，另一方面也能拉近高校学生之间的距离，从而提升管理效率。大学生能否树立和坚持正确的价值观，能否真正践行公正、平等、友善、诚信等原则，关乎校园学习生活是否幸福，并且会直接影响大学生建立社会主义核心价值观的信念。因此，通过新媒体平台增进了解和深化互动，不仅能够积极推动和谐校园的建设，还能有效提升校园管理效率。

第二，加强宣传。一方面，高校要加强引导宣传，充分利用新媒体的广泛影响力，不断扩大社会主义核心价值观在网络空间的传播范围和深度；通过精心策划和制作高质量的内容，吸引更多网民关注和参与，形成积极向上的网络舆论氛围。另一方面，高校要强化马克思主义理论宣传阵营的建设，比如，通过建立名师微博、关联微信公众号等信息覆盖模式，更有效地引导和宣传主流价值观。这些平台可以成为传播正能量、弘扬主旋律的重要渠道。同时，高校还要掌握适当的隐性宣传方式，采用大学生易于接受的方式和语言风格，拉近与大学生之间的距离。通过运用真实的数据和历史材料，提高宣传内容的可信度和说服力，大学生可以在潜移默化中接受和认同社会主义核心价值观。

第三，加紧培养。高校应当有针对性地培养思想政治教育、社会实践、心理和网络领域的师资队伍。一方面，可以建立以高校辅导员为核心的网络思想政治教育团队，明确其岗位职责，提供有针对性的培训和学习机会，并将相关工作表现纳入辅导员的考核体系，引入适当的竞争机制，以促进团队优化；另一方面，重视培养各类专项活动的负责人，并建立健全校园文化活动策划与组织实施的机构。高校价值观教育的主要目标在于营造积极向上、充满活力的校园环境，打造独特的文化品牌，并提升校园文化的社会影响力。然而，当前高校校园活动的持续性和覆盖面仍存在不足，无法确保校园品牌文化的稳定发展。因此，高校需要进一步强化校园文化活动组织建设，努力营造一种高质量的教育环境和和谐的校园文化氛围。与此同时，高校还应鼓励教师充分利用微信、微博等社交媒体平台，拓宽社会主义核心价值观教育的网络传播渠道，在网络空间中树立正确的价值观导向。

（3）利用新媒体推动高校文化建设，增强学生对社会主义核心价值观的信心

高校进行社会主义核心价值观教育，应该尽力提升大学生的价值观自信，可以从以下几个方面入手。

第一，确立价值标准。当代大学生不喜欢喊口号，也不喜欢按照枯燥、烦琐的规章制度和行为守则行事。这些规章制度和行为守则虽然明确标注了行为标准，但很难改变大学生的价值标准，原因就在于其缺少人文关怀，缺少吸引大学生关注的知识点。高校平台可以利用新媒体的各种形式确定价值标准，比如，拍摄具有正能量的微电影，利用微信建立网络互动平台。采用标新立异的方式阐述道理，一定比背读标语更有效果，这也能逐步引导大学生形成和更好地践行社会主义核心价值观。

第二，树立正确的价值理想。一方面，要加强对微博、微信等平台的管理，防止网络给学生带来负面、错误的价值观念，并积极引导大学生建立正确的价值观体系；另一方面，要充分利用新媒体环境，创设积极向上的校园环境，建立具有独特魅力的校园文化氛围，以营造有影响力的大学文化。教师应当充分发挥新媒体的便捷性和时效性优势，将理想教育自然地融入大学生活的各个层面，循序渐进地引导大学生树立并坚守自己的理想信念。

第三，提升高校教师的媒体素养，打造核心价值观的"把关人"。面对大量质量参差不齐的信息，仅是简单地理解和使用操作新媒体，很难满足该阶段对高校教师的要求。除了基本的操作，高校教师还需要具备对信息进行筛选、甄别、传播的能力，并合理借助多媒体与学生展开互动。以辅导员作为组织代表的校园思想政治工作者是开展思想政治教育的主要力量，更是大学阶段学生成长、成才的引领者。高校教师应不断提升自身的媒体素养，将媒介教育融入日常教育管理中，引导学生正确看待社会问题，提升教育管理水平。

第四，通过 QQ、微信等工具建立数据库，针对目前出现的网络平台和

社交工具，建立跟踪学习模式，关注学生的动态，了解并学会使用工具，充分体察学生心理，学会用学生愿意接受的形式和语言来表达，并在自媒体上宣传社会主义核心价值观，传播正能量。同时，高校要把传承和弘扬中华优秀传统文化与践行和培育社会主义核心价值观结合在一起，不断增强大学生的价值观自信和文化自信。因此，新媒体不仅可以成为关注和了解学生的介质，也能成为引导、教育、管理学生的新阵地和新工具。

第五，创建可控学生意见领袖，打造核心价值观。高校中，学生意见领袖是新出现的领袖群体。在学生意见领袖中，社团骨干、学生干部、明星学生等属于相对可控领袖。这部分学生在线下具有宽广的校园人际网络，方便获取第一手有效信息，这可以让他们顺理成章地成为网络中的意见领袖。他们可以与其他学生进行信息交互，宣扬社会主义核心价值观。

（三）社会主义核心价值观自我教育法

1. 自我教育法的内涵阐释

大学生网络自律教育是针对网络行为失范问题而展开的思想教育。它不仅是大学生社会主义核心价值观教育的重要内容，也是有效减少网络犯罪、维护网络秩序、建设和谐社会的有效方法。网络媒体就是一把"双刃剑"，大学生在利用网络学习、生活和工作的同时，也出现了沉迷于网络游戏、网络恋情等网络失范行为，以及网络道德失范、情感冷漠、信仰危机、价值观错位等现象，更有甚者出现了角色混淆、畸形心理、反社会心理、交往障碍及网络综合征等网络心理疾病。这些大学生分不清真实与虚拟的区别，浪费了时间，有的人最终走上了犯罪的道路。网络失范行为的产生，不仅与网络管理的不规范有关，更与大学生自身的网络自律意识缺乏及网络心理健康问题有关。自律教育作为大学生网络道德教育的核心要点，其关键在于增强大学生的网络自律意识，引导他们正确使用网络。为此，开展网络心理健康教育，将心理健康教育与网络相结合，使之网络化，是加强网络道德建设的重要途径。这不仅有助于大学生在网络空间树立正确的价值观，更是抢占大学生社会主义核心价值观网络教育阵地的重要策略。

第一，加强网络心理健康教育。要想从根本上解决大学生网络心理问题，首先要引导大学生树立健康的网络心理观念。从大学生入学开始，就要让他们对网络有科学的认识，做到正确认识网络，客观评价网络，明确上网动机，分清网络弊端，正确辨别各种网络信息的真伪，及早认识到不正确运用网络对心理及生活造成的危害。其次，高校也可以依托心理健康教育网站来实施心理健康教育。目前，很多高校建立了自己的心理健康教育网站，如中南大学的高校心理在线、华南农业大学的心理辅导网站、湖南商学院的大学生心友网等。这些网站在内容方面主要涉及心理测试和心理问题的个案分析、心理健康知识、网上心理咨询、人际交往与人生规划的指导等，意在帮助大学生树立正确的人生观、价值观。在内容的设计方式方面，这些网站的管理者会关注大学生的心理特点，使内容具有时代感，能够满足大学生解决当前心理问题的需要。由于网络心理健康教育注重师生参与的平等性与互动性，学生更乐于就他们的网络心理问题及日常生活中的各种问题在网上与老师进行交流，弥补了单向、面对面地解决问题方法的不足。

第二，加强网络道德教育。网络自律意识培养的关键一环是要强化大学生网民的道德自律，强化网络监管机制的道德管理职能。网络本身具有技术性特征，这就使得法律难以进行及时的监管，因此网络立法的难度也很大。实际上，法律和道德同为调整网络行为的重要规范，高校首先要加强对大学生的网络道德教育。也就是说，要对大学生进行网络道德认知教育，让他们知道什么是允许做的，什么是不允许做的，培养他们的网德素养。一个网络道德认知水平低的大学生，是不可能拥有较强的网络自律意识的，因此也不会产生网络自律行为。除此之外，还要加强大学生的网络法规、网络安全防范意识及网络交往诚信意识教育等，让大学生树立正确的网上交往动机，积极防范网络不诚信行为，不做违背网络道德及网络法规的事情，为积极推动网络社会的文明与和谐而努力。对于那些严重违背网络规范行为的做法，要严格按照法律条文依法惩治。然而，惩罚不是最终目的，而是要通过惩罚实现网络道德自律，进而构建和谐的网络环境。

2. 大学生社会主义核心价值观自我教育方法

（1）自学自得法

自学自得法就是说要增强大学生学习社会主义核心价值观的主动性和积极性，不断提高自学能力，掌握社会主义核心价值观的基本内容，自觉将社会主义核心价值观精神与个人融为一体。孟子说："君子深造之以道，欲其自得之也。"（《孟子·离娄下》）这句话的意思是说，一个人要想在学习上获得高深的造诣，就要有一定的积极性和主动性。自学自得法强调读书并非仅仅为了阅读，而应致力于深入理解和吸收所学知识，使其内化为自己的知识。同样地，对于社会主义核心价值观的消化与认同，也需要大学生充分发挥自身的积极性和主动性，使用恰当的方法，通过学习来掌握其精神实质，并将其转化为自己的价值观念。

社会主义核心价值观是一个有机的统一体，具有特定的内涵和意义。大学生在进行社会主义核心价值观的自我学习时，首先要接触、搜集大量的相关材料，可以进行适当的整理和分类，然后根据个人的奋斗目标及自身的实际情况合理取舍，设计学习的步骤和方法，通过书面材料了解社会主义核心价值观的精神实质。目前，高校对大学生进行社会主义核心价值观教育的主要课程是思想政治理论公共课，其对应的教材是《习近平新时代中国特色社会主义思想概论》《思想道德与法治》《马克思主义基本原理概论》《毛泽东思想和中国特色社会主义理论体系概论》《中国近现代史纲要》。虽然这些教材蕴含了社会主义核心价值观的基本内容和精神，但仅仅通过这几类教材让大学生实现社会主义核心价值观的自我教育，还是远远不够的。因为这些教材的理论性与规范性较强，趣味性与感染性较弱，要把一种影响深远、意义深刻的价值观念体系转化为一种精神理念，远远不是只需要记住"三个倡导"就能够实现的，高校还需要在很多方面做一些引导工作。比如，高校可以联合出版诸如"中外名人记事""新时代大学生""近代华人受迫害案例集锦""日本侵华史略"等主题的著作，连同艾思奇的《大众哲学》一起作为课外阅读教材。这些书籍接近生活，具有较强的感染力。艾思奇的《大众哲学》通俗易懂，将深刻的哲理寓于生动的事例中，从世界观、认识论到方法论，都有浅明的解说。精湛的作品永远都会有它存在的价值，运用到今天的大学生社会主义核心价值观自我教育中，依然会激发学生学习哲学的热情，有助于其认识世界发展的规律，树立正确的世界观和人生观。

只是读这些书还是不够的，还要做到博约结合。博约结合就是大学生在自我学习中要遵循广博与专精的辩证关系，即把博学与精研结合起来。坚持博约结合，就是要广读，不能死抱课本不放，要广泛阅读和社会主义核心价值观相关的书籍，有比较才会有鉴别，丰富了知识，才能够拓宽思路，进而了解当今世界的形势及中国的发展现状。要进行这方面的专业学习，要想成为专家、学者，还必须精读更多书籍，做到"字求其训，句索其旨"，善于发现问题，展开思考，不断推动社会主义核心价值观向纵深方向发展。

学习社会主义核心价值观的目的就是自得，具体体现在知行统一之中。"知者行之使，行者知之成"（《传习录》），也就是说，行以知为指导才会行之有效，否则就是盲行，以行去验证知才是真知，否则就是空知。这就要求大学生在学习中把社会主义核心价值观的理论知识与实践行为结合起来，做到学而有用、表里如一，自觉提升个人的能力和素质，成为对家庭和社会有贡献的人。

（2）自我净化法

简单地说，自我净化就是个人在自我反省的基础上，进一步对隐藏在心灵深处的"污垢"进行清理。人的心灵是很容易被污染的，尤其是辨别是非能力较低的大学生更是如此，即使是阅历丰富的成年人，在物质或者其他利益的诱惑面前，心灵也极易受到污染，很容易出现腐化堕落的现象。因此，大学生在进行社会主义核心价值观自我教育的过程中，要善于发现心灵中的恶、清洗心灵中的恶，做到净化心灵、养育人性。

自我净化首先要求大学生能够做到内省。内省是一种积极的自我意识，是主体我对客体我进行的反思与评价。个人通过自我评价把自身的正价值与负价值区别开来，使负价值作为否定性的东西被排除在外，使正价值作为被弘扬的东西得以强调。内省又包括反思与反省，反思是内省的表层，反省则能深入到内心深处，是对自己的道德行为的评判。儒家思想家曾子严格要求自己，努力做到"吾日三省吾身"（《论语》）。"革命家谢觉哉曾经提出共产党员要学会'自讼'，学会自己跟自己'打官司'，自己当被告，自己当法官，自己当律师。"①这种勇于"自讼"的精神，值得我们学习。内省贵在坚持，形成制度，持之以恒，防止"一日曝，十日寒"。内省的方法有很多，包括写日记、静思等。的确，在静夜之际、临睡之前，打开日记，整理思想，反求内心，对错自然明了。对于错误的行为，大学生要勇于纠正，进行自赎。通过补偿过错行为以获得个人心理平衡，这是人的一种自然心向。善有善报、恶有恶报、违法必究、奖勤罚懒等都是善的心向表现，通过这些手段可以尽量挽回错误行为造成的损失。

通过不断地反省自己，当再次面对不良的诱惑时，大学生就能做到自我监督、自我控制，最终实现慎独。古今中外对优秀道德品质的评判标准在很大程度上是相似的，比如，尊重他人、诚实守信、善良与正义等。自我净化的最终结果是实现自新。自新就是一个由"错我"转变为"真我"的过程。当然，发现错误、纠正错误是一个痛苦的过程，提高自我认识、化解心理冲突、加强自我控制也并非一朝一夕的事情。在这个过程中，甚至还伴有不被理解和被鄙视等各种压力，因此大学生还要注意培养战胜自我的顽强毅力，坚持"真我"，持之以恒，最终打造全新的自己。

（3）互动自教法

互动自教法就是大学生在与人交往的过程中互相学习、互相受益的一种教育方法。每个人在社会中都会和其他人产生某种联系，和不同的人相处、交往，就会无意间受到他人的影响与暗示，或者是和其他人发生矛盾与冲突，等等。身处这些错综复杂的关系中，人也能从中学到很多东西。例如，我国古代社会非常注重在交往中学习知识，"三人行，必有我师""弟子不必不

---

① 翟贤军. 常跟自己"打官司" [EB/OL]. https://news.12371.cn/2013/08/26/ARTI1377472143599598. shtml.（2013-08-26）.

如师，师不必贤于弟子"等说的就是这个道理。可见，在现实生活中，互动式的自我教育方法是普遍存在的。

互动自教法在大学生社会主义核心价值观自我教育中占据重要地位，原因在于它贯穿于大学生的日常生活与交往中。这种方法能够激发强烈的群体归属感与价值感，极大地激发大学生提升自我行为能力的欲望。通过与同龄人的比较，大学生能够清晰地认识到自身的优点与不足，从而在内心深处产生强烈的自我改进愿望，并迅速将这种愿望转化为实际行动，进一步提升个人的能力和素质。

在求学期间，大学生接触最多的往往是志同道合的朋辈。他们往往观点相近、性格相投，这也为其亲密交往奠定了坚实的心理基础。他们通过交流，分享对时事的看法，共同关心专业学习、就业前景，以及国家的经济政策和发展动向。同时，他们也关注社会现象，在个人情感方面有着相似的追求与困惑。他们敢于直言不讳，对不公不义之事表示鄙视。然而，由于这些相似点，他们也很容易相互影响，甚至可能会被某些邪恶势力利用。因此，大学生应深刻理解朋辈交往的正面效应，并慎重选择交往对象。在这方面，马克思和恩格斯为我们树立了纯真友谊的典范。为了完成人类的解放事业，马克思放弃了优厚的生活条件，选择了一条贫困和流亡的道路。共同的志向将马克思和恩格斯紧密联系在一起，他们相互学习、相互支持。马克思和恩格斯的崇高情怀和纯真友谊，不仅成就了他们伟大的事业，也铸就了他们伟大的人格魅力，成为世人学习的楷模。

当然，在日常生活中，大学生之间的个体互动常常是自发性的。朋友之间要获得双赢效益，就要善于发现对方行为的优缺点，既不能丢弃自己正确的思想与行为，盲目追寻对方、模仿对方，也不能完全任己之见，看不到朋友的优点和长处。

（4）自我修养法

自我修养法是指大学生在道德品质、道德意识方面进行自我约束与自我改造，从而达到一种高尚的道德境界的自我教育方法。主动提升自我道德修养，实质上是一种自我积极向善的表现。自我修养法就是大学生按照社会主义核心价值观精神进行自我道德提升，它是培育社会主义核心价值观的一种重要方法。

历史上的很多思想家都很注重对自我修养方法的运用，强调自我提升道德修养的重要性。例如，亚里士多德伦理学是亚里士多德关于道德和美德的理论体系，认为道德的德性是个人良好行为习惯的结果。马克思在《关于费尔巴哈的提纲》中指出，有一种唯物主义学说，认为人是环境和教育的产物。这种学说忘记了环境正是由人来改变的。可见，马克思也非常注重依靠个人力量使自己得到提升，从而实现创造世界的目的。我国古代思想家更是认识到了自我修养方法的重要性。老子提出了自化、自朴之说，即"我无为，而民自化；我好静，而民自正；我无事，而民自富；我无欲，而民自朴"（《道德经》）。它是说在教育过程中，要去掉教育者对受教育者的人为雕凿，一切顺从受教育者的自然之性，让他们实现对自己的自化与自正。

可以说，整个人类的发展过程就是人的自身素质提高的过程，道德修养在个人素质之中占有重要的地位。自我道德修养往往真实地体现了主体在道德生活中的积极性和主动性。在自我道德修养中，大学生从道德规范的客体变为了道德规范的主体，真正拥有了对自身行为规范的主体性。社会主义核心价值观提出的行为规范要求，也自然地转化为个人的内心信念，继而转化为个人的自觉行动。这也是大学生在改造客观世界的同时改变主观世界的实践过程。自我修养法真正体现了人类自我完善的实质，充分显示了人类高度实践性与自觉性的统一，展示了自我存在的价值和尊严。

在采用自我修养法进行自我教育的过程中，大学生还应该明确一个问题，即进行自我修养实践的目的就是要使自己的道德提升、人格完善。大学生既是自身行动的主人，又是自身行为的监督者。因此，这是一个充满矛盾和不断纠正错误的艰辛过程，个人在这个心灵旅程中要不断地扪心自问和战胜自我。虽然这个过程是漫长和痛苦的，但不经历这样的内心自练，就不会有理想人格的呈现，因此自觉性始终是自我修养法的核心所在。

第六章
高校社会主义核心价值观培育
长效机制的构建与反思

在当今多元化、快速变化的社会环境中，高校作为人才培养和价值观塑造的重要阵地，其对社会主义核心价值观的培育工作显得尤为重要。为了奠定坚实的思想基础，探索持续有效的培育路径，我们有必要深入探讨高校社会主义核心价值观培育的长效机制（简称"长效机制"）的构建与反思。本章首先阐述长效机制构建的重要意义与理论框架，其次对现状进行评估，并分析存在的问题根源，最后提出相应的改进策略，旨在为推动高校社会主义核心价值观培育工作的长效化、常态化、科学化提供有益的参考和借鉴。

第一节　长效机制构建的重要意义与理论框架

一、长效机制的内涵

分析社会主义核心价值观及其教育的理论内涵，是探讨长效机制必要的理论准备。

（一）核心价值观的内涵

价值观不是一成不变的，随着年龄和阅历的增长，人们的思想意识在不断完善，参与的实践活动也越来越多，这些都会引起或导致人们价值观的变化，这就是所谓的动态发展的价值观体系。之所以称为"体系"，是因为人们的价值观表现在多个方面，如人生的价值观、政治的价值观、道德的价值观等，它们共同促成了人的价值观的形成。由此可见，价值观是具有多元性的。这些多元的价值观一方面各自独立，另一方面也具有一定的层次性。它们的层次是根据其在社会中发挥的不同功能、起到的效用大小等进行划分的。按照主次，我们可以将所有的价值观分为核心价值观与非核心价值观两大类。核心价值观要想在众多价值观中脱颖而出，必须具有以下几个方面的特点。

1. 必须为社会群体共同信赖、坚守，且能够身体力行

所谓核心，必定是最重要的，能起到统领和带头作用，并且其作用的重要性在国家、社会和民族的发展中是显而易见的。这样的价值观能够在实践中指引人们朝着正确的方向不断进取。因此，一个国家有了核心价值观，如同拥有了主心骨，能更好地凝聚社会力量，起到团结、激励的作用；一个民族有了核心价值观，如同有了顶梁柱，能朝着既定的方向稳步前行。

2. 必须能够代表社会群体的共同利益

社会不是由某一个人组成的，而是由成千上万的人构成的一个群体，因此核心价值观是由群体共同选择的，它能够代表群体的主观意识和共同愿景，能够为群体带来共同利益，促进社会的发展。由此可见，核心价值观的领导作用与民族的兴衰、社会的进退之间有着十分紧密的联系。

3. 应该是长期的、稳定的，且经得起实践与时间考验

核心价值观的重要性还体现在它对社会起着重要的支撑作用，是社会判断是非善恶的首要标准。我们通过对核心价值观的特点进行分析可以发现，核心价值观的确立由人民群众共同决策，因此它代表着人民群众的利益，反映出社会的本质意识。作为社会价值观的脊梁柱，它支配和领导着其他价值观，为社会非核心价值观的发展提供了基点和航标，使教育者在进行价值观教育时能找到正确、有效的切入点和着力点。

（二）社会主义核心价值观教育的内涵

社会主义核心价值观不仅代表了一种复杂的、深层次的心理现象，其教育的核心目标正是培育学生内化这一核心价值观。这一教育过程同样复杂且深入，它遵循着从表层结构逐步深化至中层结构，最终达至深层结构的路径。其主要通过循循善诱、潜移默化的方式，促使社会主义核心价值观在大学生心中由外部驱动逐渐转化为内在的自觉追求。这一过程是确保马克思主义指

导思想、中国特色社会主义理想、爱国主义民族精神、改革创新的时代精神及社会主义荣辱观能够深深植根于中华民族，进而形成民族自觉和独特性的重要保障。人类社会的持续发展需要价值观的引导，而不同社会群体的发展与完善更是要依赖这种具有鲜明特色和完整体系的价值观教育来实现。

二、长效机制的要素

（一）主体要素

阿尔都塞在《意识形态和意识形态国家机器》一文中提出了主体建构问题，他认为主体的含义有两层：一是指自由的主体性，主动性的中心，自身行为的主人和责任人；二是指一个臣服的人，他服从于一种更高的权威，因而除了可以自由接受这种服从的地位之外，被剥夺了一切自由。[①]教师是高校中履行培育大学生社会主义核心价值观这一职责的主体，主要是通过教育与管理来履行这一职能。

具体来说，首先，高校教师是价值观教育的主要组织者。他们要根据党和国家尤其是教育主管部门的意见和要求，遵循教学大纲，并根据学生的身心发展特点，制定科学、合理的教育计划，并组织学生进行系统的学习。

其次，高校教师是价值观教育的传授者。传道受业解惑是教师的主要使命。高校思想政治课教师是社会主义核心价值观的主要传授者，他们要充分运用理论课程这一主渠道和实践活动的辅助，向学生传授价值观理论知识，力争学生能够将其内化于心、外化于行。当然，这里所说的"传授"，并不是传统意义上的填鸭式灌输，而是要在充分调动学生的积极性、参与性的基础上，推进教育活动的持续进行。

---

① 王庆卫. 西方马克思主义文学批评中的意识形态批评探析 [EB/OL]. http://literature.cass.cn/ztzl/xsyjzt/llypp/202406/t20240610_5757839.shtml.（2024-06-10）.

再次，高校教师是价值观教育的引导者。当学生在生活中遇到某些价值观方面的问题时，教师要结合实际情况及时地给予引导，教育他们正确处理个人与国家、社会及他人的关系。

最后，高校教师是价值观教育的引领者和管理者。面对大学生思想活跃、富有好奇心、精力旺盛的特点，高校教师要设计并实施具有针对性的规章制度，以进一步引导并规范他们的行为，确保他们能够在社会主义现代化建设的道路上稳步前行、健康成长。

（二）客体要素

受众之间形成的相互协作、相互验证，并由此产生的不断调整目标校正信息偏差的强大功能，逐渐使得碎片化信息间的裂缝得到修补与弥合。[①]当代大学生是社会主义核心价值观教育的客体要素。新兴媒体的迅速发展，对传统主体与受众之间的灌输模式产生了冲击，打破了"主客"二分的对立状态，形成了良性的交流互动关系。新兴媒体的传播方式促使媒体场的信息传播呈现出"多对多""去中心化"等特点，人人都可以成为传播者。[②]

新时代的大学生更愿意彰显个性，积极主动地表达自己对价值观问题的理解和看法。但是，不可否认的是，个别话语受众受到了消极思想的影响，某些不良词语传递的错误价值观和消极生活态度更是影响了其正确价值观念和健康生活态度的形成。[③]

在以信息化为技术支撑的全球化时代，社会是开放的，各种思想在世界范围内充分交流，某些西方资本主义文化也在我国尤其是一些大学校园内暗流涌动，它妄图通过掌握大学生的头脑实现西化中国的阴谋。大学生作为党

① 高建华. 新媒体时代社会主义核心价值观传播话语体系研究[J]. 重庆邮电大学学报（社会科学版），2016（5）：72-76.

② 叶海涛，方正. 社会主义核心价值观新媒体传播研究述评[J]. 四川理工学院学报（社会科学版），2018（5）：29-47.

③ 魏晓娟. 青少年使用网络流行语的心理动因及教育应对[J]. 当代青年研究，2017（2）：95-99.

和国家的未来，肩负着实现中华民族伟大复兴的时代重任，他们的成长与发展直接关系到中国特色社会主义事业的未来走向。然而，鉴于大学生身心发展的特点，如较易受到各种不良思想的影响，对他们进行深入的价值观教育，引导其坚定理想信念，积极认同并主动践行社会主义核心价值观，显得尤为重要。从这一层面来看，当代大学生无疑是社会主义核心价值观教育的主要客体要素。

（三）环境要素

人总是置身于特定的历史环境之中，思想理论及实践活动均不可避免地会受到环境的影响。这种影响全面而深刻，往往在不经意间就会对人产生潜移默化的影响。对于大学生社会主义核心价值观教育而言，其开展同样依赖于特定的环境，这是无可争议的事实。在思想政治教育学的视角下，我们根据不同的标准对教育环境进行了细致的划分。

第一，宏观环境。这一界定标准下的环境包含经济环境、文化环境、政治环境等。改革开放以来，我国坚定了以经济建设为中心的发展战略。经过40多年的不懈努力和艰苦奋斗，创造了经济快速发展的辉煌成就，跃升为世界第二大经济体，综合国力显著提升，国际影响力日益增强。这一成就不仅让广大人民群众迈进了小康生活的门槛，更为当代大学生的成长成才提供了坚实的物质基础和良好的社会环境。同时，我国社会主义建设的巨大成就也让人民更加坚信中国共产党及其领导下的中国特色社会主义道路的正确性。人民群众更加坚定党的领导，积极响应党的号召，为实现中华民族伟大复兴的中国梦而努力奋斗。这种坚定的理想信念，为当代大学生社会主义核心价值观教育提供了有力的政治支撑和正确的价值导向。当代，中华优秀传统文化得到了大力弘扬和发展，其内涵得到了进一步的丰富和拓展。与此同时，新媒体文化的兴起和其他文化的涌入，也为大学生提供了更加多元的文化选择和价值观念。这些丰富的文化元素共同构成了大学生社会主义核心价值观教育的文化环境，为培养具有开阔视野、创新精神和实践能力的时代新人提供了重要条件。

第二，微观环境。微观环境主要是指家庭、学校与社会组织环境等。高校作为特殊的教育机构，旨在有计划、有目的、有组织地培养大学生的基本文化素质和专业技术技能。大学生作为接受高校教育的主体，其主要活动范围在大学校园内，其学习、生活自然会受到校园环境的深刻影响。因此，要保证大学生的健康成长，高校必须致力于营造一种和谐、稳定、积极、健康的校园文化氛围。在社会主义核心价值观教育方面，高校在充分利用课堂教育的基础上，还应通过文化墙、展板、海报等多种形式将这一价值观教育融入校园环境之中。同时，高校应积极组织丰富多样的社团活动和实践研修项目，使这一教育过程更加贴近学生生活，更接地气。另外，家庭环境对大学生的影响更为直接和深远。父母和家人的价值观在很大程度上影响了孩子的价值观念。不少大学生在选择专业或就业时，首先考虑的是经济收入或稳定性，而非个人特长与喜好，这背后往往有家庭因素的深刻影响。因此，对大学生进行社会主义核心价值观教育时，家庭环境的作用不容忽视。

此外，大学生并非完全生活在"象牙塔"中，他们的学习和生活不时地与复杂的社会组织环境交织。各种社会组织参差不齐，其组织文化也有好有坏。因此，高校在对大学生进行社会主义核心价值观教育时，必须充分考虑社会组织环境的影响，引导大学生正确识别和应对这些影响。

综上所述，在开展大学生社会主义核心价值观教育的过程中，高校必须全面把握上述各种要素，这是构建大学生社会主义核心价值观教育长效机制的必要前提。

三、高校构建培育和践行社会主义核心价值观长效机制的特征

鉴于社会主义核心价值观教育是一种意识形态教育，构建大学生社会主

义核心价值观培育长效机制的方法在具有中介性、工具性、目的性等教育方法等一般特征的同时，还具有一些独有的特征。

（一）关注教育对象的主体性

主体性源自人的本性。人的自由全面发展首先需要的就是主体性，主体性既是人之为人的必要条件，也是社会主义教育的人才培养目标之一。主体性是大学生健全人格的根本，也是他们充分发挥主观能动性进行各种创造性活动，为国家和社会做贡献的必要保证。也正是基于此，大学生社会主义核心价值观教育尤为关注教育对象的主体性。具体而言，大学生社会主义核心价值观教育方法具有的主体性特征如下。

第一，坚持"以人为本"的教育方法。当前，大学生社会主义核心价值观教育的核心目标是培育出能够担当社会主义建设重任的合格建设者和接班人。这一目标不仅要求他们具备扎实的专业技术技能，更强调他们应具备健全的人格和坚定的政治思想素质。为了实现这一目标，教育者必须深切关心学生、充分尊重学生，并着重培养学生的主体性。这种培养方式旨在鼓励学生积极参与教学过程，认真投入学习，并逐步理解、认同和接受社会主义核心价值观。当然，强调尊重学生的主体性，并不意味着要削弱教师在教育过程中的主导和引领作用，而是更加注重以学生为中心，构建一种和谐、互动的学习环境，从而使学生能够更好地挖掘自身的潜能，实现全面发展。

第二，充分调动学生学习的积极性与主动性。任何教育活动要实现其设定的教育目标，都不能仅仅依赖于教师的单向灌输。正如我们之前强调的，学生是学习的主体。只有通过师生之间的持续交流和互动，教师才能深入了解学生的学习状况和思想动态，进而对教育活动进行有针对性的引导，最终推动大学生的自我教育和成长。这要求高校教师必须充分激发学生的积极性与主动性。然而，当前社会主义核心价值观教育面临的一个主要挑战就是教育实效性的不足。究其原因，部分高校教师往往将价值观教育视为一种常规性的客体导向工作，忽视了大学生作为教育主体的特性。在进行价值观教育时，一些教师将学生视为缺乏主观意愿的被动接受者，采用强制性的理论灌输方式，没有根据学生的认知特点选择合适的教学方法。他们没有意识到尊重大学生的主体性，激发他们的积极性，培养他们的创造性，以及实现教学方法的改革与创新，是新时代给他们提出的新要求，也是他们肩负的神圣使命。

（二）凸显教育过程的实践性

社会主义核心价值观并非空中楼阁般的抽象体系，而是拥有坚实的现实基础。它植根于广大人民群众的生活实践之中，汲取了古今中外的文化精髓。具体而言，它是党和政府在综合考虑国内外形势的基础上，将中华优秀传统文化与社会主义先进文化相融合，并充分吸收西方文化中的有益元素，最终提炼出来的一系列价值观念。这一价值观体系在全社会范围内广泛传播，并得到了人民群众的高度认同和积极践行。

从产生过程来看，实践性是社会主义核心价值观的首要理论特质。从本质上来说，社会主义核心价值观不仅是一种价值观念，更是上升到意识形态层面，成为国家的主导意识形态。马克思主义理论明确指出，意识源于实践，是客观事物在人们头脑中的主观反映。对于价值观而言，它正是人们基于客观价值事实的主观认知与反映。因此，社会主义核心价值观根植于实践之中，是从无数具体的社会实践活动中提炼和归纳出来的，是经过实践反复验证和打磨的主观意识。实践性无疑是其最为核心的特性。

从教育方法维度来看，社会主义核心价值观教育的方法源于实践。方法是解决问题的程序、规则和模式。教育方法并非自古以来就存在，也不是人脑自行产生的，而是人们在教育领域持续探索与实践积累的宝贵成果，价值观教育方法同样如此。高校教师通常会在吸收和借鉴普遍适用的教育方法的基础上，结合价值观教育的内容和对象特性，形成具有针对性的教育方法。这种方法并非一成不变，而是会随着教育对象、教育手段及时代特点的变化而不断发展和演变。如果固守某种模式，教育实践往往会因实效性不足而遭受质疑。因此，只有与时俱进的教育方法，才能经受住实践的考验，进而取得预期的教育效果。

四、构建长效机制的原则

在全社会倡导社会主义核心价值观，尤其是在高校开展大学生社会主义核心价值观教育，既是党和国家发展进步的需要，也是时代赋予我国各级各类高校的神圣使命。这一工作必须要高效、高质量地完成。为了实现这一目标，使该价值观在大学生中入脑、入心并转化为实实在在的行动，高校在选择教育方法时，必须坚持以下原则。

（一）政治性与科学性相结合

培养大学生坚定而正确的政治方向，是大学生社会主义核心价值观教育的灵魂所在。大学生作为国家的未来和民族的希望，肩负着实现中华民族伟大复兴的历史使命。只有引导他们坚定共产主义信仰，并在实践中自觉认同和践行社会主义核心价值观，才能确保我们党的社会主义建设事业蓬勃发展，人民共享发展成果，过上幸福美好的生活。

在全球化与信息化浪潮交织的当今时代，世界日益成为一个紧密相连的地球村。全球化不仅促进了世界各国的互联互通，也使全人类的命运更加紧密相连。在这一历史潮流中，我国紧抓发展机遇，取得了显著的发展成就，综合国力和国际影响力大幅提升。然而，与此同时，西方的各种社会思潮也纷至沓来，对我国的文化思想产生了深刻影响，对大学生社会主义核心价值观的塑造提出了严峻的挑战。因此，以社会主义核心价值观为引领，对大学生进行教育就显得尤为重要。

为了达到理想的教育效果，高校教师需坚持政治性与科学性相结合的原则。一方面，要引导大学生深刻理解和认同中华优秀传统文化的精髓，以及中国特色社会主义先进文化的优越性，同时学会透视西方某些文化宣扬的伪善之处，从而坚定正确的政治方向；另一方面，要摒弃落后、陈旧的教育方法，充分利用信息技术的最新成果，创新教育模式，采用大学生喜闻乐见的方式，使教育内容更加生动有趣，以吸引他们的兴趣和注意力。这样，在开放与多元的时代背景下，才能有效培养大学生的社会主义核心价值观，为国家的未来发展培养更多优秀人才。

（二）正面教育与批评引导相结合

作为一种抽象的价值观念体系，社会主义核心价值观并不会自动地进入大学生的头脑，而是需要高校教师进行有针对性的正面教育。并且，为了提高教育的实效性，高校不仅要重视正面教育，还要时刻关注学生的思想发展动向，对其出现的各种思想问题进行及时的批评与引导。高校在进行价值观教育的过程中，要秉持正面教育为主的教育原则，这是社会主义核心价值观教育的首要原则。具体而言，就是要求各高校严格按照贴近时代、贴近实际、贴近学生的要求，大力推进社会主义核心价值观进教材、进课堂并最终进入学生头脑。为了确保这一目标的最终实现，高校必须将社会主义核心价值观教育与学校的各项工作紧密结合，不但要发挥思想政治课程的主渠道作用，还要充分发掘其他课程中的思想政治元素，并调动校内其他机构的积极作用，以构建全员、全程、全方位的育人模式。这是确保社会主义核心价值观引领大学生思想发展的必要保障。

高校在对大学生进行正面教育的同时，还要注意对各种错误思想、错误社会思潮进行剖析和批判。如上所说，随着我国改革开放大门的打开，各种西方思想、观念涌入，这些思想中既有进步的成分，又包含腐蚀性因素。大学生的心理尚未成熟，世界观、人生观、价值观还没有定型。由于年龄特点，他们对各种新思想、新观念充满好奇，渴望探寻未知世界。面对这一特殊情况，高校的价值观教育必须着力提高大学生辨别是非善恶的能力，使他们能够深刻认识到西方思想的本质与特点，尤其是其背后的政治企图。以历史虚无主义为例，针对这一思想在我国尤其是大学生中的蔓延之势，高校教师必须充分揭露该思想的险恶用心，引导学生充分认识其歪曲历史、丑化英雄人物的政治图谋，从而与其划清界限，并坚决与其进行斗争。对于出现思想问题的大学生，教师要及时、有针对性地对其进行批评教育，引导其分析出现问题的原因，并帮助其寻找解决问题的办法。不仅如此，高校还应加强对问题学生的思想政治教育，使其明辨是非、知晓善恶，并增强政治敏锐性，自觉抵制各种腐朽思想的侵袭。只有坚持正面教育与负面批判相结合的原则，社会主义核心价值观教育才能取得良好的成效。

（三）与时俱进和创新教育方法相结合

大学生社会主义核心价值观教育不是一蹴而就的事情，而是一项长期、系统的工程，需要高校教师结合时代发展特点，不断改革和创新教育教学方法才能取得理想效果。近年来，我国在这方面确实取得了不少成效，但在价值观教育方法上还存在一定不足之处。其一，偏重正面教育与理论灌输，教育方法单一。除了创设价值观教育的制度与文化环境之外，国外的价值观教育尤为注重从具体的社会实践活动入手对大学生进行教育，但我国大学生的价值观教育以正面教育尤其是思想政治理论课程为主，着力于进行系统的理论灌输，在某种程度上忽视了理论与实践的有效结合。其二，偏重学校和家庭在价值观教育中的作用，忽视了社会大环境及社区小环境的潜在价值，无法形成家庭、社会与学校的教育合力，从而影响了教育效果。其三，偏重大学生的整体性教育，忽视了学生的主体性和差异性，导致学生作为被动接受者游离于教育活动之外。面对上述问题，改革与创新大学生社会主义核心价值观教育的方法势在必行。

在知识与技术日新月异的新时代，互联网技术基本已经覆盖我国各级各类高校，智能手机在当代大学生群体中也已经大范围普及，这使得我国大学生价值观教育的阵地大大扩展。当代大学生能够通过网络自主选择适当的平台进行个性化的学习，便捷地获得新知识，从而形成具有时代特色的新思想与新观念。换言之，伴随信息化而生的新媒体网络平台突破了以课堂教学为主的传统教学模式的时空限制，学生可以制定个性化的学习计划，自主选择学习渠道、学习平台及学习时间等，从而增强了学习的积极性和主动性。此外，新媒体的出现也为高校教师创造性地制作教育资源创造了条件。教师可以依托该平台通过制作微视频、打造金课等学生喜闻乐见的方式，将社会主义核心价值观转变成贴近生活、贴近学生实际的生动、鲜活的教育资源，从而增强教育的时代感与感染力。当然，这些都需要以高校教师能够灵活运用新的教育手段及教育载体为前提。

高校教师要深刻认识并认真把握这一时代特征，与时俱进，不断创新价值观教育的方法。高校教师要从战术上重视互联网技术，将其视为提升价值观教育实效性的有力工具，在此基础上通过不断地学习，熟练掌握网络技术，从而推进价值观教育方法及教育模式的不断更新。需要指出的是，方法的创新并不是最终目标，高校教师必须用教育实践活动对这些方法进行检验，并分析该方法的优势和缺点，在此基础上结合新的发展变化，进行改进，从而形成较为完善的教育方法。这既是提高社会主义核心价值观教育实效性的必要保证，也是构建高校培育和践行社会主义核心价值观教育长效机制的必由之路。

五、构建高校培育和践行社会主义核心价值观长效机制的意义

构建高校培育和践行社会主义核心价值观长效机制，对于党和国家、人民都具有深远的历史意义。具体而言，可以归纳为以下四个方面。

（一）是推进中国特色社会主义健康发展的重要力量

作为人类社会的理想和理念，社会主义有着深远的历史渊源。然而，直到 19 世纪初，欧洲的社会主义思潮仍停留在"空想社会主义"阶段。在有了唯物史观和剩余价值学说两大发现之后，马克思主义经典作家掌握了人类社会发展的客观规律，创立了科学社会主义，把空想社会主义变成科学。社会主义不再是一种预期、想象，而是人类社会发展的规律。如果说马克思主义经典作家把社会主义由空想变成了科学，那么列宁领导的"十月革命"则使社会主义由理论变成了现实。

如果说苏联的社会主义模式曾为世界社会主义运动提供了最初的范例和经验教训，那么我国开创的中国特色社会主义道路，则为其他国家提供了一个根据本国国情进行中国特色社会主义建设的成功典范。由空想变成科学，由理论变成现实，由一国变成多国，由多国变成中国一枝独秀，一路走来，社会主义的发展历经坎坷，同时其内涵逐步丰富，人们对社会主义的认识也逐步深化。社会主义既是一种未来的社会状态，更是一个不断发展和探索的过程。

总之，中国特色社会主义的建设离不开社会主义核心价值观的培育和实践。因为这能够为国家和社会各项事业的发展提供根本的价值遵循，为筹划大局、体制完善提供价值评判依据，成为中国特色社会主义朝着健康方向发展的重要动力。

（二）是提升国家文化软实力的需要

所谓"文化软实力"，是指一国的文化、价值观念、社会制度、发展模式的国际影响力与感召力。约瑟夫·奈在《软实力的挑战》（Soft power）一文中指出，软实力是一国借助自身文化和意识形态对其他国家及其人民的吸引力而达到预定目标的能力。与硬实力不同，软实力的吸引力是一种非强制性的说服力，可以借助这种说服力使其他国家采取本国期望的行为规范和价

值准则，从而使其遵从自身制定的利益分配规则和国际制度。^①

文化软实力这一概念的普及，深刻反映了当今国家间竞争的新趋势。在暴力殖民不再适用的当今世界，我们见证了一种现象：文化日益成为衡量综合国力的关键因素，而文化软实力则成了争夺道德制高点和国际话语权的重要筹码。为了将文化真正打造成具有国际竞争力的软实力，必须增强其吸引力、感召力和凝聚力。从根本上说，文化的力量源自其中凝结的核心价值观。因此，培育和践行社会主义核心价值观，建设先进文化，增强文化的吸引力和感召力，是提高国家文化软实力、争取有利国际地位的必要要求。提升文化软实力，塑造鲜明的国家形象，不仅是我国经济高质量发展过程中亟待同步解决的重要问题，也是中国确立自身文化身份和地位，追求文化认同与尊重，以及展现中华文化魅力的关键。

改革开放以来，尽管我国经济取得了飞速的发展，但在提升文化软实力方面仍存在认识不足的问题，塑造国家形象的意识不够强烈或方法不够恰当，导致外国对中国的了解仍停留在浅显的层面。这警示我们，当前中国文化建设的重要任务在于积极培育和践行社会主义核心价值观，重塑中华文化的魅力，塑造良好的国家文化形象，以增进国际社会对中国的了解。

（三）有利于消除价值观混乱等消极现象，为实现中华民族伟大复兴凝聚正能量

我们或多或少地了解到，核心价值观不仅深刻体现了人们对社会、自然，以及自身与这些外界元素（包括社会、自然及他人）之间关系的价值追求，而且对现实、人生、社会具有重要的引导和评价功能。它对每个人的思想观念、行为习惯等方面都产生了深远的影响，成为人们在思想和精神上的灵魂旗帜。显然，对于一个国家和民族而言，只有成功建立起全社会认同的核心价值观，才能形成坚不可摧的共同精神纽带，催生共同的思想和行动，进而

---

① Jr Nye J S. Soft power[J]. Foreign Policy，1990，69(80)：153-171.

产生强大的凝聚力和向心力。

在我国，情况尤为复杂，不仅民族众多，而且不同地区之间的经济差异也颇为显著。在这样的背景下，如果没有社会主义核心价值观，那么就很难实现社会的稳定和谐与国家的长治久安。核心价值观的缺失或混乱，往往会导致社会成员在思想观念上的分歧和冲突，进而影响社会的整体稳定和进步。因此，积极培育和践行社会主义核心价值观，不仅有助于消除价值观混乱等消极现象，还能为实现中华民族伟大复兴凝聚强大的力量。

（四）有利于提高人民群众的思想道德水平

社会主义核心价值观建设的出发点和落脚点均聚焦于提升人民群众的思想道德水平。这是因为社会主义核心价值观的培育与践行，最终需要依靠人民群众的广泛参与和自觉行动来实现。通过多元化的途径和方式，不断加强社会公德、家庭美德、个人品德的建设，人们能在社会主义核心价值观的引导下，自觉承担起自身的义务与责任，从而逐步提升思想道德水平。思想道德水平是经济基础的直接反映。

近年来，随着社会的快速发展，人们在思想观念、道德意识、价值取向等方面表现出愈发明显的差异性和层次性。这就要求高校在思想道德建设上必须采取有针对性的措施，应借鉴孔子倡导的"因材施教"原则，从教育对象的实际情况出发，进行个性化的教育和引导。对于思想道德素质先进者，将其树立为榜样，激励他们继续发挥模范带头作用，勇攀道德高峰；对于思想道德素质有待提高的群体，要运用榜样的力量对其进行感召，引导他们知耻而后勇，积极提升自身的思想道德水平。

在具体实施过程中，要将先进性和广泛性有机结合，制定符合大多数学生特点的教育方法，以此增强社会主义核心价值观的吸引力。高校要在尊重差异的基础上，推动社会主义核心价值观教育向前发展，在包容多样性的同时，提升其教育效果，最终实现大学生思想道德水平的提升。

第二节　长效机制的现状评估

一、长效机制建设取得的成绩

新时代，教育部门积极贯彻党中央关于培育社会主义核心价值观的指导思想，坚持贴近实际、贴近生活、贴近大学生的教育原则。它们从大学生最关心的社会问题入手，致力于在解决大学生面临的实际问题的过程中，同步解决其思想问题，实现思想理论与实际问题的深度融合。在这种背景下，各高校以构建全方位、多渠道的育人环境为目标，通过创新教育教学模式和方法，努力提高大学生社会主义核心价值观教育的实效性。这不仅增强了大学生对社会主义意识形态的认同感，还有效推动了高校建立并持续完善培育与践行社会主义核心价值观的长效机制。

（一）大学生社会主义核心价值观教育途径多样化

1. 高校充分发挥教育的主渠道作用

各高校响应国家号召，广泛采用多种形式开展大学生社会主义核心价值观教育。在教育实践中，各高校各展所长，充分运用了多样化的教育渠道和方法，取得了较好的教育成效。总体而言，各高校在大学生社会主义核心价值观教育方面展现出一些基本的共性特征。

首先，课堂教学在教育中居于主导地位。作为大学生的必修课程之一，高校的思想政治理论课程是价值观教育的主渠道，对培育大学生思想政治理论素养具有不可替代的作用。以"形势与政策"课程为例，该课程紧密结合国内外时政，通过精准剖析与深度解构热点问题、焦点事件，引导大学生透过复杂的社会现象把握本质，认清国内外形势，透视社会发展的基本趋势，从而提高大学生对中国特色社会主义的认同感，坚定正确的政治方向，为践行社会主义核心价值观奠定思想基础。

其次，高校各部门构成协同育人的有机整体。社会主义核心价值观教育绝非局限于思想政治理论课，而是贯穿高校教育的全过程。我国各层次的高校党委从立德树人的战略高度出发，对大学生的社会主义核心价值观教育工作进行全面、合理的统筹规划及部署，确保价值观教育的有序开展。各院系、部门则结合自身专业特点，发挥各自的优势，积极挖掘专业课程的思想政治资源，有效提升教育效果。比如，宣传部门与组织部门为教师制定政治理论学习计划，要求学生通过各类网站与平台学习党和国家的各种方针政策，保持思想与时俱进；学生工作部门则通过丰富多彩的社会实践活动提升能力，同时开展心理辅导工作，培养学生良好的心理与健康人格。此外，学生社团及后勤、保卫等服务性单位，也以其特有的方式，为大学生社会主义核心价值观教育的顺利开展创造了有利条件。

2. 各种教育渠道协同发展

马克思主义哲学的基本观点强调一切事物都处于普遍的联系与发展之中，这一观点在大学生社会主义核心价值观教育中同样具有一定的适用性。高校作为国家的、社会的、区域的教育机构，与当代大学生紧密相关。大学生不仅是学生，还是家庭成员和社会成员。因此，大学生社会主义核心价值观教育不可避免地会受到国家、社会、地区、学校、家庭等多重因素的影响。这些因素的协同作用，共同塑造了具有现实意义的教育成果。

具体而言，学校、家庭、社会构成了大学生社会主义核心价值观教育的三大主要渠道。为实现教育效果的最大化，这三大渠道需要同向而行，形成强大的教育合力。高校必须积极与家庭和社会建立紧密的合作关系，共同推进价值观教育。这不仅是培育优秀人才、塑造健全人格的重要举措，更是中国特色社会主义事业后继有人的重要保障。

（二）大学生社会主义核心价值观教育方法时代化

当前，高校开展的大学生社会主义核心价值观教育，运用的方法表现出一定的综合性与渗透性特色。

1. 大学生社会主义核心价值观教育方法的综合运用

大学生社会主义核心价值观教育既涉及国家制度、社会政治、经济战略，又与文化传统、教育发展规律及教育者及受教育者的文化素质和个性特质等密切相关，信息化、全球化的时代更是赋予了该教育前所未有的可能性。在这种条件下，社会主义核心价值观教育成了一项异常复杂的综合性工程。上述各种因素错综复杂地交织在一起，共同构成了该教育的复杂性。面对这样一项综合性工程，单靠某一种方法是无法取得良好教育效果的，多样化的教育方法的运用才是实现这一目标的必由之路。事实上，在具体的教育实践中，各高校确实是根据教育对象、教育目标及教育背景的差异，综合运用了与之相适应的各种教育方法。

一方面，坚持理论教育为主。社会主义核心价值观是现阶段人民群众在建设中国特色社会主义过程中凸显出来的优秀的价值观念，是经过实践检验的正确理论，得到了人民群众的高度认可。坚持以该理论体系对大学生进行价值观教育，是党和国家的要求，也符合人民对美好生活的追求这一愿望。近年来，在党的坚强领导下，教育部高度重视大学生社会主义核心价值观教育，在教材编写及教学标准的制定上，充分凸显了社会主义核心价值观的相关内容。各高校也积极响应号召，从课程设置、人员配置、理论宣传等方面大力加强了社会主义核心价值观教育。虽然现存的教育模式确实存在一定的不足，但社会主义核心价值观教育也在随着时代的发展而不断完善。

另一方面，重视社会实践教育。思想政治教育既需要理论知识的系统传授，又需要社会实践的锤炼来深化教育效果。新中国成立以来，党和政府高度重视青年大学生的社会实践工作，鼓励大学生通过上山下乡参加社会劳动来更好地认识社会、融入社会、奉献社会。

当前，各高校已逐渐认识到社会主义核心价值观教育中存在的问题，这部分源于传统的"象牙塔"式教育模式。这种教育模式未能有效引导学生从校园走向社会，使得理论未能通过实践进行检验，进而导致教育的生动性和吸引力不足。因此，为了促进学生思想政治素质与文化素质的全面发展，各高校纷纷加大对社会实践教育的重视，致力于将理论教育与实践教育相结合，以提高学生的综合素质。

2. 大学生社会主义核心价值观教育方法的渗透性发展

较之其他学科教育而言，大学生社会主义核心价值观教育是一个润物细无声的循序渐进、潜移默化的过程，渗透性是其主要特征。

从教育内容进入学生头脑的方式这一维度而言，各高校在充分发挥思想政治课的教育主渠道作用的同时，也注重将社会主义核心价值观的内容嵌入各种常规性的工作事务之中，力争实现管理育人、服务育人、教书育人的目标。专业课教师则在履行专业课程教学职责的同时，深入挖掘各学科的思想政治教育资源，以生动形象的案例引起学生在思想、情感上的共鸣，激励他们努力学习科学文化知识、不断提升专业技能，在服务人民、奉献社会的历程中寻求自我价值的实现。就目前的教育效果来说，课程思想政治取得的教学效果更为明显。究其原因，其具有贴近现实、贴近学生生活实际的优势，更易于渗透到学生的头脑中。

从教育形式而言，价值观教育增加了实践环节和交流式的授课方式。针对教育中出现的一些问题，高校教师也对照自身进行了有针对性的思想政治课程改革。他们在进行系统的理论知识传授的同时，更加注重缩小与大学生之间的距离，通过寻找学生关注的热点与焦点问题，并充分运用语言艺术，以口语化的形式来减少大学生对学习内容的抵触情绪，使其更易于接受和认同教育者倡导的价值观体系。此外，为了吸引大学生的注意力，提升教育效果，高校也在利用网络平台、实践基地等新渠道不断地创新价值观教育的载体与途径，力争在长期的价值观熏陶中达到教育效果的优化。

近年来的教育实践表明,我国的社会主义核心价值观教育整体效果较好。这主要体现在：一方面,大学生群体对社会主义核心价值观的认同感有了较大幅度的提升,高度认可社会主义核心价值观在各种社会思潮中的思想引领作用；另一方面,当代大学生的思想政治素质有了明显提升,基本形成了积极、乐观、健康、向上的价值取向,并且深切体会到了中国制度、中国道路、中国理论、中国文化的优越性,坚定了跟党走、听党话的信念。以上足以表明,从某种程度上而言,高校在探索构建培育和践行大学生社会主义核心价值观的长效机制方面取得了积极成果。

二、高校构建培育和践行社会主义核心价值观长效机制存在的不足

整体而言,我国大学生的价值取向是积极、乐观、健康、向上的,他们热爱国家,乐于奉献,对党满怀崇敬,对社会主义事业充满期待,认同社会主义文化的先进性,以及社会主义核心价值观在世界思想领域的价值引领作用。但这并不意味着关于大学生的价值观教育是无可挑剔的。实际上,与世界其他国家相比,我们的价值观教育还有一些不足之处,这正是导致部分大学生对社会主义核心价值观缺乏认同感的原因所在。究其根源,一方面是由于部分教育者的教育模式和教育方法选取不当；另一方面则是因为部分大学生在接受和实践方面存在缺陷。

（一）学校层面

1. 思想政治理论课的主渠道作用须进一步发挥

思想政治理论课的主渠道作用能否取得实效,会直接影响社会主义核心价值观教育的效果。从当前的情况来看,思想政治理论课的实际效果并不理

想。在关于大学生所在学校开展社会主义核心价值观教育的形势调查中，近半数的学生表示其所在学校主要是通过思想政治理论课来开展社会主义核心价值观教育的，这凸显了思想政治理论课在这一教育中的重要地位和主导作用。然而，调查发现，学生在接受社会主义核心价值观教育时，并非首选思想政治理论课，而是更倾向于通俗化、简单化的教育形式，这反映出学生对当前思想政治理论课的认可度有待提升。一些大学生反映，当前思想政治理论课教学中存在理论脱离实际的问题，而且尤为突出。教师在授课时往往未能有效地将社会主义核心价值观的理论与国内外时事热点或学生关切的思想问题相结合，而且教学方法相对陈旧。这不仅未能充分发挥理论教学的应有作用，反而在一定程度上引发了学生的反感情绪。因此，高校须进一步发挥思想政治理论课的主渠道作用，以解决现有问题，提升教育效果。

2. "学校-社会-家庭"的教育合力还未形成

在当前社会主义核心价值观教育过程中，学校教育、社会风气、家庭环境等因素未能形成有机的教育体系，甚至连简单的合作都谈不上，还会出现消解教育效果的情况。影响大学生确立社会主义核心价值观的主要因素包括社会不正之风、媒体传播的负面信息、西方价值观念的冲击及家庭教育的缺失或不当。从当前大学生对社会主义核心价值观的认知来看，家庭教育和社会教育在诸多方面仍有待完善。一方面，部分家长在子女进入大学后，将子女的成长成才完全寄托于学校，忽视了对子女价值观变化的关注与引导；另一方面，社会上存在一些价值失范、道德滑坡等现象，加之一些学校教育工作者在面对社会负面现象时采取回避态度，导致学生对社会主义核心价值观教育内容与现实生活之间的反差感到困惑，从而对社会主义核心价值观教育产生了逆反心理。因此，形成"学校-社会-家庭"三位一体的教育合力，是学校层面有效开展社会主义核心价值观教育的基本路径和重要原则。这一模式旨在通过学校、社会和家庭的共同协作，形成教育合力，促进大学生社会主义核心价值观的培育和践行。

（二）教师层面

1. 部分高校教师选用的教育方法不当

大学生社会主义核心价值观教育是一项关键性的理想信念教育，旨在通过马克思主义理论等来武装当代大学生的思想，为党和国家培养合格的建设者和接班人。然而，这种价值观教育并非仅仅追求知识与技能的掌握，更强调领会、理解、认同、接受与践行。理论知识的掌握仅是基础要求，因为仅仅掌握理论体系并不等同于真正的认同与接受，更无法催生实践这种价值体系的具体行动。因此，大学生必须从内心深处认同并接受这种价值观，才能将其融入自己的价值观体系，成为指导自己行为的准则。但在实际教育工作中，一些教育者却固守传统的教学模式，过于依赖理论灌输，在课堂上与学生缺乏充分的互动。他们未能通过翻转课堂、实践教学、专题演讲等创新形式来激发学生的学习主体性和积极性。这种状况导致部分当代大学生对学习社会主义核心价值观缺乏足够的动力和兴趣，从而影响了教育的整体效果。为了改善这一状况，教育者需要更新教育理念、创新教学方法、加强与学生的互动，确保社会主义核心价值观教育能够真正深入人心，产生实效。

2. 部分高校教师对现实关注不够，导致理论与现实严重脱节

社会主义核心价值观是一个内涵非常丰富的价值体系，24字是相关人员对其内涵进行高度凝练的结果。在以该价值观对大学生进行教育时，不能仅仅从理论层面对这24个字的内涵进行抽象的阐释。因为理论的产生本身就是为指导现实服务的，如果理论的传授变成了单纯的抽象理论说教，那么该理论即便再先进与科学，也会因为脱离人类实践活动而沦为纯粹的思想者的思辨游戏，无法实现其价值。社会主义核心价值观教育也是如此。新时代，大学生的求知欲旺盛，对各种社会问题充满好奇心，如果不能联系实际对学生关心的各种问题进行分析与解构，不能结合实际对其高度关注的人际问题、就业问题及理想与现实的关系问题进行适时、适当的引导，那么这一理论就会被视为空洞的说教而遭到排斥。因此，高校要结合我国现阶段的社会发展

特点，贴合社会现实、学生实际，并运用丰富的典型案例，对每个层面价值观的内涵进行具体的阐发，以此增强其吸引力和感染力，提升社会主义核心价值观教育的实效性。

3. 部分高校教师没能充分运用新媒体这一有力武器

社会主义核心价值观是我国主导意识形态的核心组成部分。在当前世界处于百年未有之大变局的背景下，意识形态领域的斗争不仅未见缓和，反而愈演愈烈。随着我国综合国力和国际影响力的显著提升，西方资本主义势力对我国的忌惮也日益加剧。他们不仅在经济上打压、遏制我国，还在意识形态领域与我国进行激烈的斗争，企图实现西化、分化中国的阴谋。因此，加强意识形态领导权，大力弘扬社会主义核心价值观显得尤为重要。近年来，我国社会主义核心价值观教育取得了良好效果，亦面临诸多挑战。其中，高校的社会主义核心价值观教育主要依赖传统方式，未能充分利用新媒体作为教育媒介的潜力。以智能手机为例，在全球化与网络信息时代，智能手机的普及使网络成为大学生生活中不可或缺的一部分。智能手机不仅是通信工具，更是便捷的学习工具。高校应把握这一机遇，利用新媒体手段，创设贴近学生实际的网络平台，实施有效的价值观教育。然而，现实情况是，许多高校教师仍固守传统的教学方式，课堂上师生交流不足，课后亦缺乏互动。这种教育现状无疑会使社会主义核心价值观教育的育人效果大打折扣。因此，高校应积极探索和创新教育手段，提高社会主义核心价值观教育的实效性。

（三）学生层面

1. 存在表层化认知

当前，多数大学生对社会主义核心价值观相关理论知识缺乏深层次、全方位的理解，部分学生对"三个倡导"层次划分的理解不准确。高校在培育和践行社会主义核心价值观时，首要任务是实现其大众化，并增强教育的渗透性。这意味着教师要通过通俗化、简单化的语言表达，将社会主义核心价值观的内涵传递给广大学生，使其更加贴近生活，与大学生的学习和生活紧密相连。教育形式应当是学生喜闻乐见的，让学习变得寓教于乐。当前，部分学生尚未全面领会社会主义核心价值观 12 个词的深刻内涵。他们对社会主义核心价值观的思想渊源缺乏深入思考，不清楚其与中华优秀传统文化的关联，甚至对其历史渊源、形成过程、现实意义等方面的认知也较为模糊。社会主义核心价值观作为一种科学理论，具有抽象性和概括性，对于非思想政治专业的学生来说，深入理解其历史渊源和深邃内涵确实存在一定的难度。因此，使社会主义核心价值观内容通俗化和简单化，成为将其渗透到广大学生心中的必要条件。

2. "知、情、意、行"环节有待健全

在社会主义核心价值观的实际教育过程中，往往存在"知"的教育完成后，"情""意""行"的教育未能及时跟进的现象。价值观的形成遵循着一定的科学规律，需要通过一系列心理机制的前后衔接来实现。根据我们的调查，大多数学生表达了通过社会实践来深化社会主义核心价值观教育的愿望。部分学生指出，学校在组织与社会主义核心价值观直接相关的主题实践活动时，内容和形式的设计还有待加强，有些活动仅仅是在传统活动上简单贴上了社会主义核心价值观的标签。同时，在日常的校园生活、校园建设和学生管理工作中，社会主义核心价值观的各种理念并未得到充分融入，相对忽视了对学生的"意志训练"。

3. 践行意识淡薄

意识具有主观性，它是人们关于客观世界及自身内在状态的一种觉察和认识。尽管党和国家高度重视在全社会范围内培育和践行社会主义核心价值观，高校也积极响应，从多方面加强相关教育，但现实中仍面临不少挑战。相当一部分大学生对社会主义核心价值观虽有了解，甚至高度认同，但这种认同往往停留在表面或口头上，他们鲜少将这一价值观与自己的学习和生活相联系，存在践行意识薄弱的现象。令人遗憾的是，有部分大学生未能认识

到社会主义核心价值观对我国社会主义事业的深远思想价值，他们片面地认为社会主义核心价值观教育对解决社会发展中的各种问题的作用有限，这些问题应由国家权力机关来处理。这种观念反映出他们对社会主义核心价值观缺乏系统、全面、深入的认识与理解，其往往仅从个人道德修养的角度来理解和接受这一价值观，却忽视了自己在社会和国家层面应承担的责任与履行的义务。

4. 践行意愿不足

意愿通常指个人基于对外界客观事物的想法而产生的主观性思维。这里的践行意愿，主要表现为大学生针对是否想要践行社会主义核心价值观表现出来的主观态度。大体来说，这种态度可以分为积极意愿、消极意愿及无所谓的意愿三种。这里主要分析消极意愿，即大学生践行社会主义核心价值观的意愿不足。具体而言，主要分为三种情况。

第一，口是心非，践行意愿缺乏。践行意愿缺乏，实际上就是不愿意践行。对于少数大学生来说，尽管他们在口头上能够欣然接受社会主义核心价值观，但实际上并不是发自内心地认同与接受。这一类型的学生一旦发现社会主义核心价值观与自身利益产生矛盾的时候，就很容易对其产生质疑。甚至可能会有极少数学生出于外界压力或功利目的，在口头或表面上接受并认可了社会主义核心价值观，但在其内心深处并未真正认同。

第二，口是情非，践行情感不浓。道德情感是个人道德意识的主要构成因素，指人们依据某种特定的道德标准对现实的道德关系和自己或他人的道德行为等产生的爱憎好恶等内心体验。虽然党和国家在全社会大力倡导社会主义核心价值观教育，对大学生的价值观教育尤为重视，但由于具体的教育效果参差不齐，导致部分大学生缺乏对该价值观的深刻理解和情感认同，从而造成部分大学生践行社会主义核心价值观的道德情感不浓。道德情感是驱使人类个体做出道德行为的内在动力，因此对社会主义核心价值观情感认同的淡薄，会导致当代大学生践行社会主义核心价值观的主观意愿不足。

第三，口是意非，践行意志不坚。道德意志是个人在某种特定的道德情境中，通过自觉地抗拒不良环境的诱惑、抑制不道德的行为，最终实现道德目的的心理过程。大学生群体的思维发展尚未完全成熟，他们精力旺盛、求知若渴，对各种知识和理论都保持高度的敏感，乐于接受新鲜事物。与此同时，他们往往缺乏道德上的自我责任感与自制力，极易受到各种不良因素的诱惑。比如，大学生理应践行诚信、敬业、友善的社会主义核心价值观，但是某些学生在学习中意志力薄弱，沉溺游戏娱乐，迟到、旷课现象时有发生，甚至还出现了一些背离社会主义核心价值观的极端事件。因此，高校必须通过建立社会主义核心价值观教育的长效机制来做好对这一群体的教育。

5. 践行能力不足

社会主义核心价值观的践行能力，就是指主体在日常生活和社会实践中，自觉地把社会主义核心价值观作为自己的行事准则来处理各种事务和问题的能力。与上述践行意识淡薄、意愿不足的情况相比，践行能力不足是更为典型的现象。其实，大部分当代大学生乐于接受和认同社会主义核心价值观，也愿意甚至能够自觉地在生活中主动践行社会主义核心价值观。但是，由于自身的理性认识不到位、判断力不够、行动力不够、实践智慧缺乏等，践行社会主义核心价值观时，在行为上会出现一些偏差，表现出缺乏践行社会主义核心价值观能力的现象。尤其是当他们发现践行社会主义核心价值观无法解决自己在生活与学习上的困扰时，就会在很大程度上影响对社会主义核心价值观的深层认同，这必须引起高校足够的重视。

第一，情是识非，不会践行。情是识非，指的是虽然在情感上认同社会主义核心价值观，但由于自身的判断能力不足，尚未形成稳定的认知结构，因此情感认同容易动摇，在将其落实为实际行动时会出现偏差。值得注意的是，部分大学生在事态发展过程中因未能了解事实真相，受到误导而持错误立场，他们蓄意传播并夸大谣言，进行恶意诋毁，甚至采取暴力手段，这导致了不和谐现象的产生，极大地损害了大学生的形象，对高校和社会的稳定造成了不良影响。可以说，这些大学生的行为虽然源于爱国情感，但由于他们在认知上存在缺陷，思维不够科学严谨，反而在一定程度上对社会稳定产生了负面影响。这凸显了当前大学生在践行社会主义核心价值观时判断力不足、思维力有限的问题。在这种情况下，大学生容易因行为失当而对社会稳定和经济发展产生不良影响。例如，当其他国家损害我国的主权和利益时，部分学生会表现出某些过激行为，虽然这些行为是出于爱国之心，但由于缺乏理性和克制，最终背离了爱国行为的初衷。

第二，能力有限，不能践行。总体而言，大学生正处于以学习为主的发展阶段，他们往往缺乏必要的相关知识和技能，同时社会实践经验也相对不足，这使得部分学生在践行社会主义核心价值观时感到力不从心。举例来说，一些学生由于法律知识匮乏，无法在关键时刻运用法律武器来维护自己和他人的合法权益，甚至因缺乏基本法律常识而无意中触犯法律底线。在校园贷盛行的背景下，一些大学生随意借用甚至盗用同学的身份信息进行消费贷款，这些行为实际上已经构成了违法。然而，令人担忧的是，涉事学生对此并不是十分在意，甚至有些被侵权的学生也认为这是同学间的互相帮助和友善相处。这些现象充分表明，当前大学生践行社会主义核心价值观的能力仍有很大的提升空间。

综上所述，我国高校在培育和践行社会主义核心价值观过程中还存在一些不足，需要认真分析和解决，以期构建科学、合理的社会主义核心价值观教育长效机制。

第三节　问题根源与改进策略

我们应当充分肯定大学生社会主义核心价值观教育在方法上取得的成效。与此同时，更应该高度关注这一教育中出现的各种问题和不足之处，并深入剖析出现上述问题的根源，还要具体问题具体分析，提出切实有效、针对性强的解决策略。总的来说，社会主义核心价值观教育方法的运用中出现的各种问题，一方面可以归结为社会环境中的消极因素的影响；另一方面则是因为部分高校教师对这一教育的重要性认识不足。只有认清这些问题的根源并找到相应的解决对策，才有可能实现构建高校培育和践行社会主义核心价值观长效机制的目标。

一、大学生社会主义核心价值观教育环境中的消极因素影响

虽然党和国家非常重视大学生思想政治教育，出台了一系列方针、政策、规章、制度等来规范和强化高校的思想政治教育工作，并取得了明显的教育成效，但不得不说，由于主客观因素的影响，这一教育仍然存在一些问题，有待进一步加强。

具体来说，目前，某些高校校园中还存在诸如拜金主义、享乐主义、个人主义等不良风气。在这些不良思想的影响下，一些学生抛弃了艰苦朴素、勤俭节约的传统美德，他们相互攀比，比名牌，比享乐，个别学生甚至因此而陷入校园贷的黑暗陷阱。还有些大学生完全颠倒了学习与社会实践活动的主次关系，将大学生的主要任务即学习完全抛诸脑后，片面追求所谓的经济上的成功，以寻找商业资源、赚取经济利益为荣，请假与旷课现象极为常见。这些不良风气还影响了他们对就业的基本态度。他们不是通过提升自身能力而是妄图通过托关系、找熟人来解决工作问题。之所以出现上述现象，主要是因为社会上发生的一些负面事件对部分大学生产生了潜在的消极影响。这些现象的出现不仅影响了高校的文化氛围，而且直接影响了大学生对社会主义核心价值观的学思践悟。

此外，部分家长在价值观教育过程中的消极作用也不可忽视。家长是孩子的第一任老师，但某些家长却仅仅从就业的角度来考虑孩子的专业，把收入视为培养孩子的标杆，忽视了对孩子的个人思想道德品质的培养，也没能从国家和社会需要出发去引导孩子。在这种环境中成长起来的孩子，不但无法认同和践行社会主义核心价值观，为国家和社会做贡献，也无法实现个人

的自由全面发展。可以说，营造良好的教育环境非常重要。如果生活于充满负能量的环境之中，那么即便是运用最先进的教育方法和教育模式，教育效果也会事倍功半。因此，加强健康、良好、有序的社会环境建设，是高校推进社会主义核心价值观教育入脑、入心的前提和基础。

二、部分高校教师具有"重理论、轻实践"的教育思维

我国高校教师群体中普遍存在的一个具有共性的问题就是"重理论、轻实践"。由于很多高校教师的成长历程就是"从学校到学校"，这导致他们缺乏丰富的社会经验，不明白学生真正关心的问题所在，也不了解学生面临的人生困惑，更无法给予学生科学、合理的思想引导。当进行社会主义核心价值观教育时，他们就只能运用传统的教学模式对照国家大政方针照本宣科，不仅忽视了实践教学环节，而且在课堂教学中也未能结合社会实践来阐释这些抽象的理论体系，更不用说利用红色教育基地进行实践教学了。在这种情况下，教育效果肯定是事倍功半。然而，一些"00后"大学生崇尚自由化、个性化、多样化的新型学习模式，这就导致了师生基于价值观教育问题而形成的二元对立。

三、部分教育主体的教育理念与方法不够科学

部分教育主体对大学生社会主义核心价值观教育的重要性理解不深入，不注意在教育方法方面进行探索与创新。社会主义核心价值观虽然只是大学生思想政治教育的一部分，却占有极其重要的地位。因为社会主义核心价值观是党和国家基于广大人民对美好生活的向往，结合国内外政治、经济形势，将社会主义文化与中华优秀传统文化相结合而凝练出来的一种社会主义的价

值理想目标，具有典型的与时俱进性。它不仅反映了新时代我们党对建设什么样的国家和社会的目标与追求，而且对培养什么样的公民也提出了明确的要求。因此，提出和实施社会主义核心价值观教育，以该价值观武装青年大学生的头脑，抵御西方资本主义意识形态的侵袭，已经成为我国文化战略的一部分。各高校必须高度重视这一点。然而，部分教育主体对党中央的精神领会不透，没有意识到对大学生进行社会主义核心价值观教育的重要性，没有深入分析该价值观的产生背景，对其基本内涵也缺乏系统、全面的理解。这就导致他们仅将该价值观教育作为思想政治教育课程的一般内容，简单地将"三个倡导"灌输给大学生，而不是结合社会发展实际及学生特点，创造性地使用各种现代教育手段，引导学生认识到树立社会主义核心价值观对于个人成长、国家发展的必要性和紧迫性，从而调动他们学习的积极性。

四、社会监督评价体系不健全

社会监督评价体系在各种社会系统的正常运行中发挥着至关重要的作用，它能及时发现该系统运作中出现的各种问题，并及时给予反馈，从而确保该系统的正常运作。任何工作若缺乏有效的监督评价体系，就如同失去了镜子，难以察觉并纠正自身的错误，这会不可避免地引发一系列消极后果。以社会主义核心价值观教育为例，即使我们建立了完善的价值观教育长效机制，并制定了科学、规范、合理、可行的教育计划，但如果社会监督评价体系不够完善，缺乏对计划执行过程的及时监督和干预，那么一些人可能会在执行过程中敷衍了事，这将直接影响价值观教育的实际效果。因此，构建健全的监督评价体系，对于确保社会主义核心价值观教育的顺利进行至关重要。

就国家层面而言，2010 年，教育部决定成立高等学校思想政治理论课教学指导委员会，以加强对思想政治理论课教学工作的研究、指导与服务。在执行过程中，绝大多数高校都能严格按照教育部的要求开展相关工作，但也有少数学校没能严肃对待而是敷衍了事。究其原因，除了这些高校没有从思想上意识到这一问题的严重性之外，主要就是因为缺乏一个健全的社会监督评价体系对其教育效果进行监督。因此，为了提升大学生社会主义核心价值观教育的实效性，实现为党和国家立德树人的教育目标，教育主管部门和各高校应当聘请专家制定具有针对性的、健全的教育管理工作监督评价体系，从而使价值观教育工作有章可循、有责可追。

综上可知，高校教师在对大学生进行社会主义核心价值观教育的过程中确实存在一些问题，其中尤为突出的就是教育方法方面的问题。究其原因，最根本的还是因为教育者的教育理念陈旧，与现实脱节。只有教育者不断学习，与时俱进，秉持符合时代潮流的新型教育理念，遵循合理的教育原则，并不断改革与创新教育方式和方法，形成科学的、开放的、包容的教育模式体系，才能推进高校培育和践行社会主义核心价值观长效机制的构建，为切实提高大学生社会主义核心价值观教育的实效性提供政策与制度保障。

第七章
高校社会主义核心价值观的
培育路径与保障体系

在深入探讨"高校社会主义核心价值观的培育路径与保障体系"这一核心议题时，我们首先需要关注如何构建一个全方位、多层次的培育框架。这包括通过引导与价值引领来明确方向，强化实践锻炼与能力提升以巩固基础，实现融入机制与全面渗透以确保普及深度，利用媒体引导与理念创新来拓宽传播渠道，最终建立起长效保障体系，以维持和推动这一培育过程的持续健康发展。本章将逐一分析这些关键要素及其在高校社会主义核心价值观培育中的具体应用。

第一节　教育引导与价值引领

一、落实社会主义核心价值观教育的内容

社会主义核心价值观是一个逻辑严密的科学理论体系。社会主义核心价值观从三个层面确定了社会主义的价值目标、价值导向及价值准则。

首先，就国家层面的价值目标而言，那就是"富强、民主、文明、和谐"，在整个体系中居于领导地位。"富强"要求我们要紧紧抓住经济建设这个中心，不断发展社会生产力，不断增强国家实力，最终实现共同富裕。"民主"就是要发展和完善社会主义民主政治，保障人民的权利。"文明"就是要以建设社会主义文化强国为目标，提升国民的文化素质，物质文明和精神文明两手抓，两手都要硬。"和谐"就是要实现人与自然、社会和人与人之间的和谐，实现人的全面自由发展。经济、政治、文化、社会这四个方面构成了一个有机的整体。

其次，就社会主义制度层面的价值目标而言，那就是"自由、平等、公正、法治"。在法律制度之下，保障公民的各项权利与义务，让人民群众享有人身自由，这是基础。"平等"包含多个方面的内容，如法律面前人人平

等、机会平等、权利平等，只有在平等这个前提之下，才能真正实现"公正"与"法治"。

最后，就公民个人层面的价值目标而言，那就是"爱国、敬业、诚信、友善"。国家作为一个政治概念，需要诸如爱国、民族自信等精神力量的维护，强调敬业奉献、诚实守信和与人为善，这不仅仅是中华民族的传统美德，更是实现前两个"倡导"内容的基础，是公民应该遵守的基本道德规范。

"三个倡导"包含的社会主义核心价值观内容，从国家、社会、个人三个层面提出了不同的价值要求，三者之间密不可分、相互影响和相互作用。"三个倡导"是一个有机的统一体，高校在大学生社会主义核心价值观教育中应该对这几个方面进行全面把握，不可偏颇。

二、实现社会主义核心价值观教育的价值目标

党的十九大报告提出："要以培养担当民族复兴大任的时代新人为着眼点，强化教育引导、实践养成、制度保障，发挥社会主义核心价值观对国民教育、精神文明创建、精神文化产品创作生产传播的引领作用，把社会主义核心价值观融入社会发展各方面，转化为人们的情感认同和行为习惯。"党的二十大报告进一步提出："广泛践行社会主义核心价值观。"进行社会主义核心价值观教育，首先要有相应的价值目标，然后通过正确的教育方法与手段将其变为现实。

第一，要引导大学生逐步树立集体主义的核心价值观。在当今一些资本主义国家中，个人主义作为其价值观，往往导致利己主义过度盛行。然而，在我国，集体主义与个人主义并非对立排斥的，而是相辅相成的。个人在集体中能够得到更好的发展，因为集体为个人提供了成长和实现价值的平台。没有稳固的集体，个人的利益也难以得到充分的保障。例如，我国古代就强调"家"和"国"的集体主义观念，这是一种强调整体利益和共同目标的价

值观。同时，在坚持集体主义的基础上，我们也应重视个体的独立性和主体性，不能忽视个体的价值和需求，应积极倡导个体的发展和创新，实现个人与集体的和谐共生。

第二，要引导大学生树立"法治"的核心价值观。社会主义国家同样也是一个依法治理的国家。封建社会的人治转为当今社会的法治，这就是我国社会制度的巨大进步。法治需要不断发展和完善的法律制度体系，如果人的法治观念淡薄，法律制度也会形同虚设。因而，法治社会更需要进步的法治意识，人民群众敬畏法律、了解法律，法律面前人人平等，这是法治的基础。

大学生遵纪守法的现实情况也对我国的法治建设产生了较大影响。因此，高校不仅要传授给学生相关法律法规知识，还要让大学生养成遵纪守法的好习惯，让他们筑牢法治观念，推动社会实现"自由与平等"，从而促进社会的健康发展。

第三，要引导大学生树立"民主"的核心价值观。就字面意思而言，民主即人民当家做主。经济基础决定上层建筑，民主是由经济基础决定的，因而社会主义与资本主义的民主也是不同的，世界上没有绝对统一的民主模式。

就社会主义国家而言，人民是整个社会制度的受益者。因而，社会主义民主是人类发展至今最高层次的民主，是真正让人民当家做主的民主。大学生对社会主义民主是普遍认同的，但对基层民主的认知还存在着一定的问题。因此，需要不断加强对大学生社会主义民主价值观的培养。

第四，要引导大学生树立"诚信"的核心价值观。诚信是千百年来中华民族的传统美德，在中国有着悠久的历史文化渊源，同时也是当代大学生安身立命之本。诚信同样是社会主义市场经济发展的必然要求，市场经济要求公平竞争、优胜劣汰，大学生如果不讲诚信，就会在未来的人才市场竞争中被淘汰。当前，社会上存在的大学生失信行为给我们敲响了警钟。加强大学生的诚信建设，不仅是有力促成和谐社会形成的基本人文素质要求，也是保障大学生不偏离正常人生轨迹的航向标。

第五，要引导大学生树立"友善"的核心价值观。在日常生活中，与人友善体现为团结协作、互帮互爱。如今，国家、社会及个人的发展愈发依赖这种团结协作的精神。然而，一些大学生的个人意识较为强烈，其在与人友善方面仍有所欠缺。因此，在大学生社会主义核心价值观教育中，高校应当紧密结合当前大学生存在的这一问题，精心策划并组织教学与实践活动。这些活动应紧密围绕"与人友善"这一主题，通过实际行动培养大学生的团结协作精神。最终，要以"富强、民主、文明、和谐"的中国特色社会主义共同理想为纽带，凝聚大学生的力量，使他们团结一致、齐心协力，共同为中华民族伟大复兴而努力奋斗。

第二节　实践锻炼与能力提升

社会实践是高校开展大学生社会主义核心价值观教育的有效途径。高校应该从社会发展的战略高度认识社会实践在大学生社会主义核心价值观教育中的重要作用和现实意义，同时根据大学生社会实践的特点和要求，积极探索社会主义核心价值观融入大学生社会实践的内容与形式、方法与途径，逐步形成一套富有特色的长效机制。

一、建立大学生社会实践的长效机制

社会实践在大学生思想政治教育中占据着举足轻重的地位，它不仅是大学生了解社会、认识国情的重要途径，更是他们树立正确世界观、人生观、价值观的关键环节。因此，建立大学生社会实践的长效机制，对培养德智体美劳全面发展的社会主义建设者和接班人具有重要意义。

在社会实践中，大学生能够深入基层、了解国情，从而树立对党的领导的正确认知。他们通过目睹国家的发展成就和人民的幸福生活，能够深刻体会到党的领导是国家和人民事业不断取得胜利的根本保证。同时，社会实践还能加深大学生对人民的了解，激发他们的爱国热情和成才动力，使他们更加珍惜来之不易的幸福生活，更加积极地投身于社会主义现代化建设中。

为了将社会主义核心价值观融入高校思想政治理论课的教学，高校不仅要注重理论传授，更要强调知行合一的实践导向。通过社会实践，大学生能够进一步巩固所学的社会主义核心价值观相关知识，并将其转化为实际行动。这样的教学方式不仅提高了学生的理论素养，还培养了他们的实践能力，可以促使他们成为既有理论水平又有实践经验的复合型人才。

此外，社会实践对大学生融入社会也至关重要。通过参与社会实践，大学生能够强化角色意识，提高自己的沟通能力、组织协调能力、团队协作能力等多种能力。这些能力是他们未来走向社会、立足职场的重要基础。因此，高校应制定一系列社会实践保障制度，如设立社会实践专项基金、建立社会实践基地、加强社会实践指导教师队伍建设等，以构建实践育人的长效机制。

在构建长效机制的过程中，高校还应注重社会实践的多样性和创新性。通过组织形式多样的社会实践活动，如志愿服务、社会调查、创新创业等，让大学生在实践中得到全方位的锻炼和提升。同时，鼓励大学生结合所学专业进行社会实践，将理论知识与实践相结合，提升他们的专业素养和实践能力。

总之，建立大学生社会实践的长效机制是加强大学生思想政治教育的必然要求。高校应高度重视社会实践在大学生成长成才中的重要作用，不断完善社会实践保障体系，创新社会实践形式和内容，为培养更多优秀的社会主义建设者和接班人贡献力量。

二、丰富大学生社会实践的内容与形式

社会实践作为大学生思想政治教育不可或缺的组成部分，扮演着至关重

要的角色。它不仅为大学生提供了一个将理论知识与实际生活相结合的平台，更是他们自我认知、自我提升的重要途径。在这一过程中，大学生能够亲身体验社会，面对各种挑战，从而深刻认识到自身的优势与短板。对于大学生而言，这种自我反省的过程是宝贵的，因为它能促使他们在后续的学习中更有针对性地调整自己的知识和能力结构，确保个人成长与社会需求的高度契合。

知行合一的原则在大学生社会实践活动中显得尤为重要。这一原则强调理论知识与实践操作的紧密结合，要求大学生在掌握理论知识的同时，能够将其灵活应用于实际问题的解决中。为此，高校应设计形式多样、内容丰富的社会实践活动，以满足不同大学生的需求。这些活动不仅限于传统的志愿服务、主题实践和礼仪培训，还可以涵盖科技创新、文化艺术、环保公益等多个领域，确保大学生在实践活动中获得全面的锻炼和提升。

同时，社会实践活动也是深化大学生对社会主义核心价值观理解的重要途径。通过参与各种实践活动，大学生能够更直观地感受到社会主义核心价值观的内涵与价值，从而将其内化于心、外化于行。这种价值观的塑造，对于培养具有社会责任感、创新精神和实践能力的高素质人才具有重要意义。

此外，高校还应鼓励大学生参与与专业相关的社会实践活动。这类活动不仅能够巩固大学生的专业知识，还能提升他们的专业技能和实践能力，为将来的职业生涯打下坚实基础。例如，法学专业的学生可以参与法律援助活动，医学专业的学生可以参与社区医疗服务等。这些实践活动不仅能够增强大学生的社会责任感，还能提升他们的专业素养和实际操作能力。

综上所述，社会实践对大学生思想政治教育具有不可替代的作用。高校应充分利用这一载体，设计丰富多彩的社会实践活动，引导大学生在实践中学习、在实践中成长，为培养德智体美劳全面发展的社会主义建设者和接班人贡献力量。

三、拓展大学生社会实践的渠道和空间

社会实践是大学生完善自我、全面成才的必由之路。因此，作为大学生社会主义核心价值观教育主体的高校，应积极拓展大学生社会实践的渠道和空间。

首先，可以采取校内外结合、集散结合的方式进行社会实践。学校积极提供社会实践相关资源，让每个大学生都可以参与到社会实践中，使社会主义核心价值观教育融入其中，贯穿全过程，把校内实践与校外实践结合起来，创造多种实践机会，发挥社会实践的积极作用。

其次，社会实践基地是大学生开展实践活动的重要平台。各高校应根据自身特色和专业要求，积极与政府或社会机构合作，共同建设并共享社会实践基地，为学生提供丰富多样的实习平台资源。这种合作模式不仅有助于提升学生的实践能力和社会责任感，还促进了学校与社会的紧密联系和互利共赢。

最后，为了充分发挥社会实践的教育作用，高校应致力于建立一支专业的社会实践指导教师队伍，旨在为大学生提供全方位的智力支持和专业指导。这支队伍将实现理论讲授与实践指导的紧密结合，同时促进社会教育与学校教育的良性互动，确保大学生在社会实践中能够得到有效指导，从而充分发掘其潜力，提升其综合素质。

总之，在将社会主义核心价值观融入大学生社会实践的过程中，通过社会实践，大学生能够全面客观地了解国情，加深对党的基本路线的认识，深化对"富强、民主、文明、和谐"价值目标的理解，坚定正确的政治方向；能够更直接地接触社会生活，加深对社会生活的了解，深刻体会和谐的社会环境对个人成长的重要性，加深对"自由、平等、公正、法治"价值取向的理解；能够更充分地了解社会对知识和人才的需求，增强勤奋学习、奋发成才的责任感，充分发挥主观能动性，实现自身的全面发展；能够更深切地了解改革和建设的长期性与复杂性，克服偏激、浮躁的心态，增强维护社会稳定的自觉性。

第三节 融入机制与全面渗透

一、推动社会主义核心价值观融入教育教学

为了更有效地将社会主义核心价值观融入教育教学之中，高校可以从以下方面进行拓展和实施。

（一）构建大学生发展核心素养体系

第一，明确核心素养内涵。高校应明确大学生在终身发展与社会参与中所必备的品格和关键能力，这些品格和能力应与社会主义核心价值观紧密相连，如爱国情怀、诚信意识、创新精神、团队合作等。

第二，制定具体指标体系。基于社会主义核心价值观的要求，制定一套具体、可操作的大学生发展核心素养指标体系。这一体系应涵盖思想品质、知识技能、身心健康、社会实践等多个维度。

第三，建立课程教学标准。根据核心素养指标体系，建立与之相适应的课程教学标准。这些标准应明确各门课程在培养学生核心素养方面的具体目标和要求。

第四，构建课程教材体系。围绕课程教学标准，构建一套科学、系统的课程教材体系。教材应注重理论与实践相结合，既传授理论知识，又注重培养学生的实践能力和创新精神。

（二）实施高校课程体系和教育教学创新计划

第一，加强师资队伍建设。高校应加大对教师的培训力度，提高教师的

政治素养和教学能力。通过组织专题培训、教学研讨等活动，帮助教师深入理解社会主义核心价值观的内涵和要求，并将其融入日常教学中。

第二，改革教学方法和手段。鼓励教师采用启发式、讨论式、案例式等多样化的教学方法，激发学生的学习兴趣和主动性。同时，充分利用现代信息技术手段，如在线教育、虚拟仿真等，提高教学效果。

第三，发掘教育资源，丰富教育内容。高校应积极发掘和利用校内外各种教育资源，如红色教育基地、社会实践基地等，为学生提供更加多元化的学习体验。同时，结合时事热点和社会需求，不断更新和完善教学内容。

第四，打造科学、合理的教育教学体系。在课程体系构建上，应注重课程之间的衔接和互补，形成一套科学、合理、系统的教育教学体系。在教学内容安排上，应注重知识的系统性和连贯性，避免重复和脱节。

第五，提高教育实效性。高校应通过建立有效的评价机制和反馈机制，及时了解学生的学习情况和教师的教学效果。根据评价结果，及时调整教学策略和方法，确保社会主义核心价值观教育的实效性。同时，注重培养学生的自我评价和反思能力，引导学生形成良好的学习习惯和品质。

通过以上措施的实施，我们可以更有效地将社会主义核心价值观融入高校教育教学之中，培养出更多具有高尚品德、扎实学识和创新精神的高素质人才。

二、推动社会主义核心价值观融入社会实践

推动社会主义核心价值观融入社会实践，是深化大学生思想政治教育、促进其全面发展的重要途径。高校可以从以下方面开展工作。

（一）建立完善的师生志愿服务体系

一是建立多层次志愿服务组织。高校应鼓励和支持建立涵盖学校、学院、

班级等多层次的师生志愿服务组织，形成上下联动、全员参与的志愿服务网络。这些组织可以围绕社会主义核心价值观的各个方面，如爱国主义、集体主义、诚信友善等，开展形式多样的志愿服务活动。

二是制定志愿服务管理办法与建立激励机制。高校应制定一套完善的志愿服务管理办法，明确志愿服务的目标、任务、流程和要求，同时建立志愿服务激励机制，对表现突出的志愿者给予表彰和奖励，激发广大师生的参与热情和积极性。

三是构建工作、评价与保障体系。高校应建立健全志愿服务的工作机制、评价体系和保障体系，确保志愿服务活动的有序开展和有效实施。这包括提供必要的经费支持、物资保障和安全保障，以及建立科学的志愿服务效果评估体系。

（二）实施"实践育人共同体建设计划"

一是资源整合与聚集效应。相关部门应推动国家、学校、市场与社会四方共同参与实践育人共同体的建设，整合各方资源，形成优势互补、资源共享的聚集效应。这有助于实现实践育人的有效管理、服务、培育和配置，提高育人的针对性和实效性。

二是平台搭建与能力提升。相关部门可以通过共同体建设，为学生搭建更加多元化的实践平台，如实习实训基地、创新创业孵化器等，提升学生的创新实践能力和综合素质。同时，引导学生将社会主义核心价值观内化于心、外化于行，在实践中深化对社会主义核心价值观的认知和理解。

三是社会化运作与反馈机制。相关部门应鼓励实践育人共同体实行社会化运作，吸引更多社会资源参与育人过程。同时，建立有效的反馈机制，及时收集和分析学生的实践成果和反馈意见，不断优化育人模式和内容。

（三）深化主题社会实践和志愿公益活动

一是基层宣讲与调研活动。高校应组织大学生以社会主义核心价值观为主题，深入基层进行宣讲和调研活动。通过面对面的交流和互动，了解基层群众的需求和期望，传播正能量，弘扬社会主义核心价值观。

二是节假日与课余时间利用。高校应充分利用节假日和课余时间，组织学生开展形式多样的公益服务活动，如扶贫帮困、应急救援、环保宣传等。这些活动不仅有助于培养学生的社会责任感和奉献精神，还能在实践中深化其对社会主义核心价值观的认同和践行。

三是长期志愿服务项目。高校应鼓励和支持学生长期参与扶贫、救援、环保等志愿服务项目。通过持续的服务和贡献，让学生在实践中不断感悟和践行社会主义核心价值观，形成积极向上的价值观和人生观。

综上所述，推动社会主义核心价值观融入社会实践需要多方面的努力和配合。通过建立完善的志愿服务体系、实施实践育人共同体建设计划及深化主题社会实践和志愿公益活动等措施，高校可以有效地促进大学生对社会主义核心价值观的认知和践行，培养其成为具有高尚品德、扎实学识和创新精神的高素质人才。

三、推动社会主义核心价值观融入制度建设

推动社会主义核心价值观融入制度建设，是确保其在教育领域内得以长期稳定、有效实施的关键。高校可以从以下方面开展工作。

（一）完善学校规章制度

一是师生行为准则的完善。学校规章制度应明确体现社会主义核心价值观的内涵和要求，如爱国主义、集体主义、诚信友善等，并将其融入师生行为准则中。这有助于引导师生在日常学习、工作和生活中自觉遵守这些准则，共同践行社会主义核心价值观。

二是学校礼仪制度的强化。通过完善学校礼仪制度，如升旗仪式、班会、

党团日等，将社会主义核心价值观融入其中。这些活动不仅是对学生的思想政治教育，也是对师生共同价值观的培养和强化。通过庄严的仪式和丰富的活动形式，增强师生对社会主义核心价值观的认同感和归属感。

（二）探索建立学生诚信档案

一是诚信档案体系的建立。高校应建立健全大学生诚信档案，记录学生在学业、考试、社会实践等方面的诚信表现。这有助于形成对学生诚信行为的全面、客观评价，并作为思想政治教育评测的重要条件。

二是信用约束机制的构建。通过构建各学段有机衔接的信用约束机制，如设立失信行为黑名单、实施联合惩戒等措施，加大对失信行为的惩治力度。这有助于维护校园诚信秩序，促进学生诚信品质的养成。

三是分层推进诚信档案建设。针对不同学段的学生特点，分层推进诚信档案建设。例如，在新生入学时加强诚信教育，引导学生树立正确的诚信观念；在学业考核中注重诚信表现的评价，激励学生自觉遵守诚信原则。

（三）落实师德建设长效机制

一是将社会主义核心价值观纳入教师教育课程体系。高校应将社会主义核心价值观纳入教师教育课程体系，作为职前培养和职后培训的重要内容。这有助于提升教师的政治素养和职业道德水平，为践行社会主义核心价值观提供坚实的思想基础。

二是师德教育的创新与实践。高校可以通过创新师德教育方式方法，如案例教学、实践锻炼、榜样引领等，增强师德教育的针对性和实效性。同时，加强师德宣传，树立正面典型，营造尊师重教的良好氛围。

三是师德考核、监督与激励机制的完善。高校应建立科学的师德考核体系，将师德表现作为教师评价、晋升、奖励的重要依据。同时，加强师德监督，及时发现和纠正师德失范行为。通过完善激励机制，表彰和奖励在师德建设中表现突出的教师，激发广大教师积极践行社会主义核心价值观。

综上所述，推动社会主义核心价值观融入制度建设，需要学校、教师和学生三方共同努力。通过完善学校规章制度、探索建立学生诚信档案和落实师德建设长效机制等措施，我们可以为社会主义核心价值观在教育领域的长期稳定、有效实施提供有力保障。

第四节　媒体引导与理念创新

如今，我们置身于一个新媒体时代，新媒体以其独特的方式向社会公众提供信息服务。它凭借自身的优势和力量，正深刻改变着人们的生活方式，影响着大众固有的思维模式和生活习惯，并塑造着人们的精神面貌和价值观。新媒体的这些新特性对创新高校思想政治教育的价值理念提出了更高的标准和要求。

一、新媒体时代创新大学生社会主义核心价值观教育理念的必要性

新媒体时代，大学生社会主义核心价值观教育有许多问题需要解决，这迫使高校要在教育中进行创新。

（一）新媒体时代大学生心理及传统教育理念面临的新变化

新媒体以其独特的交互性、即时性和广泛性，在大学生群体中产生了深远的影响。对于"00后"这一代大学生而言，他们成长于信息爆炸的时代，

更加注重个性彰显和自我表达。当新媒体成为他们日常生活的一部分时，他们在虚拟网络空间中的活跃度达到了前所未有的高度。

在新媒体环境下，大学生的价值观总体呈现为正向且积极。他们通过网络平台了解世界、获取信息、交流思想，形成了更加开放、包容、多元的价值观体系。然而，新媒体环境也带来了一些挑战，使得大学生的价值观在某些方面表现出非常态化的特点。例如，过度依赖新媒体可能会导致一些大学生在现实中的人际交往能力下降，虚拟世界中的信息过载也可能引发他们的焦虑、迷茫等负面情绪。

面对新媒体环境带来的机遇与挑战，高校在推进社会主义核心价值观教育时，必须积极适应新媒体时代的特点，创新价值理念，以确保教育工作的针对性和实效性。一方面，高校应充分利用新媒体平台的优势，创新教育方式方法。例如，通过微信公众号、微博、短视频等新媒体平台，以更加生动、形象、直观的方式呈现社会主义核心价值观的内涵和要求，增强教育的吸引力和感染力。同时，高校还可以利用新媒体平台的互动性，鼓励学生积极参与讨论、分享心得，形成线上线下相结合的教育模式。另一方面，高校应加强对大学生的网络素养教育。在新媒体时代，网络素养已成为大学生必备的基本素质之一。高校应通过开展网络素养课程、举办网络安全讲座等活动，提高大学生的网络素养和自我保护能力，引导他们正确、理性地使用新媒体平台，避免受到不良信息的侵害。

此外，高校还应加强对大学生的心理健康教育。在新媒体环境下，大学生的心理健康问题日益凸显。高校应建立完善的心理健康教育体系，提供专业的心理咨询和辅导服务，帮助大学生解决心理问题，增强他们的心理韧性和适应能力。

综上所述，新媒体时代，大学生心理及教育理念出现了新的变化，高校应积极适应新媒体时代的特点，创新价值理念和教育方式方法，加强对大学生的网络素养教育和心理健康教育，以确保社会主义核心价值观教育工作的针对性和实效性。

（二）新媒体时代大学生社会主义核心价值观教育理念应当与时俱进

在新媒体时代背景下，大学生社会主义核心价值观教育面临着前所未有的机遇与挑战。为了有效提升教育的吸引力和实效性，高校教育工作者必须紧跟时代步伐，充分利用新媒体的特色和优势，对教育理念进行与时俱进的革新。

传统的大学生社会主义核心价值观教育主要依赖讲授方式，这种方式往往枯燥乏味，容易与学生的实际需求脱节，难以激发他们的学习兴趣和积极性。相比之下，新媒体以其独特的交互性、即时性和广泛性，为教育提供了更加丰富多元的手段和平台。因此，高校教育工作者应深入了解大学生的实际需求，积极借助新媒体的特色和优势，创新教育方式方法，以提升教育的吸引力和实效性。

对传统教育模式与新媒体模式进行比较，我们可以发现，传统教育模式往往具有明确的身份设定和主导权，而新媒体模式则更加注重互动与交流。在新媒体时代，大学生更倾向于通过互动、交流的方式获取信息、表达观点、形成价值认同。因此，在大学生社会主义核心价值观的养成过程中，高校应充分利用新媒体的互动性和交流性，构建更加立体、动态、超时空的教育环境。具体来说，高校可以通过建立线上学习社区、开展网络主题教育活动、利用社交媒体平台等方式，引导学生积极参与讨论、分享心得、形成共识。同时，高校还可以借助大数据、人工智能等技术手段，对学生的学习行为和价值取向进行精准分析，以便更加有针对性地开展教育工作。

此外，高校在社会主义核心价值观教育过程中，还应摒弃单一依赖"熟人关系"模式来传授知识和进行价值引导的做法。在新媒体时代，大学生的人际交往范围更加广泛，他们更倾向于通过多元化的社交渠道获取信息、形成价值认同。因此，高校应更加注重教育的开放性和包容性，鼓励学生积极参与社会实践、志愿服务等活动，拓宽他们的视野，丰富他们的经历，增强他们的社会责任感和使命感。

综上所述，新媒体时代为大学生社会主义核心价值观教育提供了新的机遇和带来了新的挑战。为了有效提升教育的吸引力和实效性，高校教育工作者必须紧跟时代步伐，充分利用新媒体的特色和优势，对教育理念进行与时俱进的革新。通过创新教育方式方法、构建更加立体动态的教育环境、注重教育的开放性和包容性等措施，高校可以更好地适应新时代大学生的需求和特点，推动社会主义核心价值观在大学生群体中的深入传播和广泛认同。

二、新媒体时代大学生社会主义核心价值观教育理念的转型

（一）全面颠覆旧的教育理念，真正实现"师本"向"生本"的转型

自 20 世纪末以来，教育界一直在积极倡导"以教师为引导，以学生为主体"的教育理念，但这一理念并非仅仅停留在学生执行或代表发言的浅层次上。实际上，要实现这一理念，我们面临的最大挑战在于思想和观念层面的深刻变革。这意味着我们需要从根本上改变传统的教育模式，将学习的主动权真正还给学生，从而实现从"师本"向"生本"的全面转型。

在当前的教育环境中，全国高校的教学骨干力量主要由 20 世纪 60 年代或 70 年代出生的人构成。这一代人深受传统"师本"教育思想的影响，往往更加注重教师的权威性和主导性。然而，在新媒体时代，随着信息技术的飞速发展和学生主体意识的不断增强，我们的教育目标已经转变为"生本"，即以学生为中心，注重学生的全面发展、个性发展和创新能力的培养。

要实现这一转型，我们首先需要从思想观念上进行彻底的革新。这意味着我们要摒弃教师话语霸权的"师本"思想，转而接受并探索新的教育理念。在新的教育理念中，教师应成为学生学习的引导者和支持者，而不是单纯的知识传授者。同时，学生也不再是被动接受知识的"容器"，而是具有独立

思考能力和创新精神的主体。

为了实现这一转型，高校需要采取一系列具体措施。首先，教师应积极转变角色定位，从知识的传授者转变为学习的引导者和促进者。他们应该鼓励学生主动探索、独立思考和合作学习，为学生提供更多的学习资源和支持。其次，高校应建立以学生为中心的教学体系，注重培养学生的创新精神和实践能力。这包括优化课程设置、改革教学方法、加强实践教学环节等。最后，高校还需要加强教育评估和反馈机制的建设，及时了解学生的学习情况和需求，为教学改进提供有力的支持。

在新媒体时代，信息技术的快速发展为"师本"向"生本"的转型提供了更加广阔的空间和可能。高校可以利用新媒体平台和技术手段，为学生提供更加便捷、高效的学习资源和支持。同时，新媒体的交互性和即时性也使得师生之间、学生之间的互动交流更加频繁和深入，为培养学生的创新精神和团队协作能力提供了更加有利的条件。

综上所述，全面颠覆旧的教育理念，真正实现"师本"向"生本"的转型，是当前教育改革的重要任务之一。高校需要从思想观念上进行深刻的变革，采取一系列具体措施来推动这一转型的实现。只有这样，我们才能培养出更多具有创新精神和实践能力的人才，为社会的发展和进步做出更大的贡献。

（二）新媒体时代教师教育理念上的清醒和自觉

在教育改革的浩瀚征途中，"生本"理念如同璀璨的星辰，引领着我们从"师本"的束缚中挣脱，迈向一个以学生为主体的教育新纪元。这一转型不仅是对传统教育模式的深刻反思，更是对教育本质的重新定位和探索。进入新媒体时代，这一转型的紧迫性和重要性愈发凸显，它要求我们在教育理念上进行一次全面的革新，以适应时代的需求和挑战。

新媒体时代以其独特的魅力，将我们带入了一个思维多元、观念碰撞的全新世界。在这里，立体思维逐渐取代了线性思维，或然性对必然性发起了挑战，理性与非理性在交织中并存。这样的时代背景，无疑为教育理念的转型提供了肥沃的土壤和无限的可能。然而，这也意味着我们必须保持清醒的头脑和自觉的意识，才能在这一变革中立于不败之地。

面对新媒体时代的挑战，相关部门应积极推动教育模式从静态向动态、从封闭向开放的转变。这意味着我们要打破传统教育模式的束缚，利用新媒体平台和技术手段，为学生提供更加灵活、多样、个性化的学习资源和支持。同时，我们也要鼓励学生积极参与社会实践、志愿服务等活动，拓宽他们的视野和经历，培养他们的创新精神和实践能力。

在这一转型过程中，教师扮演着至关重要的角色。他们不仅是知识的传授者，更是学生思想的引领者和价值观的塑造者。因此，教师必须在教育理念上保持清醒和自觉，积极适应新媒体时代的变化和要求。教师应摒弃传统的"师本"思想，转而尊重学生的主体地位和个性差异，鼓励他们独立思考、自主学习和合作学习。同时，教师也应不断提升自己的专业素养和教育能力，利用新媒体平台与技术手段创新教学方法，为学生提供更加优质的教育服务。

此外，我们还应注重"师本"与"生本"之间的相互转化。在新媒体时代，教师和学生之间的关系不再是简单的传授与接受的关系，而是平等、互动、共同成长的伙伴关系。教师应积极倾听学生的声音和需求，尊重他们的意见和建议，与他们共同探索知识的奥秘和人生的真谛。同时，学生也应尊重教师的劳动和付出，积极参与课堂讨论和实践活动，与教师共同构建和谐、积极、向上的课堂氛围。

综上所述，新媒体时代教师教育理念上的清醒和自觉是实现"师本"向"生本"转变的关键所在。我们应积极适应时代的变化和要求，推动教育模式从静态向动态、从封闭向开放的转变；同时，教师也应在教育理念上保持清醒和自觉，不断提升自己的专业素养和教育能力。最后，我们还应注重"师本"与"生本"之间的相互转化，构建平等、互助、共同成长的伙伴关系。只有这样，我们才能在新媒体时代的浪潮中乘风破浪，开创教育事业的新篇章。

三、新媒体时代创新社会主义核心价值观教育理念的基本对策

伴随着新媒体在教育领域的应用，高校社会主义核心价值观教育工作者需要适应社会主义核心价值观教育面临的新环境、新问题。

（一）树立开放平等的理念，增强教育的互动性

新媒体以其开放性和共享性的独特魅力，为教育领域带来了前所未有的变革。其开放性不仅打破了地域限制，使得教育资源的获取和分享变得前所未有的便捷，还促进了不同文化、不同观点之间的交流与碰撞，为形成教育合力创造了极为有利的条件。相较于传统媒体，新媒体具有无可比拟的优势，它使得教育不再局限于固定的时间和空间，而是随时随地都可以进行。

在经济全球化和政治多极化背景下，网络已成为西方国家进行意识形态渗透的主要工具。面对这一挑战，高校社会主义核心价值观教育工作者必须积极应对，充分利用网络的开放性，坚守社会主义核心价值观在网络空间的主导地位。这意味着我们要及时掌握网络舆情，对社会热点事件进行及时、正面、深入的宣传和引导，防止不良信息的扩散，维护网络空间的清朗。

同时，教育者应深入理解并尊重大学生的主体地位，树立开放平等的理念，增强教育的互动性。大学生正处于价值观形成的关键时期，他们的内心世界丰富多彩，对新鲜事物充满好奇。教育者应主动融入大学生的日常生活，通过新媒体平台与他们建立紧密的联系，倾听他们的声音，理解他们的需求，为他们提供精准的引导和坚定的支持。这种基于平等和尊重的互动，不仅能够增强教育的针对性和实效性，还能够促进师生之间的情感交流，构建和谐的教育环境。

新媒体不仅为教育工作者提供了一个课堂之外的沟通交流桥梁，更构建了一个全员参与、共同育人的广阔平台。在这个平台上，教育者、学生、家

长以及社会各界都可以积极参与进来，共同为大学生的成长成才贡献力量。这种全员育人的模式，打破了传统教育的界限，使得教育变得更加立体、多元和生动。

因此，在新媒体时代，我们要充分利用新媒体的优势，树立开放平等的理念，增强教育的互动性。通过掌握网络舆情、融入大学生生活、构建全员育人平台等措施，我们可以更加有效地推动社会主义核心价值观在大学生群体中的传播和内化，为培养德智体美劳全面发展的社会主义建设者和接班人贡献力量。

（二）运用隐性教育模式，增强教育的实效性

在新媒体时代背景下，社会主义核心价值观教育的实施面临着新的挑战与机遇。为了更好地适应这一环境，必须增强教育的实效性，隐性教育模式的运用显得尤为重要。隐性教育模式以其独特的优势，恰好契合了新媒体多样灵活的特点，成为社会主义核心价值观教育创新的重要途径。

隐性教育模式强调的是教育者将教育目标和内容巧妙地融入大学生的日常活动中，使大学生在潜移默化中接受社会主义核心价值观的熏陶。与显性教育模式相比，隐性教育模式避免了直接的灌输和说教，使得教育的时空更为灵活、内容更为开放。这种教育方式不仅有助于激发学生的自主学习兴趣，还能在无形中培养学生的道德品质和社会责任感，从而达到事半功倍的教育效果。

在新媒体环境下，隐性教育模式的运用具有得天独厚的优势。新媒体平台为隐性教育的实施提供了丰富的资源和手段，如社交媒体、在线课程、虚拟社区等，这些平台可以突破时间和空间的限制，使教育者与大学生之间的沟通交流更加便捷高效。通过新媒体平台，教育者可以更加深入地了解大学生的思想动态和兴趣爱好，从而更加精准地设计隐性教育的内容和形式。

此外，新媒体平台还为隐性教育的实施提供了更加生动、直观的表现形式。例如，通过制作富有创意的短视频、动画、图文等多媒体内容，教育者

可以将社会主义核心价值观的内涵和精神实质以更加直观、易于理解的方式呈现给大学生。这些生动有趣的内容不仅能够吸引学生的注意力，还能激发他们的共鸣和思考，从而促使其更加深刻地理解和认同社会主义核心价值观。

在新媒体平台上，教师还可以利用虚拟社区、在线论坛等互动工具，营造积极向上的学习氛围。通过组织线上讨论、分享会等活动，教师可以引导学生深入思考社会主义核心价值观的相关问题，鼓励他们发表自己的观点和看法。这种互动式的教育方式不仅有助于培养学生的批判性思维和表达能力，还能在无形中增强他们对社会主义核心价值观的认同感。

综上所述，运用隐性教育模式是增强社会主义核心价值观教育实效性的重要途径。在新媒体时代背景下，教育者应充分利用新媒体平台的优势和特点，将隐性教育模式与新媒体技术相结合，创新教育方式方法，提高教育的针对性和实效性。通过潜移默化的熏陶和引导，帮助大学生树立正确的世界观、人生观和价值观，为他们的全面发展和社会的和谐稳定贡献力量。

第五节　长效保障体系的构建

为了确保高校在培育和践行社会主义核心价值观方面的长效性，需要构建一个完善的保障体系。这一体系由一系列相互关联、相互作用、相互支撑的具体保障措施组成。保障体系的整体效能，依赖于各构成要素间的有效互动，以及具体保障措施间的动态运行和紧密关联。基于高校培育和践行社会主义核心价值观长效保障体系的必要构成，结合每种具体保障措施内部各要素之间的相互作用，并考虑保障措施的实际运行过程，我们可以将这一长效保障体系细分为七个方面：组织保障、制度保障、实施运行保障、资源载体保障、考评激励保障、队伍建设保障和监督检查保障。每种具体保障措施的运行，都旨在确保社会主义核心价值观教育在明确"做什么"的基础上，能够持续、稳定、有效地进行。通过这七个方面的综合作用，我们将构建一个体系完善、保障有力、程序规范的社会主义核心价值观教育长效保障系统。

一、组织保障

（一）组织的概念

《决策科学辞典》（人民出版社，1995 年版）对"组织"的定义为我们理解这一概念提供了坚实的基础。从静态视角来看，"组织"是由若干个人或群体构成的、拥有共同目标和明确边界的社会实体。这种实体通常具备特定的结构，旨在实现某种特定的功能或目标。从动态视角审视，"组织"则是指人们为实现一定目标而进行的一系列活动过程，它强调的是组织的运作过程和动态变化。

将这一概念应用于高校环境，我们不难发现，组织在社会主义核心价值观教育中扮演着至关重要的角色。在高校这一特定社会实体中，教师、管理人员及服务人员共同构成了社会主义核心价值观教育的重要工作主体，他们作为施教者，对受教育者发挥着主导和引领作用。然而，要确保社会主义核心价值观教育的持续性和有效性，仅仅依赖这些教育者的主导作用是不够的。

为此，建立一种长效的组织保障机制显得尤为重要。学校的各个单位和部门，在培育和践行社会主义核心价值观的过程中，都扮演着组织者和领导者的关键角色。他们的职能发挥需要在一个有序、高效的组织领导下进行，以确保教育活动的顺利开展和目标的有效实现。

总之，组织在高校社会主义核心价值观教育中发挥着不可替代的作用。只有在组织的保障下，学校教育者才能充分发挥其主导作用，确保教育的顺利进行，并取得良好效果。

（二）组织保障体系的领导机构

组织保障体系是确保高校有效培育和践行社会主义核心价值观的关键所在，它涵盖了顶层设计、统筹协调、整体推进等多个环节的运行方式和工作机制。领导机构作为组织保障的核心，发挥着主导作用，其首要任务是确保社会主义核心价值观教育能够长期、稳定、有效地运行。领导机构的主要功能包括：对社会主义核心价值观教育进行宏观规划和顶层设计，明确各构成单元的责任分工，以及对整体工作的统筹协调。同时，领导机构的设置也是明确各级、各岗位职责的过程，确保每个部门和个人都能明确自己的职责与任务。中共中央办公厅印发的《关于培育和践行社会主义核心价值观的意见》提出，"各级党委和政府要充分认识培育和践行社会主义核心价值观的重要性，把这项任务摆上重要位置，把握方向，制定政策，营造环境，切实负起政治责任和领导责任"。因此，发挥好各级党组织的组织领导作用至关重要，特别是各级党组织书记和各部门领导负责人要切实发挥组织领导作用，确保高校培育和践行社会主义核心价值观工作的贯彻落实。

为实现这一目标，高校需要建立统一领导、统筹计划的机制，形成各级组织分工明确、权责清晰、相互协调的领导机构。具体而言，可以采取以下策略。

一是明确领导机构的组成和职责。领导机构应由学校高层管理人员、相关部门负责人及专家学者等组成，共同负责社会主义核心价值观教育的规划和实施。同时，要明确领导机构的各项职责，确保工作有序开展。

二是建立沟通协调机制。领导机构应定期召开会议，就社会主义核心价值观教育的进展情况进行沟通和协调。通过加强部门间的信息共享和协作配合，形成工作合力，推动教育活动的深入实施。

三是强化监督评估机制。领导机构应建立健全监督评估机制，对社会主义核心价值观教育的实施情况进行定期检查和评估。通过发现问题、及时整改，确保教育活动的质量和效果。

四是加强队伍建设。领导机构应注重加强队伍建设，提高工作人员的专业素养和工作能力。通过培训、交流等方式，不断提升队伍的整体素质，为社会主义核心价值观教育的深入实施提供有力的人才保障。

这样的领导机构将为高校开展社会主义核心价值观教育工作提供有力的组织领导保障，确保工作的顺利进行和取得实效。

（三）组织领导作用

在高校培育和践行社会主义核心价值观的过程中，组织领导发挥着至关重要的引领作用。学校党委作为最高领导机构，承担着统筹全局、把握方向的重要职责，确保整个教育始终在正确的轨道上前行。

学校党委的统一领导为社会主义核心价值观教育提供了坚实的政治保障。党委职能部门、各二级学院党组织及各个支部自上而下形成了一条紧密相连的行动链条，确保各级组织在行动上保持高度一致。这种自上而下的领导体系，不仅有助于形成强大的组织合力，还能够确保教育活动的有序开展和深入推进。

在学校党委的领导下，党委宣传部门扮演着统筹全局的关键角色，负责全校范围内社会主义核心价值观教育的规划、部署和协调工作，确保各项教育活动能够紧密围绕党的教育方针和社会主义核心价值观的核心要求进行。通过制定详细的工作计划和实施方案，党委宣传部门能够确保教育活动的针对性和实效性，推动社会主义核心价值观在校园内的广泛传播和深入实践。

同时，学生工作部和群团组织也是推进社会主义核心价值观教育的重要力量。它们负责将相关教育内容面向师生进行具体落实，通过制定切实可行的工作方案和监督机制，确保教育活动的顺利实施和取得实效。这些部门不仅关注学生的学习成绩和专业技能培养，更注重学生的思想道德素质提升和价值观念塑造，努力将学生培养成具备高尚品德和良好行为习惯的优秀人才。

在社会主义核心价值观教育活动中，各职能部门虽然扮演着不同的角色，拥有不同的地位和分工，但都致力于将党的意识形态和主流价值观深入、有序地融入全体师生的价值认同中。为了实现这一目标，高校需要建立完善的评价和反馈机制，及时收集和分析师生对社会主义核心价值观教育活动的反馈意见，不断优化教育内容和方式，提高教育活动的针对性和实效性。

此外，组织保障也是确保高校社会主义核心价值观教育深入实施的重要环节。学校需要根据特定目的和需要对培育和践行社会主义核心价值观的过程进行动态调节和设计，同时依据编制、章程和制度建立完善的培育和践行机构。这些机构不仅负责教育活动的具体实施和监督工作，还能为师生提供必要的支持和帮助，推动社会主义核心价值观教育在校园内的广泛普及和深入实践。

总之，组织领导在高校培育和践行社会主义核心价值观的过程中发挥着至关重要的作用。只有加强组织领导、完善组织机构、整合教育资源、优化教育方式方法，才能为高校培育和践行社会主义核心价值观提供坚实的组织保障和有力支持。

二、制度保障

制度保障是确保高校有效培育和践行社会主义核心价值观的关键环节之一。制度作为社会组织或团体成员共同遵守的准则，具有一定的刚性，对制度范围内的所有成员都具有约束力。因此，制度保障旨在通过制定一系列措施、规则或工作指南，来引导、规范相关部门和工作人员在培育和践行社会主义核心价值观工作中的行为，以确保工作顺利进行和取得实效。

（一）建立规章制度和管理措施相结合的机制

规章制度的刚性约束是确保教育目标实现的基础。高校应建立健全与社会主义核心价值观教育相关的规章制度，明确学生的行为规范、道德准则和奖惩机制。这些制度不仅要具有可操作性和执行力，还要体现出对社会主义核心价值观的认同和弘扬。加大制度执行的力度，可以确保每一项制度都能得到严格遵守，从而维护制度的权威性和有效性。在这个过程中，高校要加强对学生日常行为的监督和管理，对违反规章制度的行为及时进行纠正和处罚，以儆效尤。

然而，教育具有其内在的规律性和长期性，不能仅依赖刚性制度来实现教育目标。因此，我们需要将大学生日常行为规范、养成教育与刚性制度约束相结合，实现刚性制度与教育内容的深度融合。这要求高校在教育管理中注重引导学生逐步适应并接受更高层次的价值观教育，将教育要求转化为内在的自我约束。通过长期的教育熏陶和实践锻炼，学生能够深刻理解和认同社会主义核心价值观，进而将其内化为自觉行动。

为了实现这一目标，高校可以采取以下措施。

一是加强制度建设与宣传。在建立健全规章制度的基础上，高校要加强对学生的制度宣传和教育，使学生充分了解制度的内容和意义，增强遵守制度的自觉性和主动性。

二是注重养成教育。高校通过日常行为规范的养成教育，引导学生形成良好的行为习惯和道德品质。这可以通过课堂教育、校园文化活动、社会实践等多种形式来实现。

三是强化实践锻炼。高校应鼓励学生积极参与社会实践和志愿服务等活动，通过实践锻炼加深对社会主义核心价值观的理解和认同。同时，高校要加强对社会实践活动的指导和支持，确保活动能够取得实效。

四是建立激励机制。高校应对在培育和践行社会主义核心价值观方面表现突出的学生给予表彰和奖励，以激发学生的积极性和创造力。这种激励机制可以包括奖学金、荣誉称号等多种形式。

五是加强师德师风建设。教师是学生的榜样和引路人。高校要加强师德师风建设，培养一支具备高尚师德和良好师风的教师队伍。通过教师的言传身教，引导学生树立正确的价值观和人生观。

综上所述，构建规章制度与管理措施相融合的机制是实现高校社会主义核心价值观教育目标的重要保障。通过刚性约束与柔性引导的并重，高校可以在培育和践行社会主义核心价值观方面取得更好的效果。

（二）建立常态化的培养规范和养成机制

为了将社会主义核心价值观的柔性要求转化为学生的日常行为准则，高校需建立一套常态化的培养规范和养成机制。这一机制的核心在于通过规章制度的刚性约束，引导学生将外在的他律规范内化为内在的自律，进而形成自觉遵循的价值取向和行为习惯。

首先，高校应制定一系列与社会主义核心价值观相契合的规章制度。这些规章制度不仅应涵盖学生的学习、生活、社交等多个方面，还应将社会主义核心价值观的精神内涵贯穿其中。例如，可以制定关于学术诚信、团队协作、尊重他人、爱护环境等方面的具体规定，使学生在遵守这些规定的过程中，逐渐理解和认同社会主义核心价值观的核心价值。

其次，学校应建立健全的工作制度、行为守则和行业行规，以刚性约束来规范和制约师生的日常行为。这些规章制度应具有明确的导向性和操作性，能够对学生的行为进行具体的指导和规范。同时，学校还应加强对规章制度的宣传和教育，确保每位学生都能充分了解并自觉遵守。在规章制度的执行过程中，高校应注重奖惩并举。对于在践行社会主义核心价值观方面表现突出的学生，学校应给予表彰和奖励，以树立榜样，激励更多学生积极参与其中。对于违反社会主义核心价值观的行为和言论，学校则应进行及时的批评和教育，必要时可采取相应的惩罚措施，以维护校园环境的健康有序。

再次，高校还应注重培养学生的自我约束和自我管理能力。高校可以通过开展主题班会、团日活动、志愿服务等多种形式的教育活动，引导学生积极参与社会实践和公益活动，增强他们的社会责任感和奉献精神。同时，高校还可以利用校园媒体、网络平台等渠道，加强对社会主义核心价值观的宣传和教育，营造积极向上的校园文化氛围。

最后，在构建常态化的培养规范和养成机制的过程中，高校还应注重与家庭和社会的联动，通过加强与家长的沟通和合作，共同引导学生树立正确的价值观和人生观。同时，学校还可以积极寻求与社会的合作机会，组织学生参与社会实践、志愿服务等活动，使学生在实践中深化对社会主义核心价值观的理解和认同。

总之，构建常态化的培养规范和养成机制是高校培育和践行社会主义核心价值观的重要途径。通过制定与社会主义核心价值观相契合的规章制度、建立健全的工作制度和行为守则、注重奖惩并举、培养学生的自我约束和自我管理能力，以及加强与家庭和社会的联动等措施，高校可以为学生提供一个良好的成长环境，引导他们将社会主义核心价值观内化为自觉遵循的价值取向和行为准则。

（三）建立师生之间沟通和个性化建构的机制

在大学生群体中，自由、平等、民主的价值观念深入人心，这对高校教师提出了更高的要求。教师不仅要成为知识的传递者，更要成为培育和践行社会主义核心价值观的组织者、参与者和教育工作的设计者。为了实现这一目标，建立师生之间有效的沟通与个性化建构机制显得尤为重要，其中，价值商谈机制成为促进大学生社会主义核心价值观内化于心、外化于行的关键途径。

首先，高校应将价值商谈机制正式纳入社会主义核心价值观教育的战略规划中，明确其作为核心平台和必要举措的地位。这要求学校层面不仅要在政策上给予支持，还要在资源配置、课程设置、活动组织等方面为价值商谈机制的实施提供便利。高校可以通过设立专门的价值商谈课程、工作坊、研讨会等形式，为学生和教师提供一个开放、包容、平等的交流平台，鼓励师生就社会主义核心价值观的相关议题进行深入探讨和交流。

其次，深入分析大学生价值商谈机制的构成要素，包括参与主体（教师与学生）、商谈议题、商谈方式、反馈机制等。在此基础上，需要研讨并识别构建价值商谈机制的有利条件，如学生的积极参与意愿、教师的专业素养和引导能力、学校的教育资源和文化氛围等。同时，也要正视并克服潜在的障碍，如学生个体差异导致的参与度不均、教师对价值商谈理念的理解差异及商谈过程中可能出现的误解和冲突等。针对这些问题，高校需要建立相应的解决机制和应急预案，确保价值商谈活动的顺利进行。

在价值商谈过程中，教师应充分发挥其专业优势和价值引领作用。通过运用自身的价值穿透能力，深入剖析社会主义核心价值观的内涵和意义，结合对学生深厚的亲和力和强大的价值感召力，引导学生正确理解和认同社会主义核心价值观。同时，教师还要关注学生的个体差异和需求，采用个性化的教学方法和策略，激发学生的学习兴趣和动力，帮助他们在价值观的选择和践行上找到适合自己的道路。

此外，为了确保社会主义核心价值观的培育与践行取得实效，高校还需要建立一套完善的评估与反馈机制。通过定期收集和分析学生参与价值商谈活动的反馈意见，了解他们在价值观内化过程中的困惑和需求，及时调整教学策略和活动内容。同时，也要对教师的引导能力和教学效果进行评估，为教师提供持续的专业发展和培训机会，不断提升他们的专业素养和教学水平。

综上所述，建立师生之间深度交流与个性化成长机制，是高校在培育和践行社会主义核心价值观方面的重要任务。价值商谈机制的建立和实施，可以促进学生与教师在价值观层面的深度交流和互动，共同构建一种积极向上、和谐包容的校园文化氛围，为社会主义核心价值观的内化于心、外化于行提供有力保障。

三、实施运行保障

高校要建立"三线四级"培育和践行体系。"三线"是从社会主义核心价值观教育的实施路径进行区分的，即组织线路、阵地线路、人员线路；"四级"是指每条线的四个层面。这一体系能够起到加强组织保障的作用。

（一）组织线路："学校党委—学生工作部—群团组织—学生社团"

1. 学校党委全面领导

在高校培育和践行社会主义核心价值观的工作实践中，学校党委发挥着全面领导、统筹规划、顶层设计的作用。社会主义核心价值观教育是大学生思想政治教育工作的重要构成，是落实立德树人根本任务的具体举措，是大学生德育工作的重心，是"五育"（德育、智育、体育、美育、劳育）之首。学校党委要建立专门的领导机构，确定根本方向，制定工作目标，明确实施程序，使大学生社会主义核心价值观教育得以顺利推进和有效实施。

2. 学生工作部贯彻落实

学生工作部作为学校党委的职能部门，具有贯彻落实学校党委思想政治教育工作的职责，将党委的思想政治教育工作决议转化为具体实施方案，牵头统筹各个二级学院党总支开展大学生社会主义核心价值观培育和践行工作的作用。学生工作部的工作对象主要是各个二级学院的学生工作队伍和其他学生，它是学校培育和践行社会主义核心价值观的中枢力量，是贯彻落实相关工作的重要责任主体。同时，高校辅导员的首要职责在于开展大学生思想政治教育。学生工作部作为牵头部门，负责贯彻落实学校党委关于青年大学生思想政治教育工作的各项要求。该部门拥有一支能够直接执行学校党委意志的辅导员队伍，他们能够有效地推动高校在培育和践行社会主义核心价值观方面的工作。这支队伍在传播和践行社会主义核心价值观中发挥着重要作用，能确保高校思想政治教育工作取得实效。

3. 群团组织组织实施

群团组织具有引领青年的职能，在开展思想引领方面更贴近学生，是高校培育和践行社会主义核心价值观的中坚力量，具有不可替代的独特优势。群团组织作为党联系青年大学生的纽带，是高校培育和践行社会主义核心价值观的具体实施者。其可以通过设计符合大学生特点的教育形式和活动方式，将社会主义核心价值观教育作为主要任务，贯穿到具体的工作中。高校党委应加强对群团组织的领导和引导，健全群团组织的工作机制，明确群团组织在高校思想政治教育工作中的总体要求，将社会主义核心价值观教育内容具体化，确保学校党委有关青年大学生的思想引领工作得到贯彻落实。

4. 学生社团直接参与

学生社团是学生基于个人特点、兴趣和需求自发组建的组织，具有自发性、自我约束性、自我价值实现和自我行为引导等特点。作为学校校园文化建设的重要力量，学生社团是文化活动的主体，对于营造积极向上的校园氛围起着关键作用。高校应积极引导学生社团开展具有吸引力和感染力的校园文化活动，通过这些活动营造一种正面的教育环境，使社团成员在参与中深化对社会主义核心价值观的理解和认同，并培养他们在实际社团活动中自觉践行社会主义核心价值观的习惯。

(二)阵地线路:"学校层面—二级学院—班团组织—学生社区"

1. 学校层面统领

学校全面统筹全校的思想政治教育工作，不仅在理论教学上，也在实践活动中展现出强大的系统性、目标性和计划性。它领导全校的各个部门、各条战线，按照学校育人工作的总体规划，有条不紊地实施社会主义核心价值观教育。学校是青年大学生接受思想政治教育、人文素质教育、专业技能培育的主要场所，是大学生在校学习期间人生观、价值观形成的关键场所。学校的整体环境和氛围会对学生个体产生潜移默化的影响，形成一种浸润式的熏陶。在物质环境和精神环境两个层面，学校都全方位地影响着学生对社会主义核心价值观的理解和认同。学校的思想政治课程教学是实施思想政治教育的传统阵地，而专业课程教学也逐步融入了思想政治元素，思想政治课程在专业教学中的地位和作用日益凸显。这两类课程都已成为实施社会主义核心价值观教育不可或缺的载体。

2. 二级学院执行

二级学院是学校层面教育教学方针、计划和任务的主要执行者，在党建和思想政治教育工作中，由学院党组织负责人发挥牵头作用。在培育和践行社会主义核心价值观的工作任务中，二级学院负责具体落实工作计划、安排工作内容，并由专门人员负责执行学校层面的相关安排部署。这些专门人员将学校的培育和践行意见转化为可供班团组织具体实施的措施，进一步指导班团组织开展与社会主义核心价值观相关的活动，确保教育工作的深入实施。

3. 班团组织实施

班团组织在社会主义核心价值观教育中发挥着重要的实践作用。它们根据学校和二级学院的安排部署，有计划地组织班级成员参与和践行各种社会主义核心价值观的实践活动，旨在引导班级成员形成符合社会主流意识形态要求的班风和学风。通过这些实践活动，班团组织促使班级成员在实践中深刻理解和践行社会主义核心价值观，从而与学校层面和二级学院的要求保持高度一致，形成共同的思想认识、思想品德和行为习惯。

4. 学生社区浸润

为进一步增强社会主义核心价值观在学生生活社区的育人功能，教育部在高校试点"一站式"学生社区服务。学生公寓作为大学生校园生活的主要场所之一，对大学生的思想政治教育、行为养成具有至关重要的作用。作为学生社区建设的单元阵地——学生宿舍，其文化功能对学生的思想引领具有浸润式的作用，是高校物质文化建设相对隐性的教育载体之一。公寓文化、宿舍文化具有"陪伴式、贴身式"的育人功效。高校可以通过打造公寓文化、宿舍文化，培育学生的审美情趣，促进学生对社会主义核心价值观的认同和内化。

（三）人员线路："党政领导—辅导员队伍—思政教师—专业教师"

1. 党政领导的模范带头作用

《关于加强和改进新形势下高校思想政治工作的意见》中提出的要求，为高校推动思想政治工作队伍建设提供了法理依据，高校思想政治工作队伍建设具有了更加清晰的目标和任务。以学校党政领导班子成员、各二级学院、各职能部门负责人为代表的各层级党政领导，既是贯彻学校党委思想政治工作方针、计划的关键力量，也是践行社会主义核心价值观的模范。在社会主义核心价值观教育的思想认识、行为养成方面，党政领导自然要走在前列，充分发挥模范带头作用。

2. 辅导员队伍的价值引领作用

辅导员在大学生的价值观形成过程中扮演着关键角色，他们拥有对大学生实施社会主义核心价值观教育的独特优势。辅导员能够借助团日活动、主题班会等育人载体，以最直接的方式面向广大青年学生，使社会主义核心价值观深入学生内心，转化为他们的思想认同。通过学生广泛参与的实践教育，社会主义价值观将进一步外化为学生的行为习惯。从岗位职责的履行、工作实施的便捷性及学生内心的认同等多维度考虑，辅导员可以将社会主义核心价值观教育有机地融入学生日常管理和服务中，从而有效促进学生良好思想观念和道德品质的形成。

3. 思政教师的理论教育作用

习近平总书记在 2016 年 12 月全国高校思想政治工作会议上强调，"要用好课堂教学这个主渠道"[①]。高校思想政治理论课教师是面向大学生有组织、有计划、系统性地开展社会主义核心价值观教育的主体，是高校对学生

---

① 习近平：把思想政治工作贯穿教育教学全过程[EB/OL]. https://jhsjk.people.cn/article/28935836. （2016-12-08）.

进行价值引领的主体，对大学生形成系统性思想认知、道德品质、价值观念具有不可替代的作用。

4. 专业教师的协同示范作用

高校培育和践行社会主义核心价值观不仅仅局限于思想政治工作队伍，专业教师同样具有育人职责。具体体现在：专业教师需要与思想政治理论课教师协同并进，将社会主义核心价值观巧妙地融入专业课程的教学过程中。有机结合思想政治元素与专业课程，大学生在学习专业技能的同时，也能接受职业精神教育和价值观教育。专业课程中的思想政治元素如同"调味品"，在专业知识的学习中不可或缺，能使学生的学习更具有意义。同时，专业教师在岗位上的职业精神也为青年学生树立了行为榜样。他们良好的师德师风对学生的人格塑造产生了深远的影响，是学生成长道路上的重要引路人。

四、资源载体保障

高校在培育和践行社会主义核心价值观的过程中，需要将载体作为媒介，建设既能使社会主义核心价值观施教者与受教者共同接受又能促进两者相互联系的资源和桥梁，这是高校有效推进社会主义核心价值观教育的重要保障。传统的教育资源和载体与现代大学生的受教育资源需求和载体形式需求有一定的差距，当代大学生更趋向于接受多元化、信息化的知识传播方式，在接受价值观教育时，同样需要采用现代化的手段和媒介，只有这样才能更好地进行社会主义核心价值观的传承。

（一）优化课程教学资源

在高校培育和践行社会主义核心价值观的过程中，课程教学资源的优化是确保教育效果的关键一环。随着时代的发展，当代大学生对知识的获取方式和传播媒介有了更高的期待与要求，他们更倾向于接受多元化、信息化的知识传播方式。因此，高校在社会主义核心价值观教育中，必须紧跟时代步伐，积极采用现代化的手段和媒介，以优化课程教学资源，提升教育效果。

首先，高校应充分利用现代信息技术，打造线上与线下相结合的教学模式。通过开发专门的社会主义核心价值观在线课程，利用网络平台进行远程教学，可以突破时间和空间的限制，使更多学生能够随时随地享受到优质的教育资源。同时，线上教学还可以结合视频、音频、图文等多种形式，使教育内容更加生动、形象，更容易被学生接受和理解。

其次，高校应注重课程内容的多元化和时代性。在社会主义核心价值观教育中，不仅要注重理论知识的传授，还要结合社会热点、时事政治等内容，使教育内容更加贴近实际、贴近生活、贴近学生。引入案例分析、小组讨论、角色扮演等多样化的教学方法，可以激发学生的学习兴趣和提高参与度，提升他们的思考能力和实践能力。

再次，高校还应加强与其他教育资源的整合与共享。例如，可以与图书馆、博物馆等文化机构建立合作关系，共同开发教育资源，为学生提供更加丰富的学习体验。同时，还可以邀请社会知名人士、专家学者等走进校园，举办讲座、研讨会等活动，与学生进行面对面的交流和互动，拓宽学生的视野和思路。

最后，在优化课程教学资源的过程中，高校还应关注和尊重学生的个体差异。每个学生都有自己独特的兴趣爱好和学习方式，因此，在社会主义核心价值观教育中，高校应提供多样化的学习路径和选择，以满足不同学生的需求。例如，可以设立选修课程、兴趣小组、实践项目等，让学生根据自己的兴趣和特长进行选择与学习。

综上所述，优化课程教学资源是高校培育和践行社会主义核心价值观的重要举措。通过采用现代化手段和媒介、注重课程内容的多元化和时代性、加强与其他教育资源的整合与共享及关注学生个体差异等措施，可以打造一个更加开放、包容、多元化的社会主义核心价值观教育平台，为培养德智体美劳全面发展的社会主义建设者和接班人提供有力保障。

（二）丰富校园文化资源

一是加强学校物质文化建设。物质文化的教育功能往往隐含在其独特的展现形态之中。高校可以通过精心创设环境、布置人文景观、构建富有标志性的建筑或主题雕像等物质形式，来加强高校社会主义核心价值观教育。这些物质形式能够将抽象的思想认识层面的教育以形象的方式呈现在学生的视野中，进而促使学生将这些物质形式蕴含的核心价值文化内化为自身的认知，最终影响他们的行为习惯。这样的教育方式不仅直观，而且富有感染力，能够更有效地推动社会主义核心价值观在校园的普及和践行。

二是加强精神文化建设。高校可以积极宣传社会大众熟知的典型模范精神（如焦裕禄精神），并结合专业特色（如红旗渠精神），以及凸显时代特征的抗疫精神和脱贫攻坚精神等，来加强精神文化建设。此外，高校还可以充分利用固有的育人元素，如校训、校歌、校风、教风和学风等，进一步强化校园的精神文化。通过这些不同时代、不同领域、不同类型的精神文化内涵建设，高校不仅能够有效培育学生的社会主义核心价值观，还能积极引导学生践行社会主义核心价值观，为他们树立正确的价值观和人生观奠定坚实基础。

三是加强文化产品创造。文化传播与传承是高校培育和践行社会主义核心价值观的重要渠道。高校师生可以创作包含社会主义核心价值观文化的书籍，阐述核心价值观内容的论文，展现主流价值文化的视频、图片资料等形式的文化产品，弘扬核心价值文化、拓展优秀文化传播的产品生产，促进核心价值文化展播展业活动的开展，让文化产品成为弘扬社会主义核心价值观的载体，让文化活动场所成为宣传社会主义核心价值观的阵地，使社会主义核心价值观渗透到校园的文体活动中，让大学生在寓教于乐的学习和生活中无处不在地受到社会主义核心价值观的熏陶。

（三）拓展价值观教育载体

社会主义核心价值观教育活动的载体，如同文化的桥梁，连接着理论的深度与实践的广度，承载着社会主义核心价值观的传播与内化。高校作为培养新时代青年的摇篮，有组织、有计划、有意识地安排与部署这些载体，对确保青年学生在参与中受到教育、将价值理念自觉内化具有重要意义。

一方面，高校精神文明创建部门和单位可以通过组织一系列争先创优活动，如文明处室、文明班级、文明宿舍、文明学生评选等，将社会主义核心价值观融入主题建设之中。这些活动不仅为学生提供了展示自我、提升素质的平台，更能在无形中引导学生树立正确的价值观，形成积极向上的校园文化氛围。其通过树立典型、表彰先进，激发了学生的集体荣誉感和竞争意识，推动了社会主义核心价值观在校园内的广泛传播。

另一方面，高校学生可以通过参与丰富多彩的社会实践活动、专业实习活动、党团活动、社团活动等，积极践行社会主义核心价值观。这些活动不仅丰富了学生的课余生活，更在实践中锻炼了学生的能力，增强了他们的社会责任感。例如，通过支教活动，学生不仅可以将所学知识传授给偏远地区的孩子，更能在与孩子们的互动中感受到教育的力量，增强自身的社会责任感；通过走基层、社会调查等活动，学生可以深入了解社会现状，感受人民群众的生活，从而更加珍惜当下的幸福生活，坚定为人民服务的信念；通过志愿者服务等公益活动，学生可以发挥自己的专长，为社会贡献自己的力量，同时也能在服务中体会到奉献的快乐和价值。

此外，高校还可以组织学生参观红色遗址、历史博物馆及爱国主义教育基地等。这些活动不仅是对学生进行历史教育和爱国主义教育的重要途径，更是激发学生爱国主义情怀、增强民族责任感和自豪感的有效手段。通过身临其境地感受历史，学生可以更加深刻地理解社会主义核心价值观的内涵和意义，从而更加坚定地践行这一价值理念。

综上所述，丰富与拓展社会主义核心价值观教育的载体与形式，是确保这一价值观在校园内深入人心、落地生根的关键所在。高校应充分利用各种资源和平台，为学生提供多样化的参与机会和实践平台，让他们在参与中受教育、在实践中成长。

五、考评激励保障

（一）建立考核评价体系的必要性

在高校培育和践行社会主义核心价值观的过程中，建立一套科学、全面、有效的考核评价体系至关重要。这一评价体系的建立，不仅是对整个教育过程的有效监督与把控，更是对教育活动质量和成效的准确衡量，具有多方面的必要性。

第一，考核评价体系的建立有助于确保教育工作的规范性和系统性。高校在培育和践行社会主义核心价值观时，涉及多个环节和多个部门，需要一个统一的评价体系来确保各项工作的有序开展。通过明确评价标准和流程，可以促使各部门、各岗位按照既定要求履行职责，确保教育活动的规范性和系统性。

第二，考核评价体系有助于实现对教育过程的监督与把控。评价主体通过对培育过程和践行结果的全面、综合评价，可以及时发现和纠正教育过程中存在的问题和不足。这种监督与把控机制有助于确保教育工作始终沿着正确的路径稳步推进，避免出现偏差或失误。

第三，考核评价体系能够为正在进行或后续的社会主义核心价值观教育活动提供宝贵的反馈信息和科学的调控依据。通过对评价结果的深入分析，可以了解教育活动的实际效果和受众的接受程度，从而为后续的教育活动提供有针对性的改进建议。这种反馈机制和调控依据，有助于不断提升教育活动的质量和效果。

第四，考核评价体系的建立还有助于激发师生的积极性和提高参与度。通过明确评价标准和奖惩机制，可以激励师生更加积极地参与到社会主义核心价值观的培育和践行中来。这种正向激励机制有助于形成浓厚的校园文化氛围，推动社会主义核心价值观在师生中的深入传播和广泛认同。

总之，建立考核评价体系对于高校培育和践行社会主义核心价值观有多方面的必要性。它不仅有助于确保教育工作的规范性和系统性，实现对教育过程的监督与把控，还能为教育活动提供宝贵的反馈信息和科学的调控依据，同时激发师生的积极性和提升师生的参与度。因此，高校应高度重视考核评价体系的建立与完善工作，为培养具备社会主义核心价值观的新时代青年人才提供有力保障。

（二）健全考核评价方法体系

一是注重评价的客观实效性。高校在对培育和践行社会主义核心价值观工作进行评价的过程中，应坚持实事求是的原则，采用调查研究法作为评价机制的核心手段。这意味着评价工作应深入实地，评价主体要对教育工作的开展情况进行细致考察，不仅要面向教育工作的组织者和实施者，还需要对受教育的主体学生进行追踪调查，以确保获得全面、真实的考核评价资料。在考核过程中，应避免简单地对社会主义核心价值观教育活动的某些要素进行片面评价。相反，应采用普遍联系的方法，综合考虑各种因素，特别是受教育者在践行社会主义核心价值观过程中的实际成效。这样的综合评价方式能够确保评价结果的公正性、客观性和准确性，为高校进一步推动社会主义核心价值观教育提供有力的支撑和指导。

二是注重评价的全面整体性。成效评价需要综合考虑诸多因素，从实施过程的角度，要注重对社会主义核心价值观教育开展的整个过程进行评价；从实施成效的角度，要对教育结果进行评价；从参与的情况角度，要对各个要素做到全面性评价。因此，社会主义核心价值观评价体系要对教育者、受教育者、教育目标、教育内容、教育方法、教育过程及教育结果等进行系统全面的评价，只有全面整体的评价，才能保障评价结果的有效性，从而有利于培育和践行社会主义核心价值观。

三是注重评价的科学性。考核评价的方法有多种，如调查法、纵横比较法、自我评价与他人评价法及定性评价法与定量评价法。无论采取哪一种评价方法或几种方法的组合评价，都要体现其科学性，要能通过综合利用多种方法印证同一个结果。高校应从理论学习、实践行为等方面对社会主义核心价值观教育工作进行科学评价，以使评价结果科学有效。

（三）完善考核评价激励制度

高效、科学的评价机制能起到较好的激励作用。社会主义核心价值观教育评价结果要应用到个人绩效考核中去，科学的评价和奖惩机制既能为社会主义核心价值观培育与践行提供正确的依据，又能形成内驱力，起到激励作用。建立科学有效的评价体系，需要从以下三个方面考虑：首先，完善评价标准，评价标准要客观、评价结果要合理、评价指标要科学，能得到普遍认同，要让学生、教师、家长都参与进来，坚持公正、平等的评价理念。其次，学校要将大学生社会主义核心价值观培育和践行的相关内容制作成档案，纳入学生综合素质评价，与学生个人成长档案相结合。最后，要制定完善的评价方案，确保社会主义核心价值观教育活动的所有主体都参与到方案的制定中。在评价过程中，应确保各方的参与能够体现出自省与自我肯定，以增强评价方案的科学性。

一是构建奖励机制。对于积极践行社会主义核心价值观的个人或集体，高校应给予表彰，并授予他们相应的荣誉称号，如"文明个人""优秀集体"等，以彰显其模范带头作用。典型选树与榜样引领在社会主义核心价值观教育中具有直接且显著的正向激励作用。一方面，通过表彰和典型选树，可以给予先进个人和集体充分的肯定，这不仅能激励他们继续保持优秀表现，还能提升他们的自信心和荣誉感；另一方面，这些被表彰的个人和集体将成为他人学习的榜样，发挥良好的示范和鞭策作用，激发更多的人积极践行社会主义核心价值观。因此，建立奖励机制对于弘扬正能量、传播社会主义核心价值观主流风气具有重要意义，通过激励和鞭策机制，可以使这种主流风气在校园和社会中广泛传播开来。

二是构建惩罚机制。为了确保社会主义核心价值观的贯彻实施，任何单位、集体、团体和组织都应同时建立正向与反向的激励机制。与奖励机制相辅相成的是严格的惩罚机制。对于那些违背社会主义核心价值观的个人或组织，应通过反向激励，即采取相应的惩罚措施，来纠正其错误行为。同时，要引导人们树立正确的荣辱观，对于一般背离社会主义核心价值观的言论和行为，应采取批评教育和强制改正的措施；对于情节严重的恶劣行为，则应依法依规进行严厉制裁。

这种奖惩并施的方式，旨在促使大学生更加清晰地认识并规范自己的行为，以积极践行社会主义核心价值观为荣，以背离社会主义核心价值观为耻。这将有助于构建一个更加和谐、公正、文明的社会。

六、队伍建设保障

（一）把社会主义核心价值观养成与党组织的自身建设相结合

党组织在高校中扮演着引领方向、凝聚力量的核心角色，因此，将社会主义核心价值观的养成与党组织的自身建设相结合，是推动这一价值观在大学生群体中深入人心的关键举措。这不仅要求党组织将培育和践行社会主义核心价值观作为重要的战略任务，深入贯彻到基层及党组织的每一位成员之中，还需要通过一系列具体措施，确保这一价值观在大学生群体中生根发芽，成为引领他们成长成才的强大精神力量。

首先，党组织应将大学生社会主义核心价值观的培育与践行工作与加强基层服务型党组织建设紧密结合。这意味着，党组织在加强自身建设的过程中，要注重提升服务师生的能力和水平，通过解决实际问题来增强党组织的凝聚力和向心力。同时，要将社会主义核心价值观的培育融入服务师生的全过程，通过言传身教、榜样示范等方式，引导大学生树立正确的世界观、人生观和价值观。

其次，党组织应充分依托大学生党团组织，发挥其在政治和组织方面的优势。大学生党团组织是党组织联系大学生的桥梁和纽带，具有独特的政治优势和组织优势。党组织要通过加强大学生党团组织的建设，提高其政治敏锐性和鉴别力，确保社会主义核心价值观在大学生群体中的正确传播和践行。同时，要鼓励大学生党团组织积极开展形式多样的活动，如主题团日、党课教育等，引导大学生深入了解社会主义核心价值观的内涵和意义，增强他们的认同感。

最后，党组织还应注重发挥党员的先锋模范作用。党员是党组织的细胞，是践行社会主义核心价值观的排头兵。党组织要通过加强对党员的教育和管理，提高他们的政治素质和思想觉悟，确保他们在践行社会主义核心价值观中走在前、作表率。同时，要鼓励党员积极参与志愿服务、社会实践等活动，用实际行动践行社会主义核心价值观，为大学生树立榜样。

综上所述，把社会主义核心价值观养成与党组织的自身建设相结合，是推动这一价值观在大学生群体中深入人心的重要途径。党组织要通过加强基层服务型党组织建设、依托大学生党团组织凸显政治和组织优势、发挥党员的先锋模范作用等方式，确保社会主义核心价值观在大学生群体中生根发芽，成为引领他们成长成才的强大精神力量。

（二）把社会主义核心价值观养成与师生党员、干部的教育相结合

在大学生社会主义核心价值观的培育和践行过程中，师生党员、干部扮演着至关重要的角色。他们不仅是学校发展的中坚力量，更是社会主义核心价值观传播和践行的先锋模范。因此，将社会主义核心价值观的养成与师生党员、干部的教育相结合，是确保这一价值观在校园内深入人心、落地生根的关键所在。

首先，要确保师生党员、干部在理论上清醒、党性上明确、信念上坚定。这是他们成为社会主义核心价值观践行者的前提和基础。为此，高校需要加

强对师生党员、干部的理论武装和党性教育，引导他们深入学习党的理论和路线方针政策，特别是关于社会主义核心价值观的重要论述，确保他们在思想上与党中央保持高度一致。同时，高校要通过各种形式的党性教育活动，如主题党日、红色教育基地参观等，增强他们的党性观念和组织纪律性，使他们在面对各种诱惑和挑战时能够坚守初心、不改其志。

其次，高校要把社会主义核心价值观作为师生党员、干部教育培训的重要内容。这不仅是提升他们综合素质的需要，更是确保他们成为社会主义核心价值观的践行者、守护者、建设者的必然要求。在教育培训中，高校要注重引导师生党员、干部深刻领会社会主义核心价值观的内涵和意义，明确自己在践行这一价值观中的责任和使命。同时，要结合实际工作和生活中的案例，开展生动形象的宣传教育，使他们在潜移默化中受到感染和熏陶，从而更加自觉地践行社会主义核心价值观。

最后，高校还需要通过一系列实践活动，如志愿服务、社会实践等，为师生党员、干部提供践行社会主义核心价值观的平台和机会。通过这些实践活动，他们可以将所学的理论知识转化为实际行动，不仅能在实践中深化对社会主义核心价值观的理解和认同，还能锻炼和提升自己的综合能力。

总之，把社会主义核心价值观养成与师生党员、干部教育相结合，是确保这一价值观在校园内得到有效传播和践行的关键所在。高校要通过加强理论武装和党性教育、将社会主义核心价值观纳入教育培训内容、开展实践活动等多种方式，引导师生党员、干部成为社会主义核心价值观的坚定践行者、守护者和建设者，为学校的和谐发展和社会的全面进步贡献自己的力量。

（三）把社会主义核心价值观养成与选人和用人相结合

在高校管理与发展中，师生干部的选拔与任用是关乎学校发展方向和效率的关键因素。为了培养一支既具备专业能力又坚守社会主义核心价值观的干部队伍，高校必须将社会主义核心价值观的养成与选人和用人机制紧密结合，确保选拔出的干部能够成为师生中的楷模，引领学校向着更高水平发展。

在选拔与任用过程中，我们应始终坚持"好干部"的标准和价值取向。这意味着，所选拔的干部不仅要在专业领域具备出色的能力，更要在道德品质、职业操守和社会责任感等方面展现出高尚的风范。他们应能够将社会主义核心价值观内化于心、外化于行，以身作则，为其他师生树立良好的榜样。这种结合不仅有助于提升干部队伍的整体素质，还能在校园内形成积极向上的文化氛围。

为了确保选拔出的干部具备高尚的品德修养，高校必须加强对干部德行的全面考察，包括个人品德、职业道德、社会公德等多个方面。通过建立完善的德行考评体系，高校可以更全面地了解干部的道德品质和职业操守，从而确保所选拔的干部在德才兼备的基础上，能够真正胜任领导岗位，为学校的发展贡献自己的力量。

为了更准确地评估师生干部的能力和表现，高校还应完善领导班子对师生干部的综合分析研判制度。这一制度旨在通过多方面的信息收集和分析，对干部进行全面、客观的评价。这包括但不限于对干部的工作业绩、团队协作、创新能力、领导风格等方面的考察。通过这一制度，高校可以更准确地了解干部的优势和不足，为后续的培训和提升提供依据。

此外，建立健全一套科学、规范、从严的师生干部管理制度体系也是至关重要的。这一体系应包括干部的选拔、任用、培训、考核、监督等多个环节，确保干部管理的全面性和有效性。通过这一体系，高校可以对干部进行全方位的管理和监督，及时发现和纠正存在的问题，确保干部队伍的健康稳定发展。

综上所述，把社会主义核心价值观养成与选人和用人相结合，是构建完善的干部选拔任用体系的关键所在。通过这一体系的实施，高校可以选拔出一批既具备专业能力又坚守社会主义核心价值观的干部，为学校的发展提供坚实的组织保障。同时，这也将有助于在校园内形成积极向上的文化氛围，推动学校向着更高水平迈进。

七、监督检查保障

监督检查机制作为高校培育和践行社会主义核心价值观的关键保障，其重要性不言而喻。这一机制通过一系列的程序和措施，确保学校各级各类参与人员在职能履行过程中形成正向或反向的反馈循环，从而精准调节和整合社会主义核心价值观的培育与践行过程。

第一，监督检查机制的运行有助于高校及时修正原有的目标体系。在培育和践行社会主义核心价值观的过程中，高校需要设定明确的目标和计划，以确保各项工作的有序进行。然而，随着环境的变化和时间的推移，原有的目标体系的针对性和实效性可能会减弱。此时，监督检查机制便能够发挥其作用，通过定期的评估和反馈，及时发现并修正存在的问题，确保目标体系的科学性和有效性。

第二，监督检查机制能够完善实施机制。在实施社会主义核心价值观的过程中，高校需要建立一系列的实施机制，以确保各项工作的顺利开展。然而，这些实施机制可能会因为各种原因而出现问题，如执行不力、资源不足等。通过监督检查机制，高校可以及时发现这些问题，并采取相应的措施进行改进和完善，从而确保实施机制的顺畅运行。

第三，监督检查机制能够全面优化社会主义核心价值观的教育系统。这一机制通过计划、组织、指挥、协调和监督等手段，对社会主义核心价值观的教育系统进行全面的优化和升级。通过优化教育系统的各个环节和要素，提高教育的针对性和实效性，从而更加有效地培育和践行社会主义核心价值观。

第四，监督检查机制能够调动工作积极性。在培育和践行社会主义核心价值观的过程中，需要各级各类人员的积极参与和共同努力。通过监督检查机制，可以对各级各类人员的工作情况进行评估和反馈，及时表彰和奖励那些工作积极、表现突出的人员，从而激发他们的工作热情和积极性。

第五，监督检查机制能够有效督促各方力量，促进各要素间的联动参与。

在培育和践行社会主义核心价值观的过程中，需要高校内部各部门、各学院及外部社会各界的共同参与和协作。通过监督检查机制，可以明确各方的责任和义务，确保他们各司其职、各尽其能，形成强大的合力，共同推动社会主义核心价值观的深入贯彻。

综上所述，监督检查机制在高校培育和践行社会主义核心价值观的过程中发挥着至关重要的作用。这一机制的运行，可以确保目标体系的科学性、实施机制的顺畅、教育系统的优化、工作积极性的调动及各方力量的联动，从而为社会主义核心价值观的深入贯彻提供坚实的保障。

◀ 参 考 文 献

仓道来. 2004. 思想政治教育学[M]. 北京：北京大学出版社.

曹雅欣. 2015. 国学与社会主义核心价值观[M]. 北京：光明日报出版社.

陈万柏. 2013. 思想政治教育学原理[M]. 北京：中国人民大学出版社.

陈芝海. 2013. 大学生社会主义核心价值观教育研究[M]. 北京：光明日报出版社.

成媛. 2007. 思想政治教育学原理[M]. 上海：上海中医药大学出版社.

邓若伊，蒋忠波. 2011. 网络传播与大学生社会主义核心价值观的建构——基于五省市大学生的调查分析[J]. 西南民族大学学报（人文社会科学版），（9）：172-176.

郭建宁. 2014. 社会主义核心价值观基本内容释义[M]. 北京：人民出版社.

韩震. 2012. 社会主义核心价值观凝练研究[M]. 北京：北京师范大学出版社.

郝文清. 2008. 现代思想政治教育学[M]. 合肥：合肥工业大学出版社.

贾轶峰，李洪波，扈文华. 1994. 行为科学辞典[M]. 济南：山东人民出版社.

江畅. 2012. 社会主义核心价值理念研究[M]. 北京：北京师范大学出版社.

姜巧玲. 2012. 高校网络心理健康教育体系的构建[D]. 长沙：中南大学.

居云飞.2014.兴国之魂：社会主义核心价值观与中华优秀传统文化[M].北京：中国社会科学出版社.

李宁.2011.高校大学生社会主义核心价值体系教育研究[D].济南：山东大学.

李文信.2011.大学生核心价值观教育创新论[M].北京：阳光出版社.

蔺光，申铁成，冯忠宇.2008.大学和谐校园建设与管理[M].沈阳：东北大学出版社.

刘顺厚.2015.青年学生社会主义核心价值观的培育和践行：基于多元文化的视角[M].上海：复旦大学出版社.

龙昌大.2012.价值观的力量[M].南昌：二十一世纪出版社.

龙艳.2005.网络环境下大学生心理健康教育研究[D].武汉：武汉理工大学.

罗洪铁.2007.思想政治教育专题研究[M].北京：中央文献出版社.

吕尚彬，方苏，胡新桥.2009.大学生媒介认知调查分析[J].当代传播，（5）：36-40.

南京政治学院上海校区.2014.社会主义核心价值观培育——维度与领域的拓展[M].北京：时事出版社.

邱仁富.2015.社会主义核心价值观培育研究[M].上海：上海大学出版社.

曲凤.2014.社会主义核心价值观学习读本[M].北京：国家行政学院出版社.

石国亮.2014.社会主义核心价值观十讲：党员干部读本[M].北京：人民日报出版社.

石云霞.2007.社会主义核心价值体系教育的基本原则[J].思想理论教育导刊，（3）：14-18.

孙林.2014.培育和践行社会主义核心价值观案例解析[M].北京：中共中央党校出版社.

田海舰.2015.培育和践行社会主义核心价值观多维研究[M].北京：人民出版社.

万美容. 2007. 思想政治教育方法发展研究[M]. 北京：中国社会科学出版社.

王建新. 2009. 论思想政治理论课的"学理性"与"实践性"[J]. 思想理论教育，（17）：58-62.

王双群. 2015. 培育社会主义核心价值观研究——以思想政治理论课教育教学为例[M]. 北京：中国社会科学出版社.

邢贲思，周汉民. 1992. 人生知识大辞典[M]. 北京：中国青年出版社.

徐建军. 2010. 大学生网络思想政治教育理论与方法[M]. 北京：人民出版社.

徐凌霄，陈国忠. 2001. 网络社会的道德自律[J]. 思想战线，（4）：36-38.

徐园媛，谭自慧，罗二鹏. 2014. 大学生社会主义核心价值观教育创新模式构建[M]. 成都：西南交通大学出版社.

杨绍安，王安平，刘慧，等. 2013. 现代思想政治教育学原理[M]. 成都：西南交通大学出版社.

曾黎. 2007. "自律"是大学生网络道德教育的着力点[J]. 教育探索，（5）：95-96.

张彦. 2006. 思想政治教育主体性研究[M]. 广州：广东人民出版社.

张燕妮. 2012. 大学生社会主义核心价值体系教育研究[D]. 太原：山西大学.

钟永圣. 2015. 传承与复兴：社会主义核心价值观的中华传统文化解读[M]. 北京：中国青年出版社.